D0810383

MANUEL DES PÈRES DÉSESPÉRÉS DE VOIR LEUR FILLE GRANDIR

... ET SE MARIER

MANUEL DES PÈRES DÉSESPÉRÉS

W. Bruce Cameron

DE VOIR LEUR FILLE GRANDIR

... ET SE MARIER

Traduit de l'anglais par Christophe Rosson

hachette

SOMMAIRE

INTRODUCTION

Un père a pour mission de protéger ses filles de tous les dangers qui les menacent – comme la puberté, par exemple. Or ça n'a rien de facile, vu que les filles refusent en général qu'on les protège – et que, une fois adolescentes, elles ont tendance à confondre « menaçant » et « séduisant ».

Quand elles étaient petites, terrifiées à l'idée que des monstres puissent se cacher dans leur placard, elles vous demandaient de vous assurer que tout était OK là-dedans. Puis elles grandissent, et quand vous craignez qu'il y ait des garçons là-dedans, elles vous hurlent que vous n'avez pas le droit d'inspecter leur placard, que c'est leur propriété privée ! (Quand bien même le placard se trouve dans la maison dont vous payez les traites.) Petites, elles préféraient laisser la lumière allumée pour s'endormir et, à présent, voilà qu'elles veulent rester assises dans le noir, au salon (auprès d'un garçon, lui-même assez peu disposé à rester *assis*), et elles se mettent à râler sitôt que vous allumez le plafonnier pour mieux nettoyer votre 22 long rifle. Petites, elles se baladaient en shorts et tee-shirts craquants – sauf que, une fois adolescentes, elles se baladent toujours dans les mêmes tenues, des petites choses qui peinent désormais à masquer leur anatomie, si développée, et qui vous donnent envie de les remplacer par une doudoune ou une couche de spray isolant.

Avant, vous étiez la figure masculine la plus importante de leur vie ; à présent, vous ne valez guère mieux qu'une moisissure qui germe sur le rideau de la douche. Elles vous ont remplacé par une ribambelle de bons à rien sournois, à l'hygiène parfois douteuse, et qui ne se cachent même plus pour désirer vos filles. Des garçons, oui.

Le premier qui se présente et demande à voir votre fille, d'instinct, vous avez envie de lui répondre de quitter votre propriété et votre planète. Hélas, quand bien même vous parvenez à vous en débarrasser, d'autres suivent bientôt – le monde grouille d'irresponsables qui, depuis des siècles, donnent naissance à des garçons sans que, allez savoir pourquoi, la convention de Genève trouve à y redire. Mis à part convoquer en urgence le conseil de sécurité de l'ONU, rares sont les solutions pratiques qui s'offrent à vous. Le basketteur Charles Barkley avait, cela dit, proposé une méthode intéressante pour gérer les garçons qui venaient renifler autour de sa fille : «*Je me dis que si je bute le premier, les autres vont piger le coup.*»

Cette propagation virale des adolescents mâles m'avait poussé à écrire *8 Simple Rules for Dating My Teenage Daughter* (8 règles simples pour qui souhaite sortir avec mon adolescente de fille), ouvrage adapté en série télé sous le titre *Touche pas à mes filles*, avec le regretté John Ritter. (Exemple : Règle n°1 – Si tu te pointes chez moi, la bouche en cœur, pour parler à ma fille, tu peux faire demi-tour, tu n'auras ni son cœur ni sa bouche.)

Ces 8 règles simples, punaisées à la porte de leurs chambres quand mes filles ont refusé de porter des tee-shirts au dos desquels je les aurais fait imprimer, ces règles, donc, ont été à peu près aussi efficaces qu'il était permis d'espérer – à savoir pas du tout. Mes filles ont persisté dans des comportements que je ne peux décrire que comme des IP – Interdits paternels – jusqu'à ce qu'elles finissent par acquérir la maturité nécessaire pour reconnaître que j'avais raison depuis le début. (Précision : elles avaient, certes, la maturité nécessaire, mais elles n'ont jamais réellement reconnu la chose.)

Suite à quoi elles ont quitté la maison, estimant quelque part que cela mettrait un terme à mes activités protectrices. Absurde ! Ma mission ne prendra fin qu'*après* ma première autopsie. Et le fait que les activités interdites ne se déroulent plus dans mon salon ne change rien à l'affaire – bien que je profite désormais davantage de mon canapé.

Et voilà qui nous amène au sujet de ce livre : le mariage.

Bon, je n'ai rien contre le fait que mes filles se marient et fassent des enfants – bien au contraire, je n'attends qu'une chose : qu'elles aient à leur tour des adolescentes à gérer !

ANCIENNE ADOLESCENTE (À Présent Adulte) : Je le crois pas ! Quand j'ai annoncé à ma fille qu'elle était consignée, elle m'a hurlé qu'elle me détestait, et elle s'est enfermée dans sa chambre.

PAPA : Ah oui ? Tu m'étonnes, là…

ANCIENNE ADOLESCENTE : Et ensuite elle a fait le mur en douce !

PAPA : (Irrépressible fou rire.)

Reste que, autant j'ai hâte d'avoir cette petite conversation, autant je ne tiens pas à ce que mes filles se marient trop jeunes, sur un coup de tête, ou simplement avant que j'aie pu me faire à l'idée de me retrouver avec un gendre. Pourquoi ne pas attendre quelques années, le temps, mettons… le temps que nous soyons tous à la retraite.

Je pense que personne ne me contredira si j'affirme que le monde se porte toujours mieux quand on écoute les conseils paternels. En matière d'amour, j'ai rencontré pas mal de problèmes avant de trouver une personne qui m'apprécie réellement pour la perle que je suis. Ce qui s'est traduit par une série de relations désastreuses, et même un divorce. Aujourd'hui, j'ai appris à distiller ma sagesse au compte-gouttes, voire à la garder pour moi. J'ai ainsi pu me trouver une compagne et la conserver depuis quelques années – et ce même si elle-même sort d'une expérience désagréable, ce qui nous incite l'un comme l'autre à la prudence. Cela s'appelle « apprendre de ses erreurs ». Mes filles ayant toutes deux la vingtaine, je les estime trop jeunes pour avoir commis assez d'erreurs – quand bien même, pour ce qui est des garçons, j'ai fait de mon mieux pour les empêcher d'en commettre, et je me fiche bien que ça ne soit pas logique. Que dit l'adage, déjà ? La vie commence à 40 ans ! Parfait, mes filles pourront tout à fait commencer à envisager le mariage à cet âge !

Malheureusement, on ne peut pas imposer d'IP à la nature – je le sais : j'ai essayé. Votre fille a beau toujours être votre petite fille, lorsqu'elle se regarde dans un miroir, c'est une adulte qu'elle voit. Et une adulte manifestement prête à épouser le premier *loser* venu.

Ou pas ! Le bonhomme ne sera pas forcément un *loser* ! Une de vos missions consiste à tirer l'affaire au clair : OK, il refuse de regarder l'émission America's Most Wanted, mais craint-il pour autant de voir son portrait-robot apparaître à l'écran ? OK, il vous demande comment va le boulot, mais cherche-t-il pour autant à calculer votre patrimoine parce qu'il projette de vous dévaliser et de mettre à sac votre village ? OK, il embrasse votre fille, mais est-il pour autant un alien décidé à fourrer en elle une créature qui lui ressortira par la poitrine pour s'en aller anéantir l'humanité[1] ?

---

1. *Alien*, 20th Century Fox, 1979.

D'un autre côté, ces trois hypothèses on ne peut plus raisonnables militent en faveur d'une séance de détecteur de mensonges et d'une biopsie du foie – là, si le bonhomme refuse, il ne devra pas épouser votre fille. (En même temps, si on y réfléchit deux secondes, seuls les vrais coupables acceptent de passer au détecteur de mensonges, non ?)

De plus, qui dit mariage dit aussi *cérémonie de mariage*. Et vous constaterez que, durant toute la phase de préparation, puis d'exécution de ce rituel complexe, vos avis et vos conseils seront toujours très appréciés... de vous-même.

De même que *8 Simple Rules for Dating My Teenage Daughter* s'adresse aux parents dont la petite fille s'est transformée, du jour au lendemain, en (ce monstre qu'on nomme) adolescente pour les conseiller, le *Manuel des pères désespérés de voir leur fille grandir* est, comme son titre l'indique, un manuel. Un livre pratique. Dont le but est de vous aider à gérer les heureux événements qui vous attendent (fiançailles et mariage – cérémonie *et* vie à deux – de votre fille, ainsi que ses demandes de prêt), à guérir votre fille de la Mariagemania (prévoir une Bible, un crucifix et de l'eau bénite), à gérer votre futur gendre de façon à la fois amicale et totalement intimidante.

Que votre fille ait encore des années à attendre avant de d'enfiler la robe blanche (ce qui, je me permets d'insister, devrait être le cas des miennes), ou qu'elle vienne juste de recevoir une demande en mariage, vous trouverez ici les réponses aux questions suivantes (entre autres) :

■ Si c'est le plus beau jour de sa vie, pourquoi tout le monde est-il en larmes ?

■ L'achat de la robe : comment une activité aussi barbante peut-elle être aussi effrayante ?

■ Quelle est la différence entre mariage traditionnel et mariage non-traditionnel ? (Dans un cas comme dans l'autre, la tradition veut que ce soit le père qui règle la note.)

■ La musique de la cérémonie : qui vote pour le thème de *Mission impossible* ?

Bizarrement, toute cette série d'événements cataclysmiques trouve son origine non pas auprès du père, mais auprès d'un homme auquel vous n'avez jusque-là accordé que peu d'attention ou d'intérêt : le futur gendre potentiel.

CHAPITRE 1

8 RÈGLES SIMPLES À L'ATTENTION DE QUI SOUHAITE ÉPOUSER MA FILLE

Cela n'aura échappé à personne, dans l'expression « futur marié », l'adjectif « futur » est placé *avant* le nom « marié ». Pour un père, tout le défi consiste à accepter que le terme le plus important soit le second et que l'adjectif finisse par disparaître.

En général, le fait que l'un des garçons qui traînent régulièrement chez lui et vident son frigo s'est métamorphosé en fiancé constitue un choc terrible pour le père. Celui-ci ignore, la plupart du temps, que les choses sont devenues aussi sérieuses, et ce parce que le seul indice qu'on ait bien voulu lui donner est venu de sa fille, qui avait déclaré un jour que sa relation était « très, très sérieuse » et qu'ils allaient « peut-être bien se marier ». Mais bon sang, pourquoi ne lui dit-on jamais rien, au père ?

Autrefois, le garçon manifestait clairement ses intentions en offrant un gage de respect au père : un âne ou bien un fief. Dans notre monde actuel, ce système fort pratique est tombé en désuétude. (Pour être honnête, je ne tiens pas spécialement à ce qu'on m'offre un âne. Une belle voiture de sport, par contre... Un fief, à la rigueur, je prends aussi.)

Le père devait également verser une dot au futur marié – un peu comme une rançon, à ceci près que le kidnappeur conservait la fille ! La chose a de quoi surprendre, mais il faut se rappeler que, en ces temps-là, les filles se mariaient en général à l'adolescence – un âge auquel les pères étaient prêts à payer n'importe quel prix pour transférer à autrui la responsabilité de leur progéniture. Dans la tradition actuelle, le versement de la dot est remplacé par l'obligation faite au père de la mariée de payer le mariage. (Toutefois, si l'occasion se présente de remplir cette obligation en offrant simplement deux ou trois chèvres, foncez !)

Du coup, le père se retrouve à devoir accrocher le bon wagon. Sa fille semble persuadée que ce type est « le bon », mais qu'est-ce qu'elle en sait ? Tous ceux qu'elle a connus se sont révélés être des *losers* – autrement, ils seraient encore auprès d'elle. Avec de tels antécédents, comment lui faire confiance ?

Et puis aussi, qui c'est, ce type ? Il peut s'agir d'à peu près n'importe qui : voleur, escroc, membre du Congrès. Ce petit malin a, certes, réussi à s'immiscer dans votre famille, mais cela ne signifie pas pour autant qu'il y a davantage sa place qu'une taupe dans votre jardin.

Seul un père est à même de mener l'enquête et les interrogatoires qui s'imposent en la circonstance (tout comme il est, bizarrement, le seul à en voir la nécessité).

Papa a toujours raison – si vous n'en êtes pas convaincu, posez-lui la question

Existe-t-il un homme qui soit assez bien pour pouvoir épouser votre fille ?

Non !

Mais vous ne tenez pas pour autant à la voir malheureuse. De fait, quelques-uns des plus beaux moments de votre vie l'ont vue elle aussi heureuse (par exemple, pour la fête des pères, quand elle vous offrait un cadeau et vous préparait à manger. Pourquoi ça n'arrivait qu'une fois par an ?). Tout est là, en fait. Vous voulez son bonheur, mais quelles sont les probabilités pour que ce type, choisi, en ce qui vous concerne, plus ou moins au hasard, soit capable de la rendre heureuse ? Vous, déjà, il ne vous rend pas heureux, c'est sûr !

Soignez tout particulièrement la formulation de vos commentaires et questions : vous risquez de paraître froid, voire hostile (et c'est bien le but du jeu).

Pour bien protéger votre fille, vous devez apparaître clairement comme le boss. À vous d'édicter les règles. Parmi lesquelles :

Les 8 règles simples à l'attention de qui souhaite épouser ma fille

Règle n°1 :

Si tu as négligé de solliciter ma permission d'aller demander ma fille en mariage, pas de panique, tu peux rattraper le coup en veillant à ce que la cérémonie soit réussie et surtout, en te trouvant une autre fiancée.

Règle n°2 :

Des hommes de ton âge, dans le monde, il y en a des millions – alors qu'une seule femme au monde est ma fille. Elle est unique. Toi, par contre, on peut te remplacer à tout moment.

Règle n°3 :

Toute ma vie, ma mission a consisté à rendre ma fille heureuse. À présent, cette mission va te revenir. La mienne sera alors de m'assurer que tu remplis ta mission. Et ne va surtout pas croire que du moment que ma fille t'a choisi, cela signifie que tu corresponds aux critères de ce que j'estime être bien pour elle. Ces critères, je ne les ai pas tous bien définis encore, et tu vas subir une période d'évaluation dont le terme, soyons francs, n'arrivera jamais.

Règle n°4 :

Tu te demandes peut-être comment t'adresser à moi : Papa ? Bruce ? Monsieur Cameron ? Je vais te mettre à l'aise. Pour l'instant, contente-toi de « monsieur ». Exemples de phrases à répéter pour t'entraîner : « Puis-je laver votre voiture, monsieur ? » « Souhaitez-vous que je m'occupe d'une corvée pendant que vous regardez le match de foot, monsieur ? » « Que puis-je faire pour améliorer votre existence, monsieur ? »

Règle n°5 :

Je suis peut-être vieux jeu, mais j'estime que l'homme qui souhaite épouser ma fille doit avoir un bon travail et une carrière bien lancée. Je ne dis pas que tu dois être l'unique source de revenus du couple, je dis simplement que si tu ne t'occupes pas bien de ma fille, *moi* je m'occuperai de *toi*.

Règle n°6 :

Aucun contrat légal ne te lie à ma fille : elle peut rompre les fiançailles si elle le souhaite, et tu ne peux rien y faire – mais à part changer de nom et quitter le pays. La chose est aussi valable pour toi : je ne tiens pas à ce que tu épouses ma fille si tu n'es pas convaincu, au plus profond de toi, d'être l'homme qu'il lui faut. Accessoirement, si tu romps vos fiançailles, je ne tiens pas à ce que tu en épouses une autre. En aucun cas.

Règle n°7 :

Tu es un homme, je sais. Donc, au dernier moment, tu es susceptible de te mettre à paniquer, de décider qu'il te faut t'éclater une dernière fois avant le mariage. Là, je te le dis tout de suite : tu veux t'éclater ? OK, je suis tout disposé à t'éclater.

Règle n°8 :

Les vœux que tu t'apprêtes à prononcer t'engagent à rester fidèle à ma fille « jusqu'à ce que la mort vous sépare ». Avise-toi de rompre ces vœux, et je te garantis que la mort vous séparera très vite.

Le gendre : vous ne perdez pas une fille, vous gagnez un débiteur

Avec un fils biologique, il est communément admis que, en tant que parent, vos paroles ont force de loi. (Communément admis chez les parents, s'entend.) Avec un gendre, la hiérarchie est plus floue. Tout ce que vous dites à l'homme qui est marié à votre fille, c'est comme si vous le disiez aux deux membres du couple. Or, nous l'avons vu, votre fille ne fait pas toujours ce que vous lui dites de faire – autrement, jamais elle ne serait sortie avec ce type, déjà. Vous pouvez donc fort bien émettre une directive raisonnable (*merci de ne pas approcher à moins de cinquante mètres de ma fille*), ce type ira en référer à votre fille, qui, de son côté, réagira en grande irresponsable qu'elle est (« Ne fais pas attention à mon père »). Tout se passe donc comme si ce type se baladait avec sa petite cour d'appel privée dans sa poche.

Ainsi la relation père-gendre s'en trouve-t-elle tendue, et mieux vaut l'éviter autant que possible. N'est-il pas vrai que, dans certaines sociétés, les filles ne se marient jamais et n'ont jamais d'enfants, préférant consacrer leur existence à s'assurer du bonheur de leur père ? (Je reconnais, certes, que les sociétés qui adoptent cette pratique admirable finiront vite par, ahem, par s'éteindre, mais qu'importe ? Le temps que tout le monde comprenne que ne pas faire d'enfants signifie ne plus avoir personne pour cotiser à la sécu, vous-même ne serez plus de ce monde.)

Bon, d'accord, ce n'est peut-être pas vrai – mais ça n'est pas une raison pour ne pas tenter l'expérience.

Dans d'autres sociétés, les mariages sont arrangés par le chef de famille. (Ça, je sais que c'est vrai.) Certaines personnes (on les appelle des « femmes ») estiment que ce système est mal pensé, tandis que d'autres le trouvent au contraire fort sensé (on les appelle des « pères »). L'avantage de ce système, c'est que vous pouvez choisir votre gendre – le nouveau *quarterback* des Denver Broncos, par exemple. L'inconvénient, c'est qu'on ne sait jamais si les Broncos se qualifieront pour la finale du Superbowl.

Mais quand bien même votre gendre est le plus chic type au monde (après vous-même), et s'il vous invite à assister à chaque match à domicile des Broncos depuis le banc de touche, même, donc, la relation père-gendre reste difficile. Voyons les choses en face : vous savez pertinemment qu'il est l'homme qui couche avec votre fille. Avec tous les précédents, vous avez pu exercer un minimum de déni, même lorsqu'ils partaient en Europe ensemble et qu'ils dormaient dans la même chambre d'hôtel.

(En Europe, des tas de gens ne dorment pas ensemble. La reine Elizabeth et le prince Philip, déjà.) Vous avez passé l'essentiel de son enfance à la protéger des prédateurs mâles, et voilà que vous lui en refourguez un dans les pattes. (Du moins, c'est l'impression que vous avez.) Ce type est à présent associé à des décisions qui affectent la vie de votre fille et qui, de toute évidence, ne devraient pas le concerner (exemple : l'endroit où elle va vivre). L'affaire est entendue : votre fille devrait habiter le plus près possible de son père, de sorte qu'elle puisse lui préparer et lui apporter des gâteaux sans difficulté. Rien ne justifie que ce type vous annonce que *votre* fille et lui vont emménager à Miami – quand bien même les Broncos le transfèrent aux Dolphins.

Par ailleurs, en tant que chef de famille, vos déclarations ont toujours été considérées comme indiscutables, ou du moins ont été totalement ignorées. Or votre gendre est lui aussi un homme et, en tant que tel, il aime discuter des choses. Ainsi, quand vous lui parlez de ces sociétés dans lesquelles les filles traitent leur père comme un roi, il vous renvoie : « Dans quelle société ? Où ça ? » Après quoi vous êtes bien obligé de changer de sujet.

Vous n'avez qu'à rétorquer : « Comment as-tu pu rater cette interception, dans le match contre Kansas City ? » Ça le fera taire.

À voir votre gendre répliquer à vos proclamations par des questions soi-disant légitimes, vos filles vont commencer à vous tenir pour un peu moins parfait. Avec, pour conséquence, un affaiblissement de votre autorité. Or, quand les pères perdent leur autorité, c'est la famille qui s'écroule, puis l'ordre mondial, et l'on assiste à des scènes de pillage et d'incendie à travers le pays. Il apparaît donc logique que, si votre fille se marie, la fin du monde soit pour bientôt.

« Comment ça, logique ? » interviendra votre gendre.

Agaçant, n'est-ce pas ?

La conclusion est simple : le pire système qui soit, est celui dans lequel la fille choisit l'homme qu'elle va épouser ; mais celui dans lequel c'est le père qui décide est tout aussi pire.

Le futur mari (proposé) de ma fille

Ces dernières années, mes filles se sont livrées à une activité que l'on pourrait baptiser « test dating », dans laquelle elles se trouvent des jeunes hommes à soumettre à mon approbation – un peu comme un chat qui vous rapporte des oiseaux morts. (Je ne suis pas sûr qu'elles-mêmes décriraient leurs activités ainsi, mais c'est clairement le but recherché.) Mes filles craignaient que je me montre hostile et blessant mais, dans l'ensemble, j'ai fait preuve d'amabilité et de tolérance vis-à-vis de ces petits cons.

Le simple fait que j'accepte de participer à cette activité démontre quel père admirable je suis devenu. Je ne suis pas dupe, je sais que nous nous entraînons pour le Grand Jeu – pour ce jour où, dans dix ou vingt ans, nous nous accorderons à penser que l'un de ces hommes est recevable au rang de mari (avec droit de veto pour moi). Les critiques, mesurées et utiles, que j'émets au sujet des candidats de ces tests apportent, en outre, une aide bienvenue à mes filles, qui en sont encore à affiner leurs critères de sélection.

« Une aide bienvenue ! » s'étouffe Samantha, mon aînée. Sam est aujourd'hui une grande brune de vingt-cinq ans qui a hérité mes qualités athlétiques naturelles, mais qui s'entête à prétendre avoir glané ses nombreux trophées sportifs grâce à ses efforts et non à l'ADN de son père. Elle occupe un poste à responsabilités dans une grosse firme de capital à risque, et j'imagine que le qualificatif « compétitrice » lui convient aussi bien qu'à des joueurs de hockey sur glace. Souvent, quand nous discutons, Sam fait semblant de penser que j'ai tort, mais ce n'est que pour mieux y réfléchir par la suite et me rappeler avec de nouveaux arguments à faire valoir.

Dieu merci, ma cadette, Valerie, n'est pas encore en âge de me causer des soucis quant à un éventuel mariage. Elle a la vingtaine, sort tout juste de la fac et cumule trop de jobs pour trouver le temps ne serait-ce que de fréquenter un garçon. Aux dernières nouvelles, elle vendait des produits de beauté hypoallergéniques naturels (à base de – que sais-je ? – bave de moineau et sueur de vipère) ; elle fabriquait des vêtements à partir de fibres bio et de bouse de vache ; elle enseignait le sanskrit aux sans-abri ; et elle donnait des cours en Religions Anciennes Dont Personne Ne Sait Rien.

Son copain actuel (quelque chose comme « Moisi » ou « Merdik ») est de ces néo-écolos qui donnent l'impression de vouloir exprimer leurs opinions politiques en se biodégradant dans leurs propres habits. Ma fille et lui n'ont pas grand-chose en commun, mis à part la certitude que nous sommes tous condamnés.

J'ai également un fils, mais lui non plus ne risque pas de se marier sous peu. Il est à la fac, où il concentre tous ses efforts sur le siphonage de mes économies. Il envisage sérieusement de faire médecine, et je me dis qu'avoir un docteur dans la famille devrait me permettre d'allonger mon espérance de vie jusqu'au remboursement de ses prêts étudiants. Les gens trouvent qu'il me ressemble – sans doute parce qu'il est jeune et mignon.

Ce qui nous amène à Geoff, le copain actuel de mon aînée. Il est beau, c'est un bosseur et il me traite avec respect. D'où les soupçons qu'il suscite tout naturellement chez moi.

Les feignasses avec lesquels Sam sortait auparavant n'ont jamais levé le petit doigt pour m'aider, alors que Geoff est toujours disposé à me donner un coup de main. D'où les soupçons qu'il suscite naturellement en moi. Qu'est-ce qui le pousse à tant vouloir me faire plaisir – que cherche-t-il à cacher ?

En général, les garçons que Sam ramenait à la maison évitaient de me regarder dans les yeux et marmonnaient trois mots quand je les interrogeais sur leur contrôleur judiciaire. Geoff, lui, est toujours prêt à discuter avec moi de sujets dont il me sait friand. D'où les soupçons qu'il suscite naturellement en moi. Dans quel but me lèche-t-il ainsi les bottes ?

Il va sans dire que je ne m'ouvre pas de mes inquiétudes à ma fille car, en tant que père aimant, je n'ignore pas que, si j'en parlais à Sam, Geoff risquerait de ne pas m'aider à nettoyer le garage.

Si bien que, le jour où Geoff est venu me trouver chez moi en disant qu'il avait « besoin de parler », je lui ai trouvé l'air nerveux – comme s'il s'apprêtait à m'annoncer qu'il n'était plus libre pour s'occuper du garage ce week-end. Si tel était le cas, j'avais décidé de me montrer charitable. Je comptais lui dire que c'était déjà gentil à lui de se proposer, et que nous pouvions tout à fait remettre la chose à la date qui lui convenait. En plus, nettoyer le garage, c'est une corvée que je repousse depuis que l'endroit existe, alors une semaine de plus, qu'est-ce que ça change ?

Je le fais donc entrer et, à ma grande surprise, il accepte la bière que je lui offre – d'habitude, il ne boit pas. Jouant la carte de la sobriété, je me sers un thé glacé, non sans noter dans un coin de ma tête que je me dois une bière.

— Et le boulot, monsieur Cameron, comment ça se passe ?

Je lui explique où j'en suis de mes divers projets, en prenant bien soin de ne pas prononcer les mots « point » et « mort ».

L'exercice n'est pas facile et, tout en parlant, je remarque que Geoff a le regard distant, ce qui est plus qu'étrange : normalement, lui et moi trouvons tout ce que je dis fascinant.

Reste que rien ne pouvait me préparer à ce qu'il allait me dire lorsque, ayant terminé mon petit laïus, je lui ai demandé s'il avait des questions à me poser.

— Voilà, monsieur Cameron, si je suis venu vous voir, c'est que... a-t-il commencé en vidant sa bière. C'est pour vous demander la permission d'épouser votre fille. De lui demander de m'épouser. De la demander en mariage.

Le flou de cette formulation m'a fait tiquer.

— Tu dis ?

— Je suis venu vous demander la main de votre fille.

— Sa main ? m'enlisé-je.

— Enfin... sourit-il. Sa main et le reste. Oui, monsieur. Je veux épouser Sam.

J'ai toujours été un fervent partisan de la tradition dans laquelle l'homme demande au père la permission d'épouser sa fille, et où le père dit non. Mais là, Geoff paraissait tellement sincère, il semblait tellement avoir besoin d'une deuxième bière, que j'en ai réprimé ma réaction première – par ailleurs, je n'avais pas d'arme à portée de main.

D'une certaine façon, le fait qu'il veuille prendre Sam pour épouse est un compliment, le témoignage de ce que mes efforts de père ont fait de ma fille une femme formidable. Aussi, repousser sa demande de but en blanc serait faire preuve d'insensibilité. Au fond, ce que Geoff me dit, c'est qu'il souhaite devenir mon gendre, chose que je serais tout à fait disposé à accepter d'ici quelques années. Pas mal d'années. Un bon paquet, même.

— George, commencé-je en cherchant les mots justes.

— Geoff, me reprend-il.

— Geoff, confirmé-je. Tu ne trouves pas que c'est un peu rapide ? Tu la connais à peine. Un homme et une femme devraient se fréquenter depuis au moins un an ou deux avant ne serait-ce que d'envisager de se marier.

— Nous nous fréquentons depuis cinq ans.

Ça m'a tué. Cinq ans ! Bon sang mais pourquoi avons-nous attendu tout ce temps avant de nettoyer le garage ?

— Cinq ans, tu es sûr ?

— Oui, cinq ans le mois dernier, en fait.

— Bon... Et tu ne penses pas que, s'il t'a fallu *cinq ans* pour te décider, c'est peut-être que tu n'es pas bien sûr de toi ?

Manifestement, c'est un point qu'il n'avait pas pris en compte. Il ouvre la bouche, puis la referme.

— De plus, poursuis-je, je sais que tu as des soucis, en ce moment, au boulot.

— Je viens de recevoir une promotion.

— Oui, bien sûr, mais qui sait ce que ça cache ? Entre ton instabilité au boulot et le fait que tu aies poireauté cinq ans, je me dis que tu devrais peut-être y réfléchir à nouveau, tu ne crois pas ? Allons en discuter au garage.

— Mais, reprend-il, c'est que j'aime votre fille. Elle est tout pour moi. Je veux être son mari.

Je sais ce que vous vous dites – je me suis dit pareil. Coup bas ! Le petit malin, il m'a filouté à l'arme légère (« nous nous fréquentons depuis cinq ans ») et voilà qu'il envoie l'artillerie lourde. Qu'est-ce qu'un père peut bien répondre quand on lui sort « J'aime votre fille, elle est tout pour moi » ?

Je suis resté là à dévisager Geoff, incrédule. Je me suis alors rendu compte du courage qu'il lui avait fallu pour venir me parler face à face, boire une boisson d'homme et demander la permission de me prendre l'un de mes biens les plus précieux.

Je me suis également rendu compte que mes filles ne sont pas du tout mes « biens », mais des individus dotés du libre arbitre, qui ne font plus réellement ce que j'attends d'elles depuis leurs deux ans. Je pouvais tout à fait lui dire non et, ensuite, prendre des mesures efficaces visant à les empêcher de se marier (obtenir une ordonnance restrictive ou faire tabasser Geoff), mais au final je savais qu'un homme qui a le courage de venir chez moi demander ma permission d'épouser ma fille aurait aussi le courage de passer outre mon refus.

Ce qui m'amène à l'ultime question. À quoi bon tenter d'empêcher ce mariage ? Mon instinct me pousse à protéger ma fille. Le mariage, parfois, c'est dur. Un homme peut paraître on ne peut plus normal, et puis, le temps aidant, développer ou révéler de graves problèmes – problèmes qui deviennent aussi ceux de votre fille si elle épouse cet individu. Autant de bonnes raisons pour vouloir tuer l'affaire dans l'œuf. Seul un père est à même de comprendre ces choses-là – nous ne voulons que ce qu'il y a de mieux pour nos filles, or, une fois qu'elles sont mariées, nous perdons tout pouvoir de décision quant à ce qu'il y a de mieux pour elles.

J'avais toujours su que ce moment arriverait – la première fois que j'en ai eu conscience, c'était lors de l'échographie où nous avons appris que nous attendions une fille. Sauf qu'il ne s'était pas encore écoulé assez de temps depuis ce jour ! Je n'étais pas prêt !

Et c'est bien ce que je m'apprêtais à dire à Geoff : laisse tomber, je ne suis pas prêt, retente le coup à la Saint Glin-Glin. Mais là, sans que j'aie rien fait pour cela, une image de ma fille s'est glissée dans mon esprit. Et elle ne m'est pas apparue comme sur l'échographie (elle ressemblait alors à une patate dans un micro-ondes), mais comme je l'avais vue la veille, quand j'étais passé à son bureau et qu'elle dirigeait une réunion de son équipe dans une salle de conférence. Elle avait l'air adulte.

Ma petite fille a bien grandi.

Une boule s'est formée dans ma gorge, j'ai tendu la main à Geoff. J'esquissais un sourire en lisant la surprise dans ses yeux. Il devait penser que je répondrais non.

— OK, lui ai-je dit. Bien sûr.

L'interrogatoire musclé

Une fois que le père a accepté son futur gendre, il se doit de lui faire savoir (a) qu'il est le bienvenu au sein de la famille, où il sera aimé comme un fils, et (b) qu'il joue toujours sa peau. Le message étant le suivant : « Si tu fais souffrir ma petite fille, je te bute. » Certains pères préfèrent toutefois tempérer la chose en disant « je te tue », « je te tranche la gorge » ou « je t'écrase avec mon 4×4 puis je fous le feu à ton corps ».

Pour mieux faire passer le message, le père réunit ses proches et amis mâles afin de soumettre le futur gendre à un interrogatoire amical. J'appelle cette forme d'intimidation « L'Approche du Futur ». Les amis du père s'occupent de la partie musclée de l'interrogatoire, mélange de questions hostiles et de menaces voilées, de sorte que le gendre capte le message et ne fasse jamais souffrir la fille du père, voire qu'il fiche le camp tant qu'il en est encore temps. Ça, c'est la théorie.

Concernant « L'Approche du Futur » de Geoff, j'avais réuni quelques amis et nous nous sommes rendus chez mon voisin Tom. Tom est un bon copain. Il s'est acheté un joli bateau de pêche malgré les protestations de sa femme, selon qui ça allait leur coûter une fortune, et il n'aurait jamais le temps de s'en servir. Tom aime inviter ses amis à monter à bord, dans son garage, et leur raconter comment son Emily lui avait dit qu'il ne devait sous aucun prétexte faire cette folie, et qu'il avait aussitôt raccroché pour mieux signer l'acte d'achat. Et montrer à sa femme qui commande. Tom adore cette anecdote, et ce même s'il se renfrogne un peu quand on demande ce que son bateau fait dans son garage – vu qu'il n'a pas encore eu le temps de le mettre à l'eau.

Tom a environ cinq ans de moins que moi et travaille pour un constructeur de je ne sais plus quoi ; il est vice-président d'Amabilité Ltd., quelque chose dans le genre. Tel que je vois les choses, il dirige une flopée de vendeurs qui l'appellent pour lui annoncer qu'ils ont vendu des trucs, et lui il les félicite. Je ne sais pas trop ce qu'ils vendent, et j'ai parfois l'impression que Tom n'est pas plus avancé que moi.

Il fait moins de sport que moi à une époque, et je sais d'expérience qu'il ne se surveille pas trop à table : Emily étant infirmière, elle travaille souvent de nuit, et du coup je dîne souvent avec Tom. Il ne se débrouille pas mal aux fourneaux, à condition d'aimer les bons petits plats qui font grossir. En tant qu'ami, il m'arrive fréquemment de rapporter les restes chez moi, afin que Tom n'explose pas son cholestérol à coups de, mettons… de côtelettes grillées. Bref, Tom est un rien grassouillet, ce qui n'affecte en rien sa bonne humeur (quand je le lui fais remarquer) ni son sens de la répartie (quand il me fait remarquer que mon ventre déborde lui aussi de mon pantalon). Ha, ha.

En plus de Tom, j'avais convoqué mon cousin Ward. Ward doit peser autant qu'un repas de Tom – un maigrichon au teint terreux, à qui je reconnais des airs intimidants, vu qu'il vend des assurances-vie.

Nous avions décidé d'organiser « L'Approche du Futur » à bord du bateau de Tom, pour mieux déstabiliser Geoff. Tom a voulu faire jouer son statut de capitaine pour prendre en main les opérations, encore que j'aie opposé mon veto à son idée de nous faire porter des gilets de sauvetage.

— Joli bateau, l'a complimenté Geoff en s'installant sur un siège. Vous sortez souvent ?

Regard noir de Tom.

Le cousin Ward s'est éclairci la voix et a embrayé :

— Alors, Geoff... C'est ton vrai prénom, au fait ? Geoff ?

Tom et moi avons échangé un regard admiratif : ni lui ni moi n'avions songé à poser cette question.

— Oui. Le diminutif de Geoffrey.

— Ça se tient, a grogné Tom.

— Et ton nom de famille ? ne s'est pas débiné Ward.

J'ai remarqué qu'il remplissait une espèce de formulaire.

— King.

— Du coup, a poursuivi Ward, Sam va s'appeler Sam King.

Celle-là, elle m'a pris par surprise. Ma fille allait changer de nom de famille. Elle n'allait plus faire partie de ma famille ! J'ai alors pris une profonde (et mal assurée) inspiration, le regard rivé sur M. King.

— Dis-moi, Geoff, j'aimerais que tu me dises un peu comment tu comptes prendre soin de ma fille, et éventuellement de mes petits-enfants – au cas où les choses tourneraient mal avec ton employeur actuel.

— Imagine que ta boîte ferme... a ajouté Tom.

— Que le gouvernement fédéral mette la clé sous la porte ? a fait Geoff en fronçant les sourcils.

Ward notait toujours.

— C'est déjà arrivé à pas mal d'agences fédérales, ai-je affirmé sans toutefois que le nom d'une seule me vienne en tête.

— Mais sans doute pas au fisc, si ? m'a fait remarquer Geoff.

— Et tu comptes y faire toute ta carrière ?

— Jusqu'à ce que je passe expert-comptable.

Le cousin Ward a repris la main.

— Et pour le mariage, tu penses vraiment être prêt ? Tu penses avoir la bonne assurance ?

Un rien agacé, j'ai dû intervenir :

— Ce que nous essayons de te dire, Geoff, c'est que tu vas faire partie de la famille.

— De notre famille, a confirmé Tom.

— Ah bon, s'est étonné Geoff, je n'avais pas saisi, Tom, vous êtes de la famille ?

— Euh, c'est que, en fait, non.

J'avais l'impression que nous perdions le fil de « L'Approche du Futur ». Le but du jeu était de faire comprendre à Geoff que nous l'acceptions mais que, en cas d'erreur de sa part, il la paierait au prix fort. Tous les pères ou presque ont recours à ce genre de mise au point – si la mienne pédalait dans la semoule, c'est que j'avais choisi deux crétins pour m'épauler.

— Ce que nous essayons de te dire, Geoff, ai-je repris de mon air le plus sérieux, c'est que si tu fais souffrir ma fille, ma petite fille, de quelque façon que ce soit, tu auras à en répondre devant moi.

— Et devant moi, a solennellement acquiescé Tom.

— Et devant moi, a ajouté le cousin Ward.

Là, le message est passé. Geoff a avalé sa salive, il avait capté.

— Tiens, a conclu le cousin Ward, je te laisse ma carte. Appelle-moi, j'aimerais qu'on jette un œil à tes polices d'assurance.

Le sombre secret

Je me suis toujours demandé comment la famille d'Eva Braun avait géré la question de son « copain ».

EVA : Papa, j'ai rencontré un garçon, il a un super boulot et plein de monde sous ses ordres. Il a même écrit un livre !

PAPA : Il m'a l'air très bien, ce garçon.

EVA : Oui, sauf que c'est Hitler.

Certes, aveuglée par son amour, la fille peut rechigner à examiner la véritable nature de son fiancé.

EVA : Quoi, les nazis ? Ils ne peuvent pas être si terribles, quand même !

Il incombe donc au père de découvrir le sombre secret que dissimule le futur marié. À cette fin, il se gardera de poser des questions directes, et préférera une approche plus filoute destinée à surprendre le Futur Marié. Ainsi piégé, celui-ci se révélera indigne d'épouser votre fille, et celle-ci vous écoutera désormais en toutes circonstances.

Questions Filoutes pour Sombre Secret	
Ne pas demander	**Demander**
Alors dis-moi, est-ce que tu es Hitler ?	À quand remonte ta dernière Anschluss ?
Es-tu un serial killer ?	Allez, tu peux le dire, il t'a fait un peu de peine, l'Étrangleur de Boston, non ?
Est-ce qu'tu es homo ?[1]	Tom est d'humeur badine, ça te dit de le voir danser à poil ?[2]

1. Inutile d'être contre les homos pour préférer que votre fille épouse un hétéro.
2. Bon, celle-là, je reconnais qu'elle a peu de chances de fonctionner. Homo ou hétéro, qui a réellement envie de voir Tom danser à poil ?

Tu as déjà fait de la prison ?	Ton repas, je te le sers sur un plateau métallique ?
Es-tu un alien envoyé sur terre pour épouser ma fille ?	Dis, tu te souviens, dans le film *Alien*, la créature qui sort de la poitrine de John Hurt… trop chou, le bébé, tu ne trouves pas ?
As-tu un problème avec le jeu ?	Dix contre un que votre mariage ne durera pas un an, tu dis quoi ?
Es-tu un espion à la solde d'une puissance étrangère ?	Tiens, Tom a récupéré des infos ultra top secret, ça te dit d'y jeter un œil ?

Le meilleur moment pour poser ces questions, c'est avant le mariage. Mais quand bien même vous attendriez que la cérémonie soit passée, si le mari répond mal vous pouvez faire annuler le mariage. Je suis quasi certain que c'est la règle.

Bon, évidemment, nous n'avons pas organisé « L'Approche du Futur » de Geoff sur-le-champ. J'anticipe un peu, tant je veux appuyer la thèse selon laquelle le père gère la situation à merveille pour peu qu'on lui prête attention.

Retour en arrière : après avoir obtenu ma permission grâce à une ruse sournoise, Geoff a dû aller demander sa main à Sam. J'imagine que la chose fait partie du processus de fiançailles. Mais ça, vous vous en doutez, c'était une autre paire de manches.

CHAPITRE 2

UNE ANNONCE AUX PROPORTIONS CATACLYSMIQUES ET, NON, JE N'EXAGÈRE PAS

Les femmes estiment que les fiançailles sont un événement important.

LE PÈRE : Tu as entendu ça ? Des extraterrestres ont débarqué, ils nous apportent le remède à toutes les maladies et le secret de la paix dans le monde.

LA FILLE : Non, ça c'est rien, moi j'ai une nouvelle encore plus énorme. Je me suis fiancée !

Les hommes, eux, voient la chose avec plus de recul.

LE FIANCÉ : Bref, je regardais le match, Green Bay menait de quatre points et ils décident de continuer à attaquer ; là-dessus, ma fiancée (je t'ai pas dit ? je me suis fiancé samedi dernier), donc ma fiancée me demande à quelle action ça correspond, une passe.

UN POTE : Attends, mec, deux secondes. Redis-moi un peu ça ? J'ai bien entendu ? T'es sérieux ? Green Bay menait de quatre points ?

Quand un jeune homme demande votre fille en mariage, celle-ci se met aussitôt à hurler aussi fort que si elle voyait un *serial killer* surgir à la fenêtre de la cuisine. Si vous vous trouvez à proximité, on vous pardonnera de vous saisir de la première arme venue – mettons, un saladier de pop-corn – et de foncer l'exploser sur la tête du fiancé.

Même si l'affaire se révèle être un gros malentendu, cette agression physique, votre premier acte officiel en tant que futur beau-père vis-à-vis de votre futur gendre, peut aider à donner le « la » de votre relation. Et vous pourrez toujours arguer que, dans certaines cultures, le fait d'ouvrir le crâne d'un nouveau fiancé à l'aide d'un saladier de pop-corn constitue une façon traditionnelle de l'accueillir au sein de la famille[1]. L'épisode permet, en outre, de faire passer deux messages importants aux jeunes fiancés : 1) si tu me flanques encore la frousse à hurler sans prévenir, ou à exiger un mariage hors de prix, je risque à nouveau d'agresser ton fiancé ; 2) je n'ai plus de pop-corn.

Cette magnifique tradition à base de maïs soufflé m'a été racontée par mon voisin Tom, qui l'a découverte après avoir demandé la main de son Emily dans la cuisine des parents de celle-ci. Son futur beau-père l'a accueilli au sein de sa famille avec un enthousiasme tel que Tom a dû être conduit aux urgences. Le beau-père maintient qu'il pensait que sa fille se faisait attaquer et qu'il ne cherchait qu'à la protéger ; moi, je maintiens que, s'il avait su que Tom était en train de demander la main de sa fille, il aurait réagi de la même façon. Au final, Tom peut s'estimer heureux que le père d'Emily se soit alors trouvé à manger du pop-corn, et pas à casser des noix.

Voilà plusieurs années que mon aînée, Sam, a quitté mon domicile. Et pour s'assurer de laisser un grand vide en partant, elle m'a emprunté tous mes appareils électriques.

---

1. L'argument « C'est la tradition qui le veut. », on va vous le sortir souvent, je ne vois donc pas ce qui vous empêche d'y recourir également.

Conséquence : j'échappe aux hurlements initiaux et, lorsqu'elle vient m'annoncer la très grande nouvelle, c'est d'une voix déjà un peu cassée qu'elle le fait.

Je suis un père aimant. Aussi, quand bien même je suis occupé à regarder un match à la télé, je reconnais qu'il s'agit d'un événement important pour ma fille et je me détourne de l'écran, car je possède un magnétoscope avec contrôle du direct.

— Papa, j'ai une nouvelle vraiment merveilleuse à t'apprendre, m'annonce très formellement Sam.

Son fiancé, Geoff, s'efface, conscient que, à présent lié à ma fille, il n'a quasiment plus son mot à dire sur ce qui le concerne.

— Laisse-moi deviner. Tu vas me rapporter mon mixeur ? proposé-je.

J'adresse un bref regard à Geoff. Bien sûr, je pourrais dire « Ah, oui, Geoff t'a demandée en mariage, j'ai su. Bon, on regarde le match ? » Mais je comprends que je suis censé simuler la surprise.

— Tu pourrais te lever ? me demande Sam en fronçant les sourcils. Et aussi t'approcher un peu ?

Elle m'entraîne vers le mur devant lequel nous avons coutume de poser pour les photos de groupe : mes filles et moi en train de réprimander mon fils qui fait des grimaces à l'objectif. Sam se tient la main gauche dans la main droite, comme si elle s'était fait mal en tapant quelqu'un.

— Tu t'es battue ?

— De quoi ?

— Pourquoi tiens-tu ta main comme ça ? Est-ce que tu as écrasé ton poing sur le menton de quelqu'un ?

— Mais non ! Bon, écoute, papa. S'il te plaît.

— OK. Par contre, si tu as frappé dans les dents, ça risque de s'infecter.

— Je n'ai frappé personne, mais ça pourrait changer si tu ne te tais pas.

Ma fille est forte, mais si elle tentait de me frapper, je doute qu'elle me fasse du mal. À moins qu'elle me touche. Je lui réponds par un regard qui lui signifie que je ne prends pas sa menace au sérieux, mais je la boucle malgré tout, au cas où elle serait sérieuse.

— OK, reprend-elle dans une grande inspiration. J'ai une nouvelle vraiment merveilleuse à t'apprendre.

— Tu l'as déjà dit, lui fais-je remarquer.

— Sauf que tu as tout gâché avec ton histoire débile de mixeur.

— Ça n'était pas une histoire débile : il me manque.

Je persiste et je signe : mon cœur se serre chaque fois que je vois sa place vide sur le plan de travail.

— Papa ! (Elle prononce ce mot sur un ton cassant qu'elle va utiliser fréquemment au cours des prochains mois.). S'il te plaît. Contente-toi d'écouter.

— OK.

— Papa... (Coup d'œil en direction de Geoff pour s'assurer de son attention) Geoff et moi, nous nous sommes fiancés CRI STRIDENT Je vais me marier CRI STRIDENT !

Ayant vécu la chose, j'ai plusieurs conseils à prodiguer à qui vient d'apprendre, de la bouche même de l'intéressée, que sa fille vient de se fiancer. Que la nouvelle soit un choc ou non.

1. Prenez-la dans vos bras immédiatement. Toujours. Pour éviter qu'elle voie la tête que vous faites.

2. Elle ne s'attend pas à ce que vous hurliez, parce que vous êtes un homme, mais mieux vaut vous exclamer : « Wou-hou ! » ou

« Ben ça alors ! » que « Tu parles d'une nouvelle ! » ou « On a craché sur ma tombe ! »

3. Serrez la main au futur gendre, offrez-lui un verre, ou du fil de suture si vous êtes partisan de l'accueil au saladier de pop-corn.

4. Ne présumez pas automatiquement que votre fille est prise d'un accès de psychose, ou qu'elle réagit mal à un nouveau médicament. Elle peut fort bien être amoureuse de ce type. Ce type que votre sagesse vous permettra peut-être d'élever au rang d'homme que vous serez fier d'appeler votre gendre, ou de cadavre que vous serez ravi d'aller jeter au fond de l'East River.

5. Ne rallumez pas la télé avant que les jeunes fiancés soient repartis de chez vous, pas même pour regarder un match décisif (expérience personnelle).

La première personne, puis les autres « première personne »

La période des fiançailles constitue une longue série de crises aboutissant à une ultime crise monumentale. La première crise de la série intervient quand il s'agit d'annoncer la nouvelle à tout le monde. Il va sans dire que, lorsque la promise s'apprête à divulguer la chose à une longue liste d'amis et de proches, elle doit bien commencer par quelqu'un. La question est de savoir *qui* sera cette première personne. Il est capital que la promise annonce la nouvelle en premier lieu à sa toute meilleure amie, celle dont elle est la plus proche au monde, car dans le cas contraire, celle-ci ne lui adresserait plus jamais la parole. Coup de bol, si elle fait jurer le secret à cette personne (« Je vais me marier CRI STRIDENT ! Je ne l'ai dit à personne avant toi, pas même à mes parents, alors surtout, motus. »), la promise peut ensuite annoncer la nouvelle « pour la première fois » à une dizaine d'autres proches. Au-delà de dix, la conspiration risque d'être éventée, et la promise de devoir se faire de nouvelles meilleures amies en catastrophe avant le mariage.

Assister à cela est aussi passionnant que d'observer une migration de lombrics – mais je n'avais pas le choix, sauf à quitter mon salon, vu que c'est là que tout se passait. La mère de Sam (mon ex), Judy, vit loin de moi, avec son mari – un homme que, dans ma grande bonté, je surnomme « Dandy ». Il gagne très bien sa vie au sein d'une compagnie pour laquelle Judy fait je ne sais pas précisément quoi. Il va sans dire que tout était prévu pour que la mère de la promise puisse intervenir aussi souvent que possible ; mais pour l'instant, c'est de chez moi que partaient toutes les communications.

J'ai alors tenté une boutade :

— On pourrait aussi louer un dirigeable avec un écran sur lequel s'afficherait la nouvelle ?

— Oh, papa... m'a répondu ma fille, tu crois que c'est jouable ?

Sam m'annonce que sa mère et moi comptons parmi les 20 premières personnes prévenues – un honneur, sans doute. Ce qu'elle oublie, c'est que, techniquement, j'étais au courant avant elle, mais je préfère ne pas le lui faire remarquer. L'une des rares choses que je peux faire pour elle, en rapport avec son mariage, sans débourser un dollar.

Tout le monde est au courant de tout, sauf le père

Il semblerait que le monde entier ait des conseils à prodiguer à une future mariée. Ayant entendu ma fille annoncer à ses amis et à ses proches qu'elle s'était fiancée (CRI STRIDENT) et les avoir tous entendu répondre « Il y a *une chose* à se rappeler », j'ai mis au point la liste de tout ce qu'une jeune fiancée doit se rappeler.

Liste de *La Chose* que toute jeune fiancée doit se rappeler

On ne se marie pas en juin

Tout le monde a ses raisons pour vouloir se marier au mois de juin[1], sans doute (du moins d'après moi) pour se caler entre la saison de hockey et celle de football. Si vous vous mariez en juin, vous constaterez que les salles de réception sont toutes réservées, les traiteurs surbookés et les prêtres eux-mêmes indisponibles – ce qui occasionne des dépenses supplémentaires.

On se marie en juin

Déjà parce que c'est le mois le plus romantique de l'année (chose que personne n'est en mesure d'expliquer, pas plus que de proposer une meilleure théorie que celle du hockey). Et ensuite parce que l'industrie du mariage est tout entière tournée vers ce mois : tout le monde se tient prêt pour les mariages, tous les produits et les services sont en vente, la concurrence fait rage et les prix devraient baisser.

---

1. Ces dernières années, les mariages ont été plus nombreux en juillet qu'en juin. Chose que j'explique par le fait que les femmes veulent toujours se marier en juin, mais que l'organisation de l'événement est si compliquée que le match se termine en prolongation.

On ne fixe pas la date trop tôt

Les experts estiment qu'il faut entre sept et douze mois[1] pour organiser correctement un mariage, soit autant de temps qu'il en aura fallu à Eisenhower pour mettre sur pied le Débarquement. À ceci près, cela va sans dire, que votre mariage mobilisera davantage de monde. Si vous fixez une date trop vite, vous allez vous retrouver avec une contrainte artificielle, dos au mur, et les dernières semaines avant la cérémonie se dérouleront dans la panique la plus totale. Alors qu'en attendant un peu, en regardant comment se présentent les choses avant de décider d'une date, la contrainte sera autrement plus confortable, et les dernières semaines avant la cérémonie se dérouleront dans la panique la plus totale. Par ailleurs, les hommes ont tendance à hésiter, quand on les presse de fixer une date juste après les fiançailles – mieux vaut leur donner le temps de se faire à l'idée.

On fixe la date au plus tôt

On ne saurait même pas organiser un événement aussi simple que la libération de la France si on n'a pas en tête une date précise. D'autant que c'est maintenant le meilleur moment pour fixer une date à votre fiancé : ne le laissez pas gigoter au bout de l'hameçon ! Battez le fer pendant qu'il est chaud !

On envisage la formule Fuite à Deux

Bon, je suis peut-être le seul à avoir proposé cette idée, mais je maintiens qu'elle n'est pas mauvaise. Et rappelez-vous, j'étais déjà seul à soutenir la théorie du hockey, et nous avons tous pu

---

1. J'ai lu quelque part que la durée moyenne des fiançailles était actuellement de 17 mois, ce qui, ne nous le cachons pas, est plus long que la durée des sept derniers mariages de Pamela Anderson mis bout à bout.

constater que j'avais raison. Ici, la formule Fuite à Deux permet déjà de grosses économies ! Sans compter le côté excitant qu'il y a à partir pour une destination exotique en emmenant son père. Hawaï, très bien. La Jamaïque aussi. Et au cas où la chose vous aurait échappé : on réalise de grosses économies !

On ne songe même pas à fuir à deux

Cela traumatiserait vos amis. Vos proches. Vous-mêmes, chaque fois que vous assisteriez ensuite à un mariage en grande pompe. Tous les organismes qui ont remis une carte de crédit à ton père. Ton père n'est pas sérieux quand il dit ça. Ce blagueur ! Dommage que ses blagues ne soient pas drôles.

On annonce au père qu'un mariage coûte en moyenne 27 000 $ (chiffre officiel)[1]

Plus tôt il l'apprend, plus vite il peut chercher le moyen de lever des fonds (trafic de drogue, kidnapping avec demande de rançon, etc.). Il aura besoin de temps pour encaisser le choc et débiter ses soi-disant blagues (exemple : « Vous n'avez pas forcément besoin d'une limousine, si ? Ha, ha. »).

On n'évoque même pas le prix moyen

Qui veut d'un mariage moyen ?

---

1. Plusieurs sources reprennent ce chiffre. Si vous le découvrez ici, vous avez sûrement l'impression qu'on vient de vous exploser un saladier de pop-corn sur le coin du crâne. Comment la chose est-elle possible ? Le monde a-t-il perdu la boule ? (La réponse à cette question, ainsi que ce livre va le démontrer, est oui, concernant le mariage, le monde a perdu la boule.)

La bague

L'élément le plus important de tout le processus de fiançailles, c'est la bague. Bague par l'intermédiaire de laquelle le futur marié annonce à sa promise que (a) il s'est fait aider par un tiers (une femme) pour la choisir, ou (b) qu'elle peut toujours l'échanger.

Les bagues de fiançailles possèdent une aura magique ; tout le monde est censé les admirer en dégoulinant de compliments excessifs tels « Ouah, elle est énorme, on dirait Michael Moore sur une mobylette » (compliment de mon cru, que je vous autorise à reprendre). Votre fille passera des heures et des heures à admirer la sienne en rêvassant alors qu'elle a d'autres choses à faire, comme regarder la route, par exemple.

Chris, mon fils l'étudiant, trouvait lui aussi cette histoire de bague agaçante, surtout après que sa copine avait vu celle de Sam. À voir le regard tout mielleux qu'elle a eu alors, Chris s'est mis à craindre de ne plus jamais pouvoir lui offrir un simple sweat-shirt pour son anniversaire. Il est même allé jusqu'à me demander de dire à Sam de ne pas parler du mariage à sa copine.

Je savais que ça ne marcherait pas – j'avais été exposé à trop de cris stridents. Elles allaient en parler, pas moyen de faire autrement, elles ne pouvaient décemment pas discuter d'autre chose.

— Chris, ai-je dit à mon fils, en cherchant la formulation la plus délicate possible, c'est un peu comme vouloir empêcher des clébards de se renifler le derrière.

— Mouais... sauf que maintenant, elle ne me parle plus que de mariage et de trucs qui n'intéressent personne.

Je lui ai adressé un regard attendri ; il me rappelait l'époque où, moi aussi, j'étais un petit crétin.

— Fils, les seules personnes qui n'ont pas envie de parler de ça, ce sont les hommes, or quand il est question de mariage, nos envies ne comptent pas.

La bague que la sœur de Geoff a aidé mon futur gendre à choisir est splendide, je le concède.

— D'après ma sœur, m'a-t-il expliqué, on est censé investir trois mois de salaire là-dedans.

— L'heure n'est, en effet, pas à songer à ton tiers provisionnel, ai-je confirmé.

— Papa... m'a prévenu mon aînée en inclinant sa bague de sorte que celle-ci me projette un rayon de soleil dans l'œil.

Je glisse un sourire complice à ma cadette qui, bizarrement, a l'air pensive et détourne le regard. Il semblerait qu'elle ait décidé de laisser tomber son père pour rejoindre le côté obscur du mariage – et cette décision l'embarrasse. Je ne lui en veux pas, je précise : Valerie a tout juste la vingtaine, l'âge où les femmes sont prises de nostalgie pour leur adolescence, quand elles entretenaient avec leurs parents une relation plus étroite et, financièrement, plus dépendante. Les fiançailles de Sam impliquent que la famille évolue, sauf que Valerie n'évolue pas avec elle. Le bonheur frénétique de son aînée lui donne sans doute envie de basculer à son tour dans la démence.

Mon fils, lui, demeure mon plus fidèle allié.

— Toute cette histoire est ridicule, déclare-t-il avant de pâlir en découvrant l'expression de sa copine. Pas le mariage, je veux dire, hein... juste, tout ce...

Sa copine et ses sœurs le fusillent du regard, tandis que la bague de Sam fait glisser sur sa poitrine un rai de lumière qui n'est pas sans rappeler la mire d'un sniper cherchant à localiser son cœur.

— Enfin l'idée qu'un bijou, quel qu'il soit, puisse symboliser l'amour, lâche-t-il en désespoir de cause.

Un bref instant, les trois femmes se demandent si ce commentaire est recevable ou si elles vont lacérer Chris de leurs griffes. Puis la décision tombe.

— C'est trop romantique... soupire sa copine en posant la tête sur son épaule.

Je regarde mon fils, éberlué. Pas étonnant qu'il sorte avec un tel canon ! Moi, à la fac, le truc le plus romantique que j'aie sorti à une fille c'est « Tu veux quoi, sur ta pizza ? »

Chris a l'air béat. Je sais ce qu'il se dit : rien ne symbolise mieux l'amour qu'un joli petit sweat-shirt.

La demande en mariage – analyse détaillée

La première question que ses copines posent à une jeune future mariée est « Comment a-t-il fait sa demande ? » Suivie aussitôt de « Qu'est-ce qu'il fabrique, par terre, ton père, à simuler une attaque cardiaque ? »

Comme tous les autres aspects du mariage, les jeunes d'aujourd'hui estiment que la demande doit être sophistiquée et tape-à-l'œil. Il n'en a pas toujours été ainsi. Pour Emily et Tom, par exemple, voici comment la chose s'est déroulée :

EMILY : Tu ne voudrais pas sortir la poubelle ?

TOM : Déjà ? Attends voir, que je la tasse un peu. (Il écrase les ordures en grognant.)

EMILY : Non, sors-la, s'il te plaît.

TOM : Mais regarde, il y a encore plein de place.

EMILY : Ça pue.

TOM : Ton père a nettoyé du poisson ou quoi ?

EMILY : Je ne vois pas ce qui pue autant.

TOM : Oh super, j'en ai sur ma chaussure.

EMILY : Bon, tu la sors, maintenant ?

TOM : Passe-moi un truc, que je m'essuie.

EMILY : Je vais te chercher du Sopalin. (Lui tourne le dos.)

TOM : (S'adressant au dos d'Emily.) Dis, au fait, tu veux bien m'épouser ?

EMILY : (Se retournant d'un bond.) Quoi ?

TOM : Baaah, ça me rentre dans les chaussettes.

EMILY : Tu m'as dit quoi ?

TOM : Que le jus de poisson me rentrait dans les chaussettes. Je te raconte pas mes pieds.

EMILY : Non, juste avant.

TOM : Ah. Oui. Tu voudrais pas m'épouser ?

EMILY : (CRI STRIDENT)

PÈRE D'EMILY : (Dans la pièce d'à côté.) Tiens bon, ma fille, j'arrive !

Pour romantique que la scène puisse paraître, elle ne saurait apparemment contenter les jeunes filles d'aujourd'hui. Celles-ci estiment désormais qu'une demande en mariage doit être au moins du même niveau qu'une soirée avec le Blue Man Group.

Il m'est ainsi arrivé d'assister à une demande épatante : mes enfants m'avaient emmené faire du ski parce qu'ils adorent voir leur père se retrouver nez à nez avec un tas de neige bien compacte. Cela dit, ils se sont très vite lassés de m'aider à me relever et m'ont abandonné sur les pistes. J'allais prendre place sur un télésiège quand un des responsables de l'installation m'a demandé de laisser passer un couple.

— Ça vous gêne pas trop, j'espère ? s'est excusé le responsable. C'est juste que le gars, là – trop fort –, il a écrit sa demande en mariage dans la neige. Pour sa chérie, là. Trop fort.

— Trop fort, ai-je fait, impressionné.

— Trop fort, a-t-il confirmé en m'aidant à monter sur le télésiège.

Et donc, à quelques mètres du sommet, nous sommes passés au-dessus des mots « Épouse-Moi Lori », peints dans la neige. J'ai alors entendu la femme assise devant moi (la fameuse Lori, j'imagine) s'étouffer.

Sitôt descendue du télésiège, elle a asséné un violent coup de poing à l'épaule de son futur futur, et s'en est allée skier toute seule. Le gars la regardait, bouche bée. Elle n'avait manifestement pas apprécié sa demande.

— Eh, mec, suis-je allé l'aborder. Trop fort. Par contre, t'aurais peut-être pas dû peindre ton message en jaune.

Et moi, dans tout ça ?

Allez comprendre pourquoi, les gens ont toujours l'air franchement surpris d'apprendre que j'ai une copine. Sûrement parce qu'ils m'imaginent en célibataire encanaillé, ayant chaque jour une nouvelle femme à son bras. Ce portrait me ressemble assez, sauf pour la question des nouvelles femmes chaque jour.

Elle s'appelle Sarah, elle est rédactrice en chef d'un magazine. Les gens me répètent tout le temps de « ne pas la laisser filer ». À tel point que j'en suis à me demander si je ne devrais pas lui ligoter une jambe à mon piano.

En revanche, personne n'a encore recommandé à Sarah de ne pas me laisser filer.

Contrairement à ce que je vis avec mon ex-femme (avec qui je m'entends bien et dont je tolère le Dandy qui lui sert de nouveau mari), nous ne communiquons absolument pas avec l'ex de

Sarah – que j'appelle Grande Bouche. Il m'arrive de le croiser, vu qu'il est écrivain et que ses livres ont eu beaucoup de succès pour ce qui est de booster son ego. J'ai ainsi été à l'une de ses dédicaces, au cours de laquelle ses premiers mots ont été : « Je vais répondre à la question que vous vous posez toutes. » Là, il a promené un regard plein de suffisance sur toutes les jeunes femmes de l'assistance, avant d'ajouter : « Un boxer. »

(À tous les coups, la question devait être : « Qui vous a mis la tronche dans un état pareil ? »)

De son divorce, Sarah a retenu trois leçons : elle s'est mariée trop jeune, sans réfléchir, avec un connard. Du coup, elle estime qu'il est inutile de précipiter les choses entre nous, ce qui me va tout à fait. J'aime ma condition de célibataire indépendant, et j'attache un grand prix aux soirées que nous passons loin l'un de l'autre – je me prépare à manger, je m'ouvre une bière, j'appelle Sarah et on discute jusqu'au moment de se coucher.

Étant en baisse d'oestrogènes, Sarah a tout naturellement sauté au plafond en apprenant que Sam s'était fiancée. Mais elle s'est également enquise de ma réaction, preuve que c'est une excellente copine (pour ceux qui penseraient que j'exagère).

— Tu le prends comment ? m'a-t-elle demandé.

— Plutôt bien. Après tout, ils se sont juste fiancés, ce n'est pas comme s'ils allaient se marier. Ça ne change pas grand-chose, en fait, sauf que tout le monde n'arrête pas de se faire des câlins.

— OK. Tu es en plein déni, c'est bien, c'est la première phase.

— Ce n'est pas une *phase*, l'ai-je aussitôt reprise, irrité. Laissons la psychanalyse en dehors de tout ça. Franchement, ça m'énerve que tu dises ça.

— Étape suivante, la colère, a-t-elle confirmé.

— Bon, coupons la poire en deux : je gère la situation tout seul, et tu ne me mets pas en analyse, OK ?

— Puis la négociation. L'étape d'après, c'est la dépression, puis l'acceptation.

— D'accord… ai-je soupiré en m'asseyant, épuisé. Comme tu veux. J'ai pas trop envie d'en parler.

— Mais est-ce que tu pourrais au moins reconnaître que dire « Ils se sont juste fiancés, ce n'est pas comme s'ils allaient se marier », c'est du déni ?

— Bien sûr, bien sûr. Elle va se marier. Compris. Voilà, t'es contente ?

— Moi, oui. Mais toi ?

Je l'ai regardée dans ses jolis yeux verts et y ai lu un authentique intérêt.

— Honnêtement, je n'en sais rien. Quelque chose me dit qu'il va se passer tellement de choses entre maintenant et un quelconque mariage, que je vais passer par toutes sortes de sentiments. Et je préférerais éviter.

— Parce que, étant un homme, tu es mal à l'aise avec les sentiments, m'a suggéré Sarah.

— Si tu vas par-là, « être mal à l'aise », c'est un sentiment.

— Et que, étant un homme, tu tiens à avoir raison.

— Mais c'est que j'ai raison, enfin ! Attends voir… raison sur quoi ?

— Raison à propos de tous les sentiments différents que tu vas ressentir en cours de route, et dont bon nombre vont te mettre très mal à l'aise.

— Voilà.

Quand même, je n'allais pas laisser dire que j'avais tort !

Comment Geoff a fait sa demande

J'avais suggéré à mon futur gendre une façon originale de faire sa demande.

— Je t'explique le coup : tu emballes une alliance dans du papier alu avec « Veux-tu m'épouser ? » marqué dessus. Puis tu avales le tout. Ensuite, quand vous serez aux urgences et que Sam verra ta radio, elle dira « oui », puis elle t'accompagnera au bloc, où le chirurgien te retirera la bague et la lui donnera.

L'expérience de Tom et de sa demande à Emily m'avait convaincu de ce que les urgences forment un très joli cadre pour cet événement.

Geoff a paru véritablement apprécier mon idée, d'autant que je la lui ai servie le jour même où nous avons été présentés l'un à l'autre – à l'époque, j'estimais qu'aborder ce sujet d'emblée permettait de faire fuir les copains de mes filles. Cela dit, quand est venu le moment de la *vraie* demande en mariage, il s'y est pris différemment.

Je le sais, j'ai vu le film. Voilà encore un nouveau *must* des mariages modernes : dans la mesure du possible, la demande doit être filmée, de sorte qu'il existe à tout jamais un enregistrement du futur mari, à genou sur la plate-forme de sa camionnette, en train d'offrir une bague à sa future épouse.

Autre règle : le futur marié doit personnaliser sa demande en fonction des goûts de la fille. Par exemple, si celle-ci est passionnée de tir au pistolet, le garçon devra écrire « Veux-tu m'épouser ? » sur une cible, puis la dégommer au petit calibre.

Bizarrement (vu sa personnalité), Sam n'est pas très portée sur les armes à feu. Par contre, elle adore les chiens. Elle en recueille qui ont été abandonnés, travaille avec des agences de placement qui s'efforcent de trouver de nouveaux foyers pour les chiens errants, et possède même un labrador (doté d'un QI d'huître). Partant de là, Geoff a voulu faire participer l'animal – mais sans lui faire avaler un message qui serait ensuite apparu sur une radio ou au fond du jardin. Non, il a préféré lui apprendre à rapporter une petite boîte cachée quelque part, puis à s'asseoir, pattes avant dressées, le temps que ma fille déballe le coffret et pousse un cri strident.

Je n'imagine même pas le temps qu'il lui a fallu pour dresser l'animal – sans ça, Geoff et ma fille seraient sans doute déjà mariés et deux fois parents.

Sur le film, le chien paraît nerveux et on le comprend : c'est la première fois qu'il demande une femme en mariage. À l'ordre « Va chercher ! » il répond en passant derrière le canapé, d'où il retire une boîte qu'il se met à secouer avant de sauter dessus en aboyant.

— Rapporte ! lui ordonne très sérieusement Geoff.

Aussitôt, l'animal pose ses pattes avant sur la boîte et se met à la pousser devant lui en agitant vigoureusement la queue.

Dégoûté par la tournure des événements, Geoff se lève et va récupérer la boîte, qu'il apporte à ma fille (assise sur le canapé, un rien intriguée). C'est alors que le chien se jette sur la boîte et tente de s'en emparer. Alors Geoff la lui donne ; l'animal la prend entre ses mâchoires et se remet à la secouer.

— Assis ! lui ordonne Geoff.

Le chien cesse de secouer la boîte, penche la tête de côté. Ce mot lui dit quelque chose.

— Assis !

Miracle, le chien s'assoit et lève les pattes avant, la boîte à présent trempée toujours dans sa gueule.

— Prends la boîte, suggère Geoff à Sam.

Ma fille parvient, non sans mal, à arracher l'objet des crocs de son chien. Sourire aux lèvres, mais hésitante, elle retire l'emballage dégoulinant de bave. Puis elle ouvre de grands yeux en découvrant le petit coffret de feutrine.

Geoff s'agenouille à côté du chien, qui se met à lui lécher l'oreille.

— Veux-tu m'épouser ? demande-t-il à Sam en repoussant la tête de l'animal.

Ma fille pousse un cri strident, le chien se met à aboyer.

L'affaire se complique

Je voyais bien que ma Valerie n'était pas dans son assiette. Les trois journées qu'a duré le cirque du « Tu sais quoi, je vais me marier ! » ont été usantes pour tout le monde, mais je remarque une tension étrange dans son regard.

Certes, elle n'a pas trop changé depuis le lycée, quand elle écrivait des poèmes aux titres évocateurs (*Sois la bienvenue, Grande Faucheuse*) et alla même jusqu'à claironner que la planète se porterait mieux « si tout le monde disparaissait ». Là, je la soupçonnais d'avoir des doutes quant à la situation de sa sœur. Aussi, lorsqu'elle est venue me voir, sans prévenir, sans apporter de lessive à faire ni de bricoles pour purger mon sang du mercure, j'ai su qu'il y avait un souci.

Et ça tombait bien : j'étais à court d'excuses pour ne pas me mettre à rédiger la chronique que je devais rendre sous peu – la veille, pour être précis. Bref, je l'invite à entrer et lui laisse me dire d'elle-même ce qui la tracasse.

— Donc, finis-je par prendre les devants, cette histoire de fiançailles te turlupine. Tu te dis sûrement que ça va détruire notre famille.

— Non, fait-elle. Ça n'est pas ça.

— Ta sœur vient de se fiancer, tout le monde n'a d'yeux que pour elle et tu voudrais que ton père t'accorde davantage d'attention.

— Non.

— Tu voudrais qu'on passe plus de temps ensemble, rien que nous deux, sans avoir à me demander de plier ton linge.

— Je te jure, tu n'y es pas. Laisse-moi parler.

— OK. Dis-le-moi avec tes propres mots. Je sais que ça peut être difficile, mais je tiens à savoir. Un jour, tu comprendras qu'un père, ou une mère, peut avoir assez d'amour pour tous ses enfants, et que ce n'est pas parce que ta sœur va se marier que je n'ai plus de temps à te consacrer. Nous pouvons tout à fait nettoyer le garage ce week-end, si tu le souhaites.

— Papa.

— Très bien. Je t'écoute.

— Voilà, c'est que... (Elle reste un moment à me dévisager.) Voilà.

— Oui ?

— C'est que... Moi aussi je me suis fiancée.

CHAPITRE 3

À VOUS DE GÉRER

Étymologiquement, « fiançailles » provient sans doute de la même racine que « fiente ». En tout cas, moi, ça me provoque le même genre de réaction.

On excusera le père qui, apprenant que sa fille a accepté d'épouser un dénommé Moisi ou Merdik, affiche l'expression caractéristique du « lapin dans les phares ». À ceci près que la sensation est plus proche du « lapin percuté par le camion ». Des bruits étranges lui emplissent la crâne tandis que son cerveau bondit dans tous les sens tel un chat effrayé, bruits qui l'empêchent d'entendre ce que lui dit sa fille, d'autant que les fantômes de ses ancêtres lui chantent en chœur « Rejoins-nous dans la lumière ».

La fille en question aura sûrement la gentillesse d'aider son père à encaisser le choc en lui offrant une bière, un alcool fort ou un massage cardiaque. Elle répondra également à toutes ses questions :

Question numéro Un : *Quoi ????*
Réponse : J'ai dit que je me suis fiancée.
Question numéro Deux : *Quoi ????*
Réponse : Je vais me marier, papa.
Question numéro Trois : *Quoi ????*

En général, la séquence se répète alors à plusieurs reprises.

Je me force à respirer calmement, lentement, comme si j'allais accoucher. (Je suis quasi sûr d'être déjà dilaté à six centimètres.) Valerie est une jeune fille sensible, elle lit l'inquiétude dans mes yeux et craint les conséquences que l'affaire risque d'avoir sur son père. Je tente de lever une main pour lui signifier que je vais bien, mais je suis encore atteint de ce qui me semble être une paralysie définitive et ne réussis qu'à cligner de l'œil.

— Sam va me tuer, marmonne Valerie.

— Ça va, je vais bien, parviens-je enfin à souffler.

— Je ne m'y attendais pas, papa !

— Non, je te jure, ça va. J'ai juste besoin d'un verre d'eau ou d'un valium.

Au bout d'une minute, je me lève et vais me servir un verre d'eau.

— Marty m'a demandé ma main la semaine dernière, mais on s'est dit qu'on allait garder le secret jusqu'à ce que son père revienne de sa retraite spirituelle.

— Qui ça ?

— Son père.

— Non : qui ça « Marty » ?

— Mon fiancé ! s'indigne Valerie.

Je m'assois de nouveau.

— Écoute, ma puce, ne m'en veux pas. Ça me fait un choc, là, et j'ai du mal à trouver les bons mots pour te dire qu'il est hors de question que tu te maries.

— Papa !

— Il ne sait donc pas qu'il est censé venir demander ma permission d'abord ? Ça nous aurait évité une situation bien embarrassante.

— Comment je vais l'annoncer à Sam ?

— Valerie, sois raisonnable. Tu le connais à peine, ce type.

— On s'est rencontrés au lycée !

— Je ne vois pas le rapport.

— Papa, je vais me marier.

— Euh, là je t'arrête : non, tu ne vas pas te marier. (Je décide que, me trouvant dans ce que Sarah appellerait la « phase du déni », je m'y plais !) Ma puce, tu es trop jeune pour te marier. Moi aussi, je suis trop jeune pour que tu te maries. (Là-dessus, une idée me vient.) Attends voir. Tu n'es pas... tu n'es pas...

Bredouillant cela, je fais de grands ronds devant mon ventre, signe universellement traduit par « enceinte de sextuplés ».

— Quoi ? Enceinte ? s'emporte Valerie.

Le mot déclenche chez moi de véritables projections de sueur.

— Ou quelque chose dans le genre, dis-je en désespoir de cause.

— Non, papa. Je ne suis ni enceinte ni rien *dans le genre*.

Soupir de soulagement. Massage cardiaque.

— Bon. Parfait. Comme ça, rien ne t'oblige à te marier.

— Mais je veux le faire ! rétorque-t-elle. Tu ne m'aides pas, là, papa. Sam va me tuer. Comme au lycée, quand j'ai voulu faire du volley, tu te rappelles comment elle était furieuse ? Elle voulait que je choisisse un autre sport.

— Ce qui, si tu y repenses, était une idée fort raisonnable. Cette fois aussi, tu devrais choisir autre chose. Au lieu de te marier, pourquoi ne pas faire vœu de chasteté ?

— Papa !

— Valerie... tu as encore tellement à grandir avant de te marier. Tu pourrais visiter l'Europe sans Marty. Reprendre tes études sans Marty. Tu es si jeune. Plus jamais tu ne seras aussi libre de faire tout ce que tu veux au monde à part épouser Marty !

Et je tendais les mains vers elle comme pour l'implorer.

Je n'ai rien de personnel contre Marty, sauf que je ne l'aime pas. Et même ça, ça n'est pas vrai : je l'aimais bien jusqu'à ce que surgisse cette idée de mariage. Ce garçon est un tantinet « intense ». Une fois, il m'a démontré par A + B que je devais pailler ma pelouse et m'acheter un composteur dans lequel je mettrais tous mes déchets de cuisine, de sorte à disposer ensuite d'une terre bien fertile avec laquelle je pourrais faire tout ce qu'on peut faire avec une terre bien fertile. L'idée m'avait séduit, à ceci près que mon chien a mis la truffe sur mon compost et l'a dévoré. Non, le problème, ce n'est pas Merdik le Roi du Compost ; le problème, c'est l'idée que ma cadette, ma toute petite fille veuille se marier.

— Papa, me renvoie-t-elle d'une voix à la fois calme, ferme et intransigeante. Marty et moi nous allons nous marier. Il va falloir t'y faire.

J'ai reconnu le regard qu'elle me lançait. Quand elle était petite, Valerie faisait le bonheur de tous les clients du super-marché quand je lui annonçais que nous allions partir, et qu'elle s'agrippait alors au chariot en s'arrachant les cheveux par poignées entières tout en hurlant « Non ! » Elle avait toujours envie de quelque chose – tartelette au chocolat, trousse de maquillage, homard en laisse – et refusait de se laisser prendre dans les bras tant que je ne cédais pas. Elle parvenait chaque fois à se rendre plus lourde qu'une valise bourrée de briques et, tandis que je me débattais pour l'arracher au chariot, ses cris ne manquaient pas d'attirer l'attention des responsables du magasin et de l'unité Enlèvement du commissariat local.

La leçon que j'ai apprise à l'époque est toujours valable : quand Valerie est décidée, on ne la fera pas changer d'avis sans un déluge de cris et de larmes – chose que je préférais éviter.

J'allais peut-être trouver le moyen de modifier le cours des événements mais, à ce moment-là, j'avais deux filles, et toutes deux étaient fiancées.

Seigneur, de l'aide, pitié !

Les émotions n'ont rien à faire dans un mariage

Au final, le père se remet du choc initial, après quoi un authentique miracle se produit : il s'adapte à la situation, voit ce qu'il y a à faire et se met aussitôt en position d'Autorité Totale – autorité dont il ne possède en pareille situation pas l'ombre d'une parcelle.

Les hommes sont nés pour gérer les crises – d'où la marche si harmonieuse de notre monde, dépourvu de guerre ou de conflits. Or un mariage n'est jamais qu'une crise comme une autre – le shopping en plus. Sitôt que le père se fait à l'idée que sa fille va se marier et qu'il n'aura le droit de buter personne, il prend la situation en mains et veille à ce que tout se déroule comme prévu. (Il va sans dire que *rien* ne se déroulera comme prévu. Faute de quoi, ce ne serait pas un mariage.)

En général, le père prévoit l'événement en identifiant chaque tâche à accomplir, puis en lui affectant une date butoir et une méthode permettant à chacun de s'assurer que la tâche est accomplie.

Tâche	Date butoir	Signe d'accomplissement
Envoyer invitations	Jour M[1] moins 160	Tout le monde a la langue qui colle.

Il va sans dire que le père finira par comprendre que chaque étape importante se compose d'une foule d'étapes préalables – des « précédents », pourra-t-il les appeler.

LE PÈRE : Il a été porté à mon attention que l'envoi des invitations – Étape n°5 dans le Livret Paternel de Préparation du Mariage que je vous ai distribué – comporte un certain nombre de précédents.

L'ÉQUIPE DE PRÉPA : Chef, oui chef !

LA PROMISE : Papa, tu es une figure d'autorité remarquable avec tes merveilleux préparatifs.

LE PÈRE : L'heure n'est pas aux sentiments, femme !

LA PROMISE : Pardon, chef !

LE PÈRE : Équipe, je vais à présent identifier ces précédents, puis vous les exécuterez et vous vous présenterez au rapport. C'est compris ?

L'ÉQUIPE DE PRÉPA : Chef, oui chef !

---

1. « Jour du Mariage » en langage militaire. Le père devrait avoir le droit d'utiliser des expressions militaires quand bon lui semble : « recherche et destruction », « annihilation totale », etc. La préparation du mariage n'en serait que plus festive !

Tâche	Date butoir	Signe d'accomplissement
Décider liste invités	Jour M moins 240	Plus personne ne se parle dans la famille.
Sélectionner papier invitations. Papier lin, OK. Paillettes or, mieux. Marbre gravé, top.	Jour M moins 200	Idée du père (e-mail collectif – comment ça, tu ne connais pas les « mariages viraux » ?) rejetée. Commande passée à l'imprimeur.
Régler 50 % facture invitations	Jour M moins 200	On n'a plus de sous !
Régler solde facture et récupérer invitations	Jour M moins 175	On n'a plus de sous !
Payer et récupérer timbres	Jour M moins 170	On n'a plus de sous !
Libeller enveloppes	Jour M moins 165	Promise en larmes – personne ne l'aide, le mariage fonce dans le mur, elle ne peut pas tout faire toute seule, elle ne connaît pas la moitié de ces gens, elle n'arrête pas de grossir, c'est le stress, fichez-moi la paix.
Envoyer invitations	Jour M moins 160	Tout le monde a la langue qui colle.

Alors ? Tout n'est-il pas plus organisé quand c'est le père qui gère ? Bon, le processus de sélection des invités en soi est un peu plus complexe. Représenté sous forme schématique, voici à quoi cela ressemble.

Schéma du processus de sélection des invités

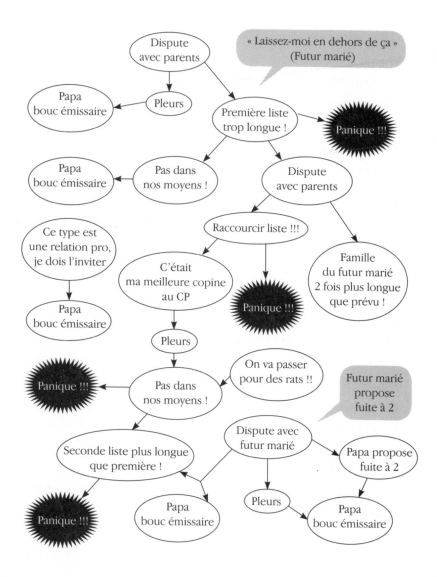

Un mariage est l'union de deux cœurs... et d'un prêt sur la valeur nette du domicile

Ce genre de chaos, les pères ont coutume de le gérer en assignant une tâche à chaque soldat puis, en cas d'échec, en convoquant un tribunal militaire et un peloton d'exécution. Le tout premier point à définir, c'est le budget : mieux vaut que tout le monde s'accorde sur une limite qu'ils ignoreront tous. Le père utilisera à cette fin le Compte Mariage ouvert à la naissance de ses filles – vide ; à quoi il ajoutera le contenu du Compte Université – négatif ; et, enfin, tout l'argent qu'il a en trop – que dalle. Conclusion : le budget du mariage ne consiste, à la base, qu'en la ferraille qu'on pourra retrouver entre les coussins du canapé. Les invitations, mieux vaudrait les faxer.

OK, ha ha, notez bien que, chaque fois que le père sort ce genre de blague, personne ne rigole. L'idée même que le mariage ne soit pas au niveau du couronnement de la reine d'Angleterre, personne ne la trouve marrante.

Au bout du compte, après moult calculs, coups de fil aux organismes de crédit et décisions difficiles (« C'est vrai, après tout, je n'ai pas besoin de changer la voiture, la tondeuse à gazon, ou de m'acheter à manger »), le père annoncera le chiffre qui correspond à l'idée qu'il se fait du budget.

Mais en fait, ça ne se calcule pas ainsi – c'est tout de même gentil à lui d'avoir essayé. Non, pour mettre au point le budget, la promise commence par dresser la liste de ce dont elle aura besoin en termes de demoiselles d'honneur, fleurs et sculptures sur glace (car rien ne symbolise mieux l'amour qu'un cœur qui se transforme en flaque), après quoi elle fait la somme de tout ce que cela va coûter. Et voilà ! Le père avait tout faux.

— Ton budget n'est pas réaliste, lui expliquera son père comme s'il était un policier s'adressant à une candidate à la défenestration.

— Je sais bien, lui rétorquera la promise. Au final, on va l'exploser !

Un défi que seul un père peut relever

J'ai consacré pas mal de temps à élaborer mon Plan de Paix – la liste formelle et détaillée des règles qui devaient aboutir à un cessez-le-feu dans ce qui fut, sans nul doute, la plus grosse dispute de mes filles depuis le collège (quand elles voulaient toutes les deux se marier avec Heath Ledger). Et Valerie avait raison : la réaction de Sam à cette frappe préventive sur ses fiançailles s'annonçait volcanique.

Valerie avait demandé à Sam de passer chez moi pour « parler du mariage » – comme si on parlait d'autre chose depuis l'annonce. En tant que père, je savais qu'il me fallait une excuse en béton armé pour éviter la rencontre. Mais je savais également qu'il était de ma responsabilité de me trouver sur place afin de protéger la vaisselle ou tout ce qu'elles risquaient de vouloir casser. D'où la nécessité du Plan de Paix. J'estimais que, quand j'en serais à leur citer le Point n° 25 (*Papa sera l'arbitre de toute querelle et nous nous engageons à accepter son jugement sans mot dire et aussi à l'aider à faire ses vitres*), elles seraient suffisamment calmées pour accepter d'oublier leurs différends et de déposer les armes.

Il me fallait simplement convaincre Sam que les fiançailles de Valerie n'allaient pas lui faire de l'ombre – qu'au contraire, il y aurait davantage de lumière. Je n'aurais ensuite plus qu'à comprendre de quoi je parlais. De lumière ?

Bref, Sam est arrivée avec une pile de revues de mariage sous le bras.

— J'ai besoin de tout le monde, là, a-t-elle déclaré. Pour m'aider à choisir le thème du mariage.

— Moi, ai-je fait, je propose : Chacun Apporte Sa Bouteille.

— Pas marrant, papa, a rétorqué Sam.

— Pas marrant, papa, a répété Valerie.

— Une minute, ai-je demandé.

Aussitôt, j'ai foncé ajouter un nouvel article à mon Plan de Paix. Point n°76 : *Personne ne va dire à Papa que ses blagues ne sont pas drôles*. Après quoi, l'ayant imprimé, je suis retourné au salon, où j'ai trouvé mes filles, dans les bras l'une de l'autre et en larmes.

— Qu'est-ce qu'il y a eu ? Valerie et Moisi ont rompu ?

— C'est le plus beau jour de ma vie, a annoncé Sam.

— Le plus beau jour de *ma* vie, a corrigé Valerie.

— Une bien belle, journée, certes, ai-je confirmé. Mais pourquoi donc ?

C'est là que j'ai appris que la fameuse doctrine « Les mariages ont priorité absolue » avait permis à Valerie et Sam de dissiper toute rancœur relative à leurs fiançailles simultanées sans mon intervention. Ça m'allait très bien.

— Cette affaire risque de générer pas mal de ressentiment, leur ai-je fait remarquer en leur remettant leur exemplaire du Plan de Paix.

— Tu le crois, ça, papa ? Deux mariages ! se réjouissait Sam.

— Je suis trop contente que tu ne sois pas fâchée, Sam, a relancé Valerie.

— Fâchée ? Tu rigoles ! Tu es ma sœur, quand même ! a déclaré mon aînée, comme si Valerie et elle ne venaient pas de passer l'essentiel des vingt dernières années à se bagarrer.

Sur ce, elles se sont de nouveau prises dans les bras.

— Je suis trop contente, ont-elles asséné une dizaine de fois chacune. Pas toi, papa ?

— Ben là, ai-je avoué, je me sens un peu comme la Pologne quand l'Allemagne *et* la Russie l'ont envahie.

Elles m'ont adressé un regard vide.

— Rôô, papa... a fini par dire ma cadette, mais qui pourrait bien avoir envie d'envahir la *Pologne* ?

— Je pense, ai-je embrayé, que la meilleure chose à faire est de lire le document que je viens de vous remettre et de le signer. Ensuite, nous discuterons de la façon dont nous allons gérer tout ça et vous noterez tout ce que je dirai.

Elles étaient d'accord, mais très vite elles ont perdu le fil pour mieux se demander si Sam devait se faire apporter sa bague à l'autel par un chien. En repartant ce soir-là, ni l'une ni l'autre n'a emporté son exemplaire du Plan de Paix.

Nous reconnaissons l'évidence de ces vérités

Une fois que vous aurez bien assimilé que tout ça n'est pas une blague, que vos filles vont bel et bien se marier, vous vous mettrez sérieusement à préparer l'organisation du mariage. Et plusieurs vérités vous apparaîtront comme allant de soi :

Vérité numéro Un : Vous êtes déjà en retard sur le planning.

Celle-ci est un peu vexante dans la mesure où vous n'avez pas encore arrêté de planning, mais le fait est que vous auriez dû commencer à y cogiter quand vos filles sont entrées en 6e. Il y a tant à faire : organiser un mariage, c'est un peu comme vouloir envoyer une fusée sur la lune. Mais avec une foule de détails en plus. Songez à quitter votre boulot, pour être bien sûr d'avoir le temps nécessaire.

Vérité numéro Deux : En tant que père, vous êtes on ne peut plus qualifié pour mettre au point et exécuter l'organisation du mariage. Tout le monde s'en moque.

Votre passé de militaire, de footballeur ou de ministre de l'Intérieur n'y changera rien : personne ne veut de vos conseils. Elle préfère organiser le mariage elle-même et vous déléguer les tâches secondaires. Régler la note, par exemple. Vous avez des idées formidables qu'elle vous saurait gré de garder pour vous.

Vérité numéro Trois : Les désirs de votre fille oscillent entre l'irréalisme et le loufoque.

Votre fille est sincèrement convaincue que tout se passera comme sur des roulettes ; quant à vous, vous n'avez pas de doute : rien n'ira. Vous subirez d'interminables conversations au sujet des compositions florales (« Pour la base des compos centrales, je verrais bien des alstrœmères multicolores et des pivoines avec des fleurs de cinq centimètres de diamètre… ») en hochant la tête. Les fleurs ? Elles poussent comme elles poussent, on ne peut pas les forcer à prendre la forme qu'on veut. Et puis : croit-elle vraiment que Tonton Bob ira mollo sur la boisson, ou que le cousin Ward acceptera d'assister à un mariage sans parler une seule fois d'assurance-vie ? Comment faire pour éviter à votre fille une colossale déception ?

Pour vous montrer ce qui vous attend, voici comment s'est déroulée la première conversation que j'ai eue avec mes filles au sujet de l'organisation de leur mariage.

MOI : OK, commençons par le commencement. Je pense que nous sommes tous d'accord pour dire qu'il est logique de prévoir un mariage conjoint – pour limiter les dépenses.

SAM : Pas question.

VALERIE : Pas question.

MOI : La liste des invités sera pourtant plus ou moins la même...

SAM : Mais non, enfin.

VALERIE : Compte pas sur moi.

MOI : Bon... disons que le point reste en suspens.

SAM : Plutôt m'immoler par le feu que d'avoir un mariage conjoint.

VALERIE : Je tiens à me marier à l'aube dans un lieu qui m'est cher, comme le sommet du Grand Canyon.

MOI : Hein ? Mais tu n'y es même jamais allée, au Grand Canyon !

VALERIE : C'est secondaire.

SAM : C'est secondaire, papa.

VALERIE : Le Grand Canyon symbolise à la perfection ce en quoi je crois, le caractère sacré de la Terre.

MOI : Je ne te suggérais pas de te marier sur la Lune.

SAM : Je veux me marier dans une église, avec des tonnes et des tonnes de fleurs. J'ai déjà contacté le pasteur – la location ne coûtera que 600 $.

MOI : Demande-lui combien il prend pour le Grand Canyon.

SAM : Vu que mon mariage aura lieu en premier, Valerie pourrait peut-être reprendre ma robe. Ça ferait des économies.

MOI : Pas nécessairement. J'envisageais de la louer.

SAM : Louer la robe ?

VALERIE : Tu veux nous faire porter une robe d'occase ?

MOI : En même temps, une robe sur mesure que vous ne porterez que cinq heures… Ce n'est pas comme si vous comptiez la remettre par la suite.

SAM : Je veux garder ma robe pour pouvoir la transmettre à ma fille, qu'elle puisse la porter à son mariage.

MOI : Mais toi tu ne vas pas porter celle de ta mère.

SAM : Oh, papa… Sa robe a 25 ans, elle est démodée.

VALERIE : Moi, je compte porter le costume traditionnel navajo.

MOI : Tu plaisantes, là ? Depuis quand il est navajo, Machinchose ? Je le croyais juif.

VALERIE : Il s'appelle Marty.

SAM : Tu n'as vraiment pas de cœur, papa. Qu'est-ce que ça peut faire, qu'il soit juif ou autre ?

MOI : Je ne dis pas que ça change quoi que ce soit, juste que…

VALERIE : Alors pourquoi ça t'embête à ce point qu'il soit juif ?

SAM : Sa confession ne devrait pas entrer en ligne de compte, papa.

MOI : Mais je m'en fous de sa confession ! Je posais juste la question pour cette histoire de costume navajo.

SAM : Qu'il soit de confession juive ou navajo ne devrait pas entrer en ligne de compte.

VALERIE : Nous comptons incorporer quelques éléments de la cérémonie juive, et aussi prononcer nos vœux en sanskrit.

SAM : Trop romantique !

Mes suggestions raisonnables

Il est toujours bon que le père apporte un peu de bon sens à ce genre de conversation, en suggérant plusieurs idées raisonnables permettant de faire des économies, et qui seront purement et simplement ignorées. Qui parle d'être raisonnable, on prépare un mariage !

Voici les suggestions raisonnables que j'ai proposées afin de réaliser des économies – et les raisons de leur refus.

Idée	Raison du refus
Acheter les fleurs au supermarché et non chez un fleuriste.	Papa ! Au supermarché ? Les supermarchés ne vendent pas de fleurs pour mariage.
Pas besoin de photographe. Un appareil numérique fait tout aussi bien l'affaire – et en cas de souci, photoshop !	Papa ! Photoshop ? Tu veux truquer mes photos de mariage ? Il nous faut un professionnel. Je vais me *marier* !
On pourrait faire la cérémonie le matin et servir le petit déjeuner. Ça coûtera moins cher, et personne ne viendra râler si nous ne servons pas d'alcool. Ça, c'est une idée !	Papa ! Tu veux quoi ? Servir des corn flakes et du pain grillé ? Oublie le petit déjeuner : je vais me *marier* !
Mais Valerie veut se marier à l'aube.	Papa ! Le mariage aura lieu à l'aube. La réception sera le soir : une danse tribale traditionnelle. Laisse-nous gérer, tu veux ? Tes idées sont loufoques. On n'est pas là pour rigoler : on va se *marier* !
Et pourquoi pas des fleurs comestibles ? Les invités n'auront qu'à manger les compositions florales ?	Papa ! Arrête !

Moisi ou Merdik fait sa demande

Ça ne loupe jamais : la première question que l'on pose à une jeune future mariée est « Comment a-t-il fait sa demande ? » Quand bien même « Ça ne va pas, la tête ? » conviendrait mieux. J'avais décidé d'éviter le sujet avec Valerie pour ne pas compromettre le déni dans lequel je me plaisais si bien. Sam, elle, tenait à savoir.

— Ça a été bizarroïde, a commencé Valerie.

— Tu m'étonnes, ai-je soufflé.

Ce regard que Sam m'a lancé… Le même qu'elle assène à ses adversaires, au volley, avant de sauter au filet pour smasher le ballon de toutes ses forces. Ne souhaitant pas qu'elle me smashe de toutes ses forces, j'ai préféré me taire.

— Au départ, ça ne ressemblait en rien à une demande, a poursuivi Valerie (*dans ma tête, j'aurais préféré que la fin non plus ne ressemble pas à une demande…*). Comme vous le savez, Marty et moi comptons adopter…

— Hein ??? me suis-je aussitôt mis à hyperventiler, ma grande bouche plus vraiment bien fermée. Vous comptez adopter ?

— Une route, papa. On était allés s'inscrire dans ce programme dont le but est d'assurer la propreté des routes. Tu veux bien arrêter de faire comme si tu avais une crise cardiaque ?

— Pas une crise, une attaque, mais c'est bon, j'arrête. Attends voir, tu dis que vous pensez devoir vous marier pour pouvoir adopter une *route* ? Parce que autrement ça serait une bâtarde ?

— Papa, m'a coupé Sam, laisse-la raconter.

— Bref, a repris Valerie, c'était la grosse galère. Il y a une liste d'attente, et apparemment ils ont eu des soucis avec des couples qui ont rompu et qui maintenant se disputent pour savoir qui est responsable de la route.

— Ils se battent pour avoir la garde d'un tronçon de route, ai-je traduit. Pas évident de décider qui aura le droit de visite.

— Papa, m'a fait Sam.

— Minute, me suis-je exclamé, pourquoi vous n'annuleriez pas votre mariage pour mieux adopter l'allée devant chez moi ?

— Notre conseillère a dit qu'ils préfèrent les couples mariés, a indiqué Valerie.

— Et c'est pour ça que vous vous êtes fiancés ? ai-je rétorqué, horrifié.

— Papa, a répété Sam.

— Mais non, enfin. Toujours est-il qu'en ressortant du bureau, on est allés sur la route qui nous intéresse, vous voyez, histoire de jeter un œil à tous les détritus qu'il y a là ; c'est ce qui nous a poussés à vouloir l'adopter. Bref, Marty me sort, « On devrait peut-être faire ce qu'a dit la bonne femme », et moi je lui dis « Faire quoi ? », alors lui : « Tu sais bien. Le truc des couples, là. » Et moi : « Quel truc ? » Et lui : « Ben, se marier, tu vois ? » Là, je flippe, genre « Oh mon Dieu », et lui « Tu te sens bien ? », mais moi je bloque sur « Oh mon Dieu » et puis je finis par lui dire « Il faut que j'y réfléchisse. »

Entendre ça m'a, genre, soulagé.

— Donc vous ne vous êtes pas fiancés, ai-je dit. Vous êtes encore dans la phase du « j'y-réfléchis-et-c'est-une-mauvaise-idée ».

— Non, ç'a été le lendemain.

— De quoi ? Qu'est-ce qui a été le lendemain ?

— Papa, m'a sermonné Sam, laisse-la raconter.

— Donc, je n'ai pas dormi de la nuit, a poursuivi Valerie. Et puis je me suis rendu compte que Marty était mon meilleur ami depuis presque toujours.

— Alors que moi, qui suis ton père depuis toujours et pas juste presque, il ne t'est pas venu à l'esprit de venir m'en parler.

— Papa, est intervenue Sam.

— Bref, le lendemain, on faisait une balade. Moi, j'attendais qu'il remette ça sur la table, mais lui il ne disait rien. Du coup, quand on s'est retrouvés au point de départ… Vous voyez ? Au parking ?

— Là où il y a les sanisettes ? ai-je demandé.

— Papa, m'a repris Sam.

— Là, je lui fais genre « Au fait, à propos de ce que tu disais hier ». Lui, il voit tout de suite, mais ça le rend tout timide, il ose rien dire, du coup je lui dis que c'est oui.

— Et là vous vous êtes embrassés ! s'est enthousiasmée Sam.

— Ouais, a confirmé Valerie.

— C'est trop romantique, Val', l'a complimentée Sam en la prenant dans ses bras.

J'en étais encore à analyser ce jugement. Qu'y avait-il de romantique là-dedans, au juste ?

— Sacré Marty, a ajouté Sam.

— Bon, mais quand est-ce qu'il compte venir me trouver pour s'expliquer, ce sacré Marty ? ai-je demandé d'une voix guillerette.

— Papa, m'a stoppé Sam.

— On doit aller acheter la bague d'ici peu.

— Trop romantique ! a répété Sam.

Sur ce, elle s'est mise à admirer fièrement sa bague – au choix de laquelle elle n'avait pas consacré une seule seconde de son temps. J'en ai déduit qu'il n'y a rien de plus romantique pour un couple que d'aller acheter une bague ensemble, si ce n'est de laisser le futur marié aller l'acheter tout seul.

Une idée encore plus désastreuse

À mes yeux, il y avait une énorme différence entre l'engagement de mon aînée vis-à-vis de Geoff, et la demande en mariage à visée routière de Marty à Valerie. En tant que père, je sais qu'il m'est arrivé de voir pour mes enfants des dangers dont ils n'avaient pas conscience – exemple : le funeste voyage en Europe de Sam, durant lequel je suis certain qu'une foule d'horreurs ont eu lieu, en dépit des photos toutes souriantes qu'elle a rapportées. Je n'étais pas encore disposé à interdire le mariage de Valerie – et qu'est-ce que ça aurait changé, de toute façon ? – mais, dans mon esprit, il y avait pas mal de points à régler avant de verser un acompte pour le Grand Canyon.

Entre-temps, le simple fait de lister les éléments à gérer pour les deux cérémonies – thème officiel, ambiance officielle, odeur officielle – m'épuisait. Et c'est alors que Sam nous a sorti ce qui devait se révéler être la pire idée du jour :

— Tu sais qui pourrait nous aider ? Ma future belle-sœur. Elle se marie le dernier week-end d'avril. Ça fait un an et demi qu'elle bosse là-dessus.

Cette jeune femme m'inspirait, certes, des réserves (plus d'un an pour préparer un mariage…), mais j'étais d'accord pour faire appel à une experte qui m'aiderait à ramener mes filles sur terre.

— Elle s'appelle Alecia, m'a annoncé Sam. Tu vas l'adorer.

Sans le savoir, Sam venait de prononcer la déclaration la plus erronée de l'Histoire.

CHAPITRE 4

PROMZILLA ET LA DIABLESSE QUI L'A ENGENDRÉE

« Promzilla » est un mot-valise formé sur « Godzilla » (ou « monstre crachant du feu ») et « promise » (soit exactement la même chose).

Godzilla est né le jour où des déchets nucléaires ont transformé un gentil dinosaure marin (voir Barney le Dinosaure) en une créature monstrueuse (voir Mick Jagger). Promzilla, elle, est née le jour où une bague de fiançailles a transformé une gentille petite fille (voire *votre* petite fille, assise sur vos genoux, en train de vous écouter lui lire une histoire de Barney) en une créature hystérique et terrifiée (voire votre fille agrippée à un chariot, la figure rouge sang, vociférant « *non* ! » jusqu'à ce que quelqu'un se décide à appeler la police). Godzilla sillonnait les mers et se nourrissait de… et se nourrissait de Tokyo, disons. Quant à Promzilla, elle fait du Pilates et se nourrit de… et se nourrit d'insomnie, disons.

Je trouve plutôt ironique que toute la pression qui a permis de créer le diamant serti sur la bague de fiançailles s'exerce à présent sur la promise. Au départ, cette pression a produit un superbe bijou, tout comme au final, votre fille fera une superbe mariée. Mais entre ces deux moments, tout le monde va morfler.

On voit bien ce qui se passe. Le mariage, à la base, ça paraît tout simple. Les gens mettent leurs plus beaux habits, assistent à la cérémonie, font la fête, rentrent chez eux, et le père est ruiné.

Sauf que chaque étape du processus est un véritable terrain miné : catastrophes potentielles, décisions à prendre, équilibre à trouver entre conseils et ego, opinions à prendre en compte pour éviter que ce mariage vire au *désastre*. (Personne ne mentionne la vie de couple qui suivra la cérémonie – le but même de cette dernière, pourtant, mais qui se perd dans le choix des fleurs les mieux assorties à la chanson officielle du mariage.) Et c'est ainsi que le processus tout bête, consistant à réunir quelques personnes pour célébrer l'amour, se transforme en chaos ingérable – comme vouloir monter la comédie musicale *Cats* avec de vrais chats.

Au cœur de tout cela, une seule et même personne fait office de producteur, metteur en scène, chorégraphe, auteur, régisseur et, surtout, *vedette* du spectacle : votre fille. Le futur marié a déjà lâché l'affaire sur un « Fais comme tu veux, ça sera très bien. » (traduit en langage de contrôleur aérien, cela revient à annoncer à un pilote de ligne : « Atterris où tu veux, c'est bon. »).

Si votre fille possède la force de caractère nécessaire pour ne pas se changer en Promzilla, c'est un signe qui ne trompe pas, le témoignage de l'être supérieur que vous êtes. Vous l'avez sacrément bien élevée. Par contre, si elle succombe à la démence, vous pourrez en rejeter la faute sur autrui. Parents, amis, industrie du mariage – tout ça forme une gigantesque conspiration, vous ne pouvez en vouloir à votre fille de craquer sous la pression.

Afin d'aider mes filles dans leurs préparatifs, j'avais affecté un coin de mon salon aux opérations – tout le monde l'appelait MGT (« Mariage – Gare de Triage »), surtout si par « tout le monde », on entend exclusivement « moi ». J'avais donc installé un grand tableau blanc sur lequel noter les idées, les suggestions, et faire des parties de morpion. Je l'avais soigneusement divisé en deux sections : une pour le mariage de Sam (robe blanche, église et réception pour laquelle nous allions peut-être soumettre les invités à une participation financière) ; une pour celui de Valerie (perchés au sommet d'un à-pic, habillés comme des Indiens, avant d'aller assiéger le premier fort d'hommes blancs venu).

— Le problème, c'est que tout ça n'a aucun sens pour moi, me suis-je plaint à Sarah. S'il s'agissait d'une mission militaire, personne ne se soucierait des habits, de la musique ou des légumes les mieux assortis aux couleurs du mariage.

— Dans une mission militaire, ça rigolerait plus, c'est clair, a-t-elle confirmé. Mais l'armée aussi doit décider quelle tenue les soldats vont porter, non ?

— Ça s'appelle un uniforme.

— Et puis les armées ont des musiciens, pas vrai ?

— On parle d'*orchestre* ou de *fanfare*.

— Et le drapeau, il n'affiche pas les couleurs du pays, peut-être ?

— Sarah, tu ne voudrais pas juste reconnaître que tu ne connais rien aux opérations militaires ? J'ai deux mariages à organiser, là.

— Je ne comprends pas pourquoi c'est toi qui t'en occupes, m'a-t-elle rétorqué. Je croyais que leur mère devait participer.

— Ah ça, pour participer, c'est sûr qu'elle participe, Judy. Sauf que les filles et elle n'organisent rien du tout, elles se contentent de discuter des décisions. Pas pareil.

— Exact...

Un peu, oui ! La promise se contente de prendre des *décisions*, comme « Les bougies devront être parfumées au santal », mais sans *organiser* la chose, comme « Nous achèterons les bougies chez Santals R Us à Jour M moins 20, les stockerons dans le placard à balais de papa et les ferons livrer à l'église à Heure M moins 16. »

— Les hommes sont juste plus forts pour identifier une tâche et la coucher par écrit, ai-je lancé à Sarah.

— Alors que les femmes sont plus fortes pour s'en occuper, m'a-t-elle répondu.

C'est un truc à elle, ça : sortir une phrase qui semble abonder dans mon sens mais qui, pour peu qu'on y réfléchisse, *Hé ho, attends là !*

Ce qui se passait, c'est que chaque décision prise influençait toutes les autres – de même qu'il suffit qu'une personne vomisse pour que d'autres aient la nausée. (Sarah m'a suggéré de trouver une comparaison plus romantique avant de présenter l'idée à mes filles.) Les bougies au santal seront-elles assorties aux couleurs du mariage ? Leur parfum jurera-t-il avec celui des fleurs ? Et qu'est-ce que c'est, d'abord, le santal ? (Dans mon placard, j'avais une vieille paire de sandales qui, sans être en bois, dégageaient une odeur assez puissante. Mais quelque chose me disait que Sam n'en voudrait pas à son mariage.)

Le lien de cause à effet qui unissait toutes les décisions compliquait davantage encore l'organisation du mariage parfait. Et la pression augmentait sans cesse menaçant de transformer Sam et Valerie en Promzillas si un homme comme moi n'intervenait pas.

Il est, cela dit, tout à fait possible que, dans certains cas, la femme ne *devienne* pas une Promzilla, mais qu'elle le soit depuis sa naissance. Ce qui nous amène à la future belle-famille de mon aînée : Alecia – la sœur de Geoff – et Priscilla – la femme dont le ventre a vomi cette dernière.

La belle-famille – Pas joli-joli

Comme tout le monde, j'avais plus ou moins oublié Geoff – il nous était autrement moins utile que la liste des invités. Liste dont le nombre d'entrées avoisinait celui du dernier recensement indien. Geoff n'était plus qu'une abstraction, sa seule existence étant confinée à la Liste Des Missions Paternelles (N°723 : Récupérer Smok' de Geoff).

J'étais bien le seul à la lire, cette Liste.

Bref, la sœur de Geoff, Alecia, allait se marier sous peu, étant déjà fiancée depuis son entrée en 6ᵉ. Du moins à ce que j'ai cru comprendre. Sam la citait à tout bout de champ pour souligner l'importance de laisser aux vendeurs le temps de s'assurer que tout serait parfait. (« D'après Alecia, les robes des demoiselles d'honneur doivent être commandées au moins dix mois à l'avance pour être sûr qu'elles soient assorties aux invitations ».) Si bien que je m'attendais à trouver une femme de l'âge de Yoda.

Je ne tenais pas réellement à rencontrer Alecia ou sa famille, mais j'avais accepté un déjeuner avec Sam et Alecia dans le but de discuter de l'organisation du mariage. Et ce parce que (comme me l'avait expliqué mon aînée) sa mère n'allait tout de même pas prendre l'avion pour un simple déjeuner, tandis que moi, l'écrivain, je ne faisais rien de mes journées, donc…

Valerie s'est également jointe à nous, non sans avoir au préalable vérifié que le restaurant ne servait pas que de la viande, vu qu'elle était dans ce que j'appelle son « état végétatif permanent. » Sam nous avait fait savoir qu'Alecia serait ravie de partager avec nous son expérience (acquise de haute lutte) en matière de fiançailles.

Nous sommes arrivés au restaurant à l'heure ; Alecia et sa mère, Priscilla, n'étaient pas en vue.

— Jusqu'ici, ai-je fait remarquer, c'est moins pire que ce que je craignais.

— Papa, m'a prévenu Sam. Ces femmes sont de la famille, à présent.

La chose me paraissait à la fois inexacte et injuste mais, eu égard à l'état de stress de ma fille, je n'ai pas relevé.

— Ils sont là ! s'est écriée une jeune femme à l'autre bout de la salle.

Une jolie blonde quasi trentenaire, sûre d'elle, suivie par une femme d'environ 55 ans, costaude, à l'élégance hors de prix, et qui m'a adressé un regard soupçonneux sitôt que je me suis levé pour les saluer.

— Vous êtes Bruce, m'a annoncé Alecia en m'enveloppant dans un épais nuage de parfum.

Elle m'a pris dans ses bras avant de faire de même avec Valerie, tandis que sa mère, Priscilla, me tendait la main dans un geste des plus formels. Elle avait une poigne en acier trempé.

— Bien, bien, a soupiré Alecia en s'asseyant. Une future mariée a le droit d'être en retard. Personne n'ignore qu'elle a mille choses à faire. (Grand sourire en direction de sa mère et de moi, puis coup d'œil à mes filles et :) Vous devriez peut-être prendre des notes.

Quand la serveuse est venue à notre table, Valerie en a profité pour lui demander s'ils servaient des menus végétariens. Chose que, en tant que carnivore fondamentaliste et pratiquant, je considérais comme une contradiction dans les termes. Si les légumes méritaient un menu à part, où allait le monde ?

— Les végétariens... a repris Alecia quand la serveuse nous a eu quittés. C'est toujours un problème, les végétariens. Vous verrez, les invités auront toutes sortes d'exigences spéciales concernant le menu de la réception – comme si le monde entier tournait autour d'eux et non de la mariée. (Sourire crispé à Valerie.) Mais je te rassure, nous avons prévu quelque chose pour les végétaliens, tu vas te régaler à notre repas.

— Ah, mais je ne suis pas végétalienne, a voulu dire Valerie.

— Bref, l'a coupée Alecia d'un geste de la main avant de se tourner vers Sam.

J'ai fini par conclure que Valerie ne présentait aucun intérêt pour Alecia, que ce soit en tant que mariée ou en tant que personne, du fait de la cérémonie de mariage qu'elle envisageait.

— Alors dis-moi, a-t-elle poursuivi, je suis sûre que tu penses à ce jour depuis que tu es toute petite.

— Depuis sa naissance, ai-je confirmé.

Mes filles m'ont fusillé du regard ; j'ai haussé les épaules. Petit regard vers Priscilla pour voir si elle appréciait la blague – on aurait dit Winston Churchill à Yalta.

— Je me rappelle, quand j'avais cinq ans, j'ai accompagné les demoiselles d'honneur au mariage de ma tante. Ça a été le plus beau jour de ma vie. Tout le monde m'a trouvée plus jolie que la mariée. (Rapide coup d'œil à sa mère, qui a confirmé d'un hochement de tête.) C'est pour ça qu'aucune fillette n'accompagnera mes demoiselles d'honneur. Pas question qu'une gamine me fasse de l'ombre.

D'un geste, Alecia a signifié à mes filles de noter ce point.

— Les enfants, a grondé Priscilla, on ne peut pas toujours les contrôler.

Depuis que la comparaison m'était venue, je n'arrivais pas à me défaire de l'idée que cette femme était littéralement Winston Churchill – ou du moins, qu'elle lui ressemblait assez pour l'incarner au cinéma. Je l'entendais déjà déclamer : « On ne peut pas les contrôler sur les plages, on ne peut pas les contrôler sur les zones d'atterrissage, on ne peut pas les contrôler dans les champs ni dans les rues... »

— Moi, est intervenue Sam, je pensais me faire apporter l'alliance par mon chien.

— Qu'elle est drôle, a répliqué très sérieusement Alecia.

Sur ce, elle a pris un petit pain fourré, l'a bien étudié puis l'a reposé en faisant la grimace :

— Bah... Des féculents.

Valerie, elle, observait d'un air triste le petit pain qu'elle avait déjà à moitié englouti.

— Faites-moi voir vos ongles, les filles, a ensuite ordonné Alecia.

Sam et Valerie se sont exécutées, après quoi la mariée en chef leur a demandé, l'air défait :

— D'après vous, quelle est la première question que les gens me posent quand je leur annonce que je suis fiancée ?

Il est taré, le mec, ou quoi ? avais-je envie de proposer. Je me suis abstenu.

— Ils demandent à voir ma bague, s'est agacée Alecia. Pour bien s'assurer que vous n'êtes pas fiancée à un plouc. Vous devez donc avoir les ongles impeccables, ou bien c'est vous qui passerez pour une plouc. (Soupir – le fardeau semble trop lourd pour elle.) Si j'ai bien appris une chose, c'est que, dès que vous êtes fiancée, tout le monde vous observe comme si vous étiez un modèle à suivre. À vous de faire en sorte que, chaque fois que vous sortez, vous ayez l'air irréprochable – et ce non seulement à vos yeux, mais aussi pour toute personne qui pourrait un jour vouloir se marier. Manucure, pédicure, épilation, soins du visage, laser... tout ce qu'il faudra pour être au top.

Alecia avait énuméré toutes ces choses en jaugeant Sam du regard. Quant à Valerie, les bras lui en tombaient.

— Oh mon Dieu ! s'est alors exclamée Alecia. J'ai failli oublier ! Nous avons une nouvelle sensationnelle à t'apprendre, Sam. Tu vas participer à mon mariage. Tu seras demoiselle d'honneur !

Sam savait précisément quelle réaction on attendait d'elle.

— Oh mon Dieu, mais c'est merveilleux, s'est-elle extasiée.

— Tu te demandes sûrement comment c'est possible, à moins de six mois du grand jour. Voici le secret. Déjà, veille toujours à ce que la boutique où tu achètes les robes des demoiselles accepte les commandes de dernière minute. Comme ça, si tu dois remplacer une des filles en urgence – disons, ta meilleure amie qui tombe enceinte et dont la silhouette menace l'alignement des robes –, tu peux. (Alecia nous regardait d'un air béat. Mes filles ont capté le message et noté le conseil.) Il y a un supplément, mais qui va se plaindre ?

Moi, je voyais au moins une personne, mais motus.

— C'est un honneur, a précisé Priscilla.

— J'en suis honorée, s'est empressée de déclarer Sam.

— Quant à toi, Valerie, a repris Alecia, il va sans dire que tu es invitée et que nous tenons à ce que tu amènes Marty.

— Bruce, m'a alors lancé Priscilla, m'adressant la parole pour la première fois.

J'en ai sursauté et me suis retenu de répondre « Oui, chef ? »

— J'ai cru comprendre que vous aviez un fils.

À l'entendre, ça sonnait comme une accusation : « Comment un homme comme vous a-t-il osé se reproduire ? Le patrimoine génétique mondial, vous vous en moquez ? »

— Tout à fait. Il s'appelle Chris.

— Vu que nous prenons Sam comme demoiselle d'honneur, il nous faut forcément un nouveau garçon pour l'accompagner, s'est aussitôt immiscée Alecia, tout excitée. Et donc on se disait, ce n'est qu'une idée, hein ? On se disait : ne serait-ce pas formidable de prendre Chris et Sam, le frère et la sœur ? Geoff est déjà choisi, il pourra accompagner Sam, mais il nous faut quelqu'un pour mon amie Joyce.

— Je suis certain que Chris acceptera. C'est un honneur, ai-je bredouillé.

J'avais l'impression de me laisser embarquer peu à peu dans un troisième mariage, comme si j'étais aspiré par un tourbillon. Un tourbillon infesté de requins.

— Je me suis laissé dire qu'il était mignon, a déclaré gravement Priscilla.

— Chris ? Le portrait de son père ! ai-je blagué.

Alecia et sa mère ont échangé des regards inquiets.

— Oui, bon. Nous devrons le voir avant de dire oui. C'est vrai, c'est juste une idée. Cela dit, quelle plaie pour trouver des cavaliers qui aient la bonne taille… s'est désolée Alecia.

— Pour les filles, a déclaré Priscilla, nous avons décidé de passer outre, mais nous tenons à ce que les hommes aient tous la même taille.

Celle-là, je comptais bien la méditer.

— Chris ne ressemble pas franchement à papa, a suggéré Valerie.

Sourire rassuré d'Alecia.

— Et Sarah ? s'est enquise Sam.

Je savais bien qu'elle cherchait avant tout à ne pas froisser ma chérie, mais moi, j'espérais bien tenir Sarah en dehors de tout ça.

Au regard qu'elles ont échangé, j'ai compris qu'Alecia et Priscilla avaient déjà réglé la question.

— Nous sommes un peu gênées, a reconnu la mère. Honnêtement, j'espère que nous pouvons être francs… Après tout, nous sommes de la famille. Nous préférerions que vous soyez mariés.

— Je vais voir ce que je peux faire, ai-je affirmé sous le regard menaçant de mes filles.

— C'est une question d'équilibre, s'est empressée d'expliquer Alecia. Tous ceux qui ont droit à une place spéciale sont mariés. Or comme vous êtes le père de la promise de Geoff, on se disait que ce serait bien si vous vous asseyiez devant. Vous voyez ? Avec Judy et son époux.

— Par contre, a ajouté avec tact Priscilla, il ne semble pas correct de vous installer à côté de votre… amie.

— C'est vrai, on ne parle jamais de la « Copine du Père de la Mariée » ! a commenté Alecia avec un petit mouvement de tête qui se voulait sans doute humoristique.

— Nous ne voyons pas comment la présenter à tout le monde, a avoué Priscilla.

— Sauf à dire qu'elle est votre assistante ou je ne sais quoi, a proposé sa fille.

Au son de sa voix, j'ai compris que c'était le meilleur compromis qu'elles aient pu trouver. La tête que je leur ai faite a dû les refroidir légèrement.

Je sentais poindre en moi une véritable colère.

— Je vais vous dire… ai-je commencé.

Mais Sam m'a aussitôt donné un petit coup de pied sous la table, tandis que Valerie m'implorait du regard (le même qu'elle utilisait depuis ses neuf ans) de ne pas les mettre mal à l'aise. J'ai donc cédé :

— Je vais vous dire : inutile de réserver une place spéciale pour Sarah et moi. Installez la mère de Sam devant ; Sarah et moi resterons avec tout le monde, derrière.

La tablée tout entière a jugé cette idée formidable.

Moisi ou Merdik fait sa demande

À un moment du récit, j'ai décroché mais, en gros, voici comment le fiancé d'Alecia l'a demandée en mariage : un quartet à cordes apparaît à bord d'une calèche et joue une sérénade pour le couple ; le mec pose un genou à terre, récite quelques vers de Shakespeare ; un vol d'oies sauvages spécialement dressées passe dans le ciel en formant les mots « JE T'AIME » ; puis le mec présente la bague, forgée par Héphaïstos, dieu du Feu, lui-même. Un truc dans le genre.

Ç'a ensuite été au tour de Valerie de raconter la demande de Marty : « Nous étions allés faire une balade. La journée était radieuse. Et juste avant de rentrer, Marty m'a dit qu'il m'aimait et m'a demandé d'être sa femme. Ç'a été le plus bel instant de ma vie. »

J'étais sur le point de lui rappeler mon passage préféré, quand ils vont ramasser des détritus sur la route, quand Sam m'a fusillé du regard. Je me suis retenu.

— C'est trop romantique, Valerie, a fait mon aînée.

Sa sœur l'a remerciée d'un sourire. Moi, elle me faisait de la peine… ma petite fille qui se sentait tellement en empathie avec les autres qu'elle refusait de manger tout être sauf des plantes, et dont la demande en mariage manquait tellement de romantisme qu'elle avait dû la retoucher en post-production. Ma petite fille qui n'avait toujours pas de bague de fiançailles au doigt, assise à la même table qu'Alecia et Priscilla, qui la considéraient comme une pauvre tarée sous prétexte qu'elles ne partageaient pas les mêmes valeurs.

— Je suis fier de toi, Valerie, ai-je déclaré.

Nous nous sommes souri.

— Une balade… a fini par murmurer Priscilla.

Sa fille et elles ont échangé un regard sombre, lourd de sens.

Les conseils de la princesse Alecia (bonus)

Je n'ai pas pris de notes durant la conférence d'Alecia (« Comment Organiser le Mariage Parfait »), vu que cela se résumait à « Demander en Mariage une Femme aussi Parfaite qu'Alecia ». Je me rappelle toutefois ces quelques idées :

Conseil	Explication
N'annoncez pas les fiançailles si la bague ne vous convient pas.	Afin que votre chéri ait le temps d'économiser une plus grosse somme. Vous allez porter cette bague jusqu'à la fin de vos jours, il est donc logique que votre futur époux en paie les traites jusqu'à la fin des siens. (Alecia ne l'a pas forcément formulé ainsi.)
Choisissez d'abord les robes, puis les demoiselles d'honneur qui les porteront.	Vous voyez le cauchemar ? Si vous deviez sélectionner des demoiselles d'honneur de toutes silhouettes et *ensuite* trouver une robe qui leur aille à toutes ! Dites-vous bien que, si l'amitié est éphémère, les photos de mariage, elles, sont éternelles. Tenez, pourquoi ne pas engager des top models ? (Bis repetita, ce n'est sans doute pas ce qu'a dit Alecia.)

	Ce qui compte ce jour-là, c'est que les invités qui seront pris en photo apportent une valeur ajoutée à vos souvenirs. Combien de fois une jolie gamine a-t-elle volé la vedette à la star du jour (la mariée) ? Combien de photos de mariage ont été gâchées par un petit pleurnicheur ? Seuls des enfants à la fois mignons et sociables doivent être invités. Envoyez des cartons « pour adultes uniquement » aux parents des spécimens douteux – vous pourrez toujours leur dire ensuite que l'imprimeur s'est trompé et que vous êtes désolée. Personne ne vous en voudra, c'est vous la mariée ! Et si jamais un invité ramène des bambins moches, vous n'avez qu'à les enfermer dans un sac lesté et les jeter dans l'East River ! (Là encore, ce ne sont peut-être pas les paroles exactes d'Alecia.)
Si vous connaissez des enfants à la fois beaux et bien élevés, vous pouvez les inviter. Mais au moindre doute, précisez sur les invitations : « Mariage réservé aux adultes – pas d'enfants, merci ».	
N'oubliez jamais : c'est *votre* journée. Tout le monde n'aura d'yeux que pour vous.	Dis-moi, Alecia, c'est un peu comme ça que ça se passe tous les jours pour toi, non ? (Je ne l'ai pas dit, certes, mais ça me démangeait !)

Après ce déjeuner, je suis allé chercher Conjoint, -te dans le dictionnaire : le mot avait la même racine que joug – pièce de bois que l'on met sur la tête des bœufs pour les atteler... Ou contrainte matérielle ou morale qui pèse sur une personne et entrave ou aliène sa liberté. Je me suis dit que cela décrivait à la perfection l'approche du mariage qu'avait Alecia. Et je priais pour que son mari ait le cou solide.

Marty

Je n'étais pas encore prêt à organiser « L'Approche du Futur » de ce Sacré Moisi. Je me disais, en effet, qu'en usant d'allusions fines et bien placées, je pouvais encore dissuader Valerie de se marier. (Exemple : *tu n'es pas vraiment sérieuse quand tu envisages cette folie, si ?*) Reste que j'avais envie d'une conversation franche, chaleureuse et intimidante avec le jeune homme qui, bien qu'ayant séduit ma fille grâce à une demande en mariage mi-routière mi-ordurière, n'était toujours pas venu me trouver.

— La combine est vieille comme le monde, ai-je confié à Valerie dans la voiture. L'homme persuade la femme de l'épouser non parce qu'elle l'aime, mais parce qu'elle est tombée amoureuse de ses petits. Sauf que là, bien sûr, c'est une route.

Valerie n'a rien dit.

— Et Alecia, tu en as pensé quoi ? ai-je prudemment demandé. Un cœur, non ?

— Oh mon Dieu ! a craché ma fille. Elle est, genre, tout le contraire de ce que je veux être ! Ça ne t'a pas tué, toi, quand elle a dit que ses demoiselles d'honneur devaient toutes se faire blanchir les dents pour qu'elles aient bien la même couleur ?

— C'est dans ces cas-là qu'on se dit que toute cette histoire de mariage est une bien mauvaise idée, ai-je abondé dans son sens.

— Papa.

— Enfin, écoute, Valerie. Tu en as parlé à ta mère ? Elle en dit quoi, de ton idée de dingue ?

— Elle m'a dit qu'elle m'aime et, que si je sens au plus profond de moi que je prends la bonne décision, alors elle me soutiendra parce qu'elle ne veut que mon bonheur.

— Et ça se veut une mère responsable ? ai-je grimacé.

Valerie regardait par la vitre, l'air pensif.

— Juste, je ne veux pas devenir comme Alecia, a-t-elle marmonné plus pour elle-même que pour autrui.

À tant considérer qu'il n'y a qu'une seule façon de faire les choses bien (« vous devriez noter tout ça ») et que, si on ne les suit pas à la lettre, le mariage sera gâché, Alecia avait refroidi ma cadette. Elle qui, d'habitude, était toute contente de s'asseoir sur le siège passager et de se plaindre de ma façon de conduire. Cette même Valerie qui envisageait sincèrement de remplacer l'orchestre de sa réception par une projection d'*Une Vérité qui dérange*, le film d'Al Gore sur les changements climatiques.

J'ai donc décidé qu'il me revenait d'aider mes filles à échapper au destin d'Alecia. Je ne laisserais personne faire d'elles des Promzillas. C'est le boulot du Père de la Mariée.

Valerie et moi étions silencieux quand nous nous sommes engagés dans le parking du café où nous devions retrouver son fiancé.

— Il n'est pas arrivé, m'a annoncé ma fille en se dirigeant vers l'établissement.

— Ah. Pourquoi ne pas en profiter pour choisir quelqu'un d'autre ? Le mec, là-bas, il n'a pas l'air trop mal.

— Papa.

Moisi ou Merdik est en emploi précaire à l'antenne locale de la Radio Publique Nationale. Lorsqu'il est entré dans le café, je l'ai immédiatement reconnu comme le gamin qui traîne chez moi depuis la primaire – qui songe à leur parler de prévention maritale à cet âge-là, hein, qui ? Je me contentais de veiller à ce qu'ils ne se retrouvent pas ensemble dans une pièce sombre. Et le voilà qui veut épouser ma fille – j'aurais bien aimé pouvoir remonter dans le temps, histoire de me montrer plus intimidant cette fois.

Merdik fait à peu près ma taille, il a les yeux et les cheveux foncés. Depuis peu, il se laisse pousser la moustache dans le but manifeste de perdre tout pouvoir de séduction.

— Il cherche à ressembler à Staline ou quoi ? ai-je grommelé.

— Papa.

— Désolé pour le retard, a annoncé Moisi. C'est trop la folie. La station a organisé un Radiothon.

— Un Radiothon ? J'adore ! ai-je surjoué.

Valerie m'a décoché un regard menaçant, et nous nous sommes tous assis. Une serveuse s'est approchée de notre table.

— Je vais prendre un double macchiato déca, sans sucre ni matière grasse, avec supplément *dulce de leche*, a commandé Valerie.

— L'enfance de l'art, ai-je commenté.

— Vous avez toujours ce café dont les bénéfices sont reversés à la protection des singes de montagne ? a demandé Merdik.

— Oui, mais c'est beaucoup plus cher, l'a prévenu la serveuse.

Moisi lui a répondu d'un geste qui voulait dire « pas de problème » – après tout, c'est moi qui allais payer.

— Je prendrai un triple latte. Votre lait est bio ?

— Bien sûr.

— Le mien aussi, je le voudrais avec le café des gorilles, est intervenue Valerie.

La serveuse a acquiescé, puis s'est tournée vers moi.

— Juste un café, lui ai-je dit. Pas de primates.

— Café simple ? a failli s'étouffer la fille.

— Oui. Vous en avez ?

— Il faut que je demande.

Sur ce, elle nous a quittés.

— Je suis content qu'on puisse se voir, ai-je dit à Valerie et Moisi. Donc, si j'ai bien compris, vous songez à vous fiancer ?

— Nous sommes fiancés, papa, s'est trompée Valerie.

— Ça c'est le projet, oui, ai-je bien voulu concéder.

— Papa.

— Déjà, tu ne portes pas de bague. Quant à Merd... à Marty... il doit encore solliciter ma permission avant de te demander en mariage. Et tu sais que la loi de cet État impose ensuite une période de cinq ans de réflexion avant que vous puissiez vous dire oui, ai-je bluffé.

Moisi et Valerie ont échangé un regard.

— On cherche juste la bonne bague, m'a expliqué Valerie.

— Vous saviez que la production d'une seule bague en or générait 20 tonnes de déchets ? m'a lancé Merdik sur un ton accusateur, comme si je passais mon temps à chercher de l'or dans mon jardin et à jeter les déchets par-dessus la clôture.

— Et nous tenons à choisir un diamant qui ne soit pas un diamant de conflit, a ajouté Valerie.

— Quitte à se passer de diamant, a précisé Moisi.

Le regard que ma fille lui a alors adressé était clair : s'il campait sur cette position, le conflit était proche.

— Il y a toujours l'aluminium recyclé, ai-je proposé.

— Pas pratique, a répondu Merdik. Le métal est trop mou.

Ça m'a fait plaisir qu'il ait au moins envisagé la chose.

— Bon, écoute, Mer... Marty, j'ai une question d'homme à te poser.

— Allez-y, Bruce.

— Par « question d'homme », j'entends question-de-beau-père-qu'il-convient-de-traiter-avec-crainte-et-respect, ai-je précisé.

— Très bien.

— Valerie et toi, vous vous connaissez depuis un bout de temps... disons depuis un bon Radiothon.

— Papa, m'a repris Valerie.

— D'accord. Depuis un bon bout de temps, OK ? Alors dis-moi, mis à part l'envie que votre route ait des parents qui portent le même nom, qu'est-ce qui vous pousse à sauter le pas maintenant ?

Ils se sont regardés, comme pris au dépourvu.

— C'est que, a-t-il fini par dire, on sort plus ou moins ensemble depuis la sixième.

— Et on est les meilleurs amis du monde, lui a rappelé Valerie.

— En plus, c'est pas comme si on avait des vues sur quelqu'un d'autre ou quoi.

Ça me démangeait de reformuler le raisonnement de Moisi en « *C'est devenu une habitude, et en plus, ni elle ni moi n'avons de meilleure solution en ce moment* », mais j'ai choisi de me taire. Comme l'avait dit Valerie, ils étaient les meilleurs amis du monde. Elle savait tout de ses convictions (la Terre est entièrement peuplée d'individus maléfiques). Et si son approche non romantique de la relation de couple ne la dérangeait pas, à quoi bon m'en faire ?

Sauf que ça me gênait.

— Au fait, vous deux, vous avez su l'histoire de ce couple ? La fille avait un problème aux reins, son copain lui a donné l'un des siens. Et *ensuite* ils se sont fiancés.

— Non, je ne la connaissais pas.

— Elle est parue dans les revues médicales, à l'époque, ai-je dit en faisant référence à *People Magazine*. Bref, ce mec-là, il méritait bien de se fiancer.

— Papa, m'a fait Valerie.

— Il a donné un de ses reins ? Wouahou, s'est extasié Moisi, l'air songeur.

— Tout à fait, ai-je souri.

— En tout cas, Valerie, a-t-il repris, toujours aussi pragmatique, si tu avais ce genre de problème, je serais obligé de faire pareil. Sérieux, je ne pourrais pas te laisser mourir.

Ça m'a bien cloué le bec. Valerie le couvait d'un regard si amoureux qu'il m'a semblé que je venais de bénir leur union.

Petite leçon à l'attention des pères cherchant à effrayer un futur gendre peu recommandable : ne parlez pas des dons d'organes, ça vous péterait au nez.

— Bon, bon, très bien, ai-je conclu.

J'ai alors senti Valerie qui se détendait, à côté de moi, se déchargeant de son stress dans un grand soupir.

Je pouvais toujours coincer Moisi quelque part et l'étriper, si nécessaire.

Merdik devait retourner à la station pour les aider à annoncer qu'il ne restait que sept heures de Radiothon, et Valerie s'est proposée pour l'accompagner. Du coup, je suis resté tout seul à terminer mon café tout simple, tandis que le personnel de l'établissement m'observait de derrière le comptoir comme si j'étais une espèce de maboule. Les deux tourtereaux, toujours pas fiancés selon moi, ont bavassé quelques instants avant de se quitter. Leur baiser a été rapide et un peu maladroit, comme un couple qui s'essaierait à une nouvelle danse.

Sam et Geoff, eux, quand ils se quittaient, j'avais toujours l'impression que l'un d'eux allait prendre le train pour Moscou. On connaît des poissons dont les baisers sont moins humides que les leurs – à tel point que je détourne souvent la tête pour marquer ma désapprobation, sans que cela les dérange le moins du monde. (Et cela n'a rien de bon : un père se doit de susciter la gêne chez ses enfants dans des moments pareils. Personnellement, j'en suis à chercher le moyen d'accroître ma capacité de gêne : me racler la gorge, ou m'écrier « *Les passagers pour Moscou, Voie 4 !* »)

Le baiser triste et sans passion que Valerie a échangé avec Moisi ou Merdik, en revanche, se rapprochait davantage d'une version Avec Accord Paternel. On avait plus de chances d'attraper des germes en passant à proximité d'un distributeur d'eau fraîche.

Et allez comprendre, mais ça aussi ça me dérangeait. Deux jeunes fiancés ne devraient pas s'embrasser comme s'ils venaient de signer un traité sur les armes nucléaires.

Valerie est revenue s'asseoir près de moi. Elle avait l'air heureuse en finissant son double macchiato gorille déca, sans sucre ni matière grasse, avec supplément *dulce de leche*.

Et si Moisi ou Merdik la rendait heureuse, n'était-ce pas tout ce qui comptait ?

Coups de fil intempestifs

À commander des cadeaux et surfer sur des sites de mariage, on se retrouve parfois inscrit sur des listes d'appel qui génèrent des coups de fil intempestifs, comme celui que j'ai reçu du mari de mon ex : Dandy.

Je ne vois aucun inconvénient à ce que ce type se fasse passer pour un beau gosse bien gentil. Et j'ai cru comprendre qu'il gagnait autrement mieux sa vie que moi. Pas de problème, nous ne sommes pas en compète, et j'aimerais le voir essayer d'écrire un livre en entier, un de ces jours. Je me retrouve dans une situation qui n'a rien d'unique dans notre monde moderne : celle de la famille « recomposée ». Même si, à ma connaissance, aucune règle ne m'oblige à composer avec un dandy dont je ne veux pas.

Bref, il m'appelle rarement – sans doute parce que je l'intimide. Si bien que j'ai été surpris d'entendre sa voix au bout du fil, un soir. Après quelques gentillesses 100 % dandy, il a abordé le sujet des mariages.

— Deux mariages ? Je parie que tu ne l'avais pas vue venir, celle-là !

— Oh, tu sais, je m'y attendais un peu.

— Ah ? Ah bon. Écoute, Bruce, je sais qu'avoir deux filles doit représenter un sacré budget.

Il était bien en dessous de la vérité, mais je n'allais pas le lui avouer.

— On s'en sort, ai-je répondu.

— J'aimerais apporter ma contribution.

— Ça ne sera pas nécessaire, mais j'apprécie ton offre.

— Je me doutais que tu répondrais ça. Mais tu ne penses pas qu'il serait juste que Judy paie une partie de la note ? Ce sont aussi ses filles, non ? Imagine que la situation soit inversée, et que je refuse de te laisser débourser le moindre dollar. Tu réagirais comment ?

Ça me faisait mal de le reconnaître, mais il avait raison. Au final, nous avons convenu qu'il m'enverrait un chèque et que je lui ferais la faveur de l'encaisser. C'est tout de même moi qui supporterais le gros de la dépense mais, au moins, Dandy allait pouvoir se trouver formidable, alors qu'il ne faisait que m'éviter de finir à la rue.

— Et les mariages, ça se présente comment ?

— Ça va, je gère, l'ai-je assuré. Tout est sous contrôle.

CHAPITRE 5

LA PRESSION
DE L'INDUSTRIE

Une enquête menée sur plusieurs sites internet a révélé que le mariage représente une industrie de 45 à 72 milliards de dollars (selon que Donald Trump convole ou non). À titre de comparaison, c'est à peu près autant que le budget du ministère de l'Éducation, même si l'honnêteté impose de reconnaître que le ministère a des dossiers moins complexes à gérer et qu'il ne doit pas trancher des cas aussi épineux que de savoir si les demoiselles d'honneur devront serrer leur bouquet contre leur ventre ou le tenir légèrement sur le côté.

En 1981, le coût total des mariages s'élevait à seulement 17 milliards de dollars – soit une hausse de 300 % depuis. Cette véritable explosion, l'industrie du mariage l'a qualifiée de « bonne ». Aux pères, qui la découvrent, en revanche, elle suggère cette question : « Tu ne pouvais pas te marier en 1981, non ? ».

Votre fille déclarera peut-être, le jour de ses fiançailles, qu'elle souhaite un mariage simple et intime, juste quelques parents, suivi d'un dîner sobre et modeste avec toast au champagne. L'industrie du mariage, elle, préférerait l'orienter vers une formule tellement onéreuse que le magazine *Vogue* décidera d'y consacrer un reportage.

L'industrie disposant d'un budget pub largement plus important que votre fille, devinez qui aura le dernier mot…

La première salve de la bataille visant à transformer votre fille en Promzilla, c'est les magazines qui la tirent. Gros comme des bottins, ils se mettent à pousser partout chez vous – au risque d'enfoncer votre maison sous terre. (En tant qu'homme, je tiens à dire que rien n'est plus troublant que de trouver un exemplaire de *Mariage & Style* à la place de *Sports Illustrated* dans le porte-magazines des toilettes.)

Les revues de mariage sont bourrées de publicités – à tel point qu'on a du mal à les distinguer des articles, vu que les uns comme les autres regorgent de photos de ce que je ne saurais appeler autrement que des « bidules ». La plupart des publicités présentent des robes de mariée dans lesquelles les mannequins ont l'air furax – sans doute à cause du régime inhumain qu'elles ont dû suivre pour entrer là-dedans. Certaines font la moue, visiblement épuisées – leur robe doit peser une tonne.

Mais celles qui ont tout lieu d'être furax, ce sont les demoi-selles d'honneur : elles qui vont devoir débourser une fortune pour une robe qu'elles ne mettront jamais qu'une seule fois – sauf si elles se font arrêter et qu'elles décident de plaider la démence. Elles gardent le sourire, cela dit, car les demoiselles d'honneur sont toujours ravies pour la mariée. Même quand elles ne le sont pas.

En toute logique, les magazines les plus utiles claironnent en général l'adjectif « utile » sur leur couverture. Exemple : « Astuces utiles pour jeter votre belle-mère de la voiture en pleine autoroute ». Et quand bien même leur fixette sur le mariage frôle parfois l'obsession, c'est un sujet moins malsain que ceux dont traitaient les magazines de jeux vidéos que mon fils lisait au lycée. Il est bien difficile d'arriver à se marier sans leur aide. Toutefois, à mon sens, quand résonnent les premières mesures de la marche nuptiale, il convient de refermer le magazine.

Si vous voulez un conseil, pour trouver la bonne revue, cherchez celle qui relate des anecdotes de gens comme vous. Les femmes qui se sont rendues en jet privé sur une île privée construite spécialement pour l'occasion ont certes des souvenirs fascinants à partager, mais je m'intéressais davantage à celles qui s'étaient mariées à Toledo (Ohio).

Un beau jour, j'ai décidé de remiser mes haltères à la cave, et de soulever des piles de revues de mariage à la place. (D'habitude, je mets un point d'honneur à me trouver d'autres raisons pour ne pas faire de sport.) Quand j'ai eu terminé, je me suis retrouvé avec un gratte-ciel qui, en s'écroulant, risquait de tuer toute personne mesurant moins d'un mètre soixante-quinze. Florilège des titres des articles que mes filles lisaient :

■ Idées fabuleuses pour faire de votre mariage un événement vraiment unique ! (Mais oui, et si toutes les futures mariées d'Amérique suivent nos conseils à la lettre, aucun de leurs mariages ne ressemblera à un autre. Ne nous demandez pas comment.)

■ Le mariage peut vous enrichir ! (Mais votre père finira sur la paille !)

■ Épilation du maillot, liposuccion, gastroplastie : trois activités plus fun que la préparation d'un mariage !

■ Mariage le samedi – c'est la formule d'hier ! (Sauf le lundi, auquel cas c'est la formule d'avant-hier !)

■ Vos demoiselles d'honneur doivent-elles prêter un serment de loyauté ? (Et pourquoi pas ? Ça marchait bien, avec les nazis.)

■ Trouver l'homme de vos rêves. (OK, vous lisez des revues de mariage et vous n'avez même pas de copain, ce qui peut paraître débile, mais qui sommes-nous pour nous plaindre ? Nous avons empoché vos 8 $.)

Les indispensables

Votre fille n'ayant probablement jamais organisé de mariage de sa vie (sauf quand elle avait 4 ans et qu'elle avait uni Nounours et Barbie Princesse sous le regard attendri de trois Petits Poneys), il est tout à fait naturel qu'elle se renseigne sur le sujet. Et vous êtes on ne peut plus susceptible de l'y encourager, complètement inconscient des dangers encourus.

PANDORE : J'ai bien envie d'ouvrir cette boîte, voir ce qu'il y a dedans !

SON PÈRE : Bonne idée !

Le piège dans lequel toutes les futures mariées tombent à coup sûr tient en un mot : « Indispensable ». Tout le monde s'accorde à dire que certains éléments sont indispensables à la réussite d'un mariage (omettez-les, et les villageois vous chasseront, vous et les vôtres, à coups de pierres). Exemple : pour la mariée, il est indispensable de porter des chaussures qu'un artisan italien aura cousues à la main, à partir de cuir de porcs italiens. Et ce même si la robe qu'elle portera est censée descendre à un bon mètre sous le niveau du sol. Traduction : *personne ne verra ces chaussures*. La mariée pourrait même enfiler une vieille paire de baskets. Ou se balader pieds nus. Avec des pieds de monstre préhistorique. Elle n'a pas besoin de dépenser pour cela ce que m'a coûté ma première voiture – quoi qu'en disent ses copines. Reste qu'une Paire de Chaussures Spéciales est l'un des nombreux indispensables de la liste.

7 indispensables d'un mariage fabuleux[1] !

Pochettes d'allumettes gravées. À assortir aux couleurs du mariage. Ne pas choisir un modèle ordinaire, mais préférer une marque européenne. Les allumettes ne seront pas meilleures que les américaines, sauf qu'elles coûteront plus cher et seront européennes. Chaque invité devra trouver une pochette à sa table, *et ce même s'il est interdit de fumer !* (Italiques posés par papa.)

Fontaines à chocolat. Même principe que les fontaines des centres commerciaux, sauf que personne n'y jettera de pièces (si Dieu veut !). Les invités tremperont des fraises, des biscuits ou leurs doigts dans ce liquide épais qui n'est pas sans évoquer les crues du Missouri. Ces fontaines sont de formidables outils pour rapprocher les gens, puisqu'elles leur font partager les mêmes virus. Voilà : une fontaine à chocolat est une machine à recycler les virus. Indispensable dans un mariage, si l'on veut que le système immunitaire des invités soit lui aussi de la fête.

Et pendant qu'on y est : le chocolat utilisé est-il entièrement neuf, ou va-t-on partager les germes d'une précédente réception ? (Question posée par papa.)

Livre d'or avec monogramme. En fait, les initiales des époux doivent se retrouver partout, dans un mariage. Des verres à vin aux urinoirs des toilettes pour hommes. Ce livre d'or revêt une importance suprême : des années après votre mariage, vous

---

1. L'adjectif « fabuleux » ressort à tout bout de champ, dans les revues sur le mariage. À croire que seuls les homos se marient.

pourrez vous rappeler qui avait une sale écriture. Imaginez un peu les heures de plaisir qui vous attendent, votre mari et vous, assis bien tranquillement à feuilleter votre livre d'or.

VOUS : Tu te souviens, quand Tonton Bob a signé notre livre ?

LUI : (Soupir) Oui, je n'ai jamais été aussi heureux de ma vie.

VOUS : Et quand ça a été au tour du cousin Jeff…

LUI : Quels moments fabuleux.

VOUS : On avait bien fait de prévoir ce livre d'or avec monogrammes. Toutes les heures qu'on a pu passer à regarder toutes ces fabuleuses signatures…

LUI : Sans ça, le mariage aurait été gâché.

Le livre d'or sera posé ouvert sur une table, personne n'en verra la couverture, alors à quoi bon y faire figurer des monogrammes ? (Question logique posée par papa.)

Mausolée à fleurs. Quel soulagement de savoir que les progrès de la science ont permis de créer un conteneur hermétique dans lequel les fleurs de votre mariage pourront être conservées dans leur état d'origine jusqu'à la fin des temps. De sorte que vous puissiez en décorer votre cheminée. Et ainsi faire de l'ombre à la dépouille de Lénine.

Minute ! La mariée n'est-elle pas censée avoir jeté son bouquet sur une foule de célibataires féminines enragées ? Erreur. Vous oubliez un autre Indispensable : la *Doublure Fleur* – un vrai faux bouquet, copie conforme de celui de la mariée, auquel on le substitue à la dernière minute afin de pouvoir immortaliser le vrai vrai bouquet dans son conteneur. Minute ! allez-vous encore vous écrier : la personne qui rattrape le bouquet est censée être la prochaine à se marier. Même s'il s'agit de la cousine Tina, qui a du mal à trouver l'homme de ses rêves parce qu'il y a encore un mois elle était le cousin Ted, qu'elle n'a pas achevé sa transition ni même ne l'a commencée, exception faite de sa garde-robe. Si la mariée ne jette pas son vrai bouquet, la malédiction n'est-elle pas rompue ? (Question exaspérée posée par papa.)

Quand j'ai soulevé ce point, voici ce qu'on m'a répondu.

VALERIE : Papa !

SAM : Papa. Ça n'est pas une malédiction.

MOI : Un sortilège, alors ?

VALERIE : Papa !

SAM : Papa ! Ni une malédiction, ni un sortilège. Juste la tradition.

MOI : Mais ça ne rime à rien !

VALERIE : Papa !

SAM : Papa, un mariage n'est pas censé rimer à quoi que ce soit.

Faveurs. Les faveurs sont de petits présents que les mariés offrent à leurs invités pour les remercier de leur avoir fait la faveur de venir au mariage, d'avoir vidé tous les plats et, du moins dans le cas de Tonton Bob, d'avoir vidé toutes les bouteilles jusqu'à finir par danser la salsa avec le cousin/-e Ted/Tina. Les faveurs sont censées rappeler aux invités (a) qu'ils se sont régalés à votre mariage, et (b) qu'ils ont ce bidule à jeter à la poubelle en rentrant. La mariée a une grosse pression sur les épaules : il lui faut trouver une faveur à la fois unique et fabuleuse. Exemple : une clochette en argent avec les initiales des époux. De sorte que, lorsqu'ils foncent rejoindre la voiture prévue pour leur fuite (Valerie : Papa ! Ça n'est pas une attaque à main armée, quand même ! Moi : Exact. Dans une attaque à main armée, il y a moins de sous en jeu.) tout le monde puisse les repérer. De plus, tous les invités pourront se retrouver le lendemain matin au mont-de-piété.

MOI : Une clochette en argent ? Tu ne la préférerais pas en or, incrustée de diamants ?

SAM : C'est que… la clochette en argent, je trouve que c'est plus dans l'esprit de Noël. Et comme mon mariage tombe près de Noël…

MOI : Et pourquoi on ne se contenterait pas d'offrir à tout le monde une BMW ?

VALERIE : Papa !

SAM : Papa, arrête. Comment tu les ferais tenir sur les tables ?

Enfin, qui dit faveurs, dit ***Boîtes à faveurs***. De fabuleuses boîtes ornées des initiales des époux.

VALERIE : Papa, tes soi-disant blagues, ça commence à bien faire.

Et comment va-t-on financer tous ces Indispensables ? Si on prend tout ce qu'il y a dans la liste, on risque de ne plus pouvoir se permettre le seul et unique Indispensable sur lequel on était d'accord : le mariage. (Observation financière éructée par papa.)

Conseil de Mariage

Voyant les Indispensables s'accumuler, le père peut estimer nécessaire de convoquer un Conseil de Mariage.

Le « Conseil » permet aux membres de la famille réunis d'évoquer le comportement gênant ou addictif d'un des leurs. (Dans ma famille, les conseils sont très fréquents, on les appelle « vacances ». Sauf qu'au lieu de nous concentrer sur un cas particulier, nous nous plaignons tous les uns des autres en même temps. Ainsi, personne ne se sent victimisé, ni n'en retire le moindre bénéfice.)

Souvent, à l'occasion de nos dîners de vacances, ma mère s'emporte après mon père – chose rarissime à toute autre période, sauf lorsqu'ils se parlent. Dans ces cas-là, ma mère commence par proclamer qu'elle s'en va, après quoi elle sort de la maison, se dirige vers sa voiture, s'assoit au volant puis reste plantée là parce qu'elle a laissé ses clés dans la cuisine. Nous autres, nous continuons à manger et à nous disputer comme si de rien n'était, sans toutefois pouvoir oublier ma mère puisqu'elle klaxonne toutes les trois minutes pour nous rappeler qu'elle est furax. Une fois, ma sœur s'est elle aussi fâchée tout rouge, est retournée à sa voiture où elle s'est énervée après ma mère, et les deux se sont retrouvées à jouer du klaxon à l'unisson.

Vivre au sein d'une famille aussi aimante m'a conféré le don de comprendre que derrière un comportement totalement cinglé se cache une personne qui n'est peut-être que légèrement toquée. Ainsi, quand j'ai surpris Sam en train de rédiger sa liste des Indispensables et y ai lu entre autres « *Boîte spéciale champagne pour toast (monogramme ?)* » et « *Que faire imprimer d'autre sur les pétales de rose à part nos initiales ?* », j'ai su qu'un Conseil s'imposait.

À un moment ou à un autre, toutes les futures mariées, ou presque, ont besoin d'un Conseil de Mariage. Et la plupart du temps, c'est le père qui s'en charge, vu que tout le monde a trop peur. Du moins, c'est la seule conclusion que j'aie pu tirer, à voir nos proches se contenter de hocher la tête et de sourire chaque fois que Sam sortait une énormité comme suit : « Ça ne serait pas génial, si les plans de table étaient présentés sous forme de décorations argentées suspendues à un énorme sapin de Noël ?

Les invités pourraient les ressortir tous les ans ; sauf qu'il faudrait prévoir une boîte spéciale pour que les plans ne s'abîment pas, et que la boîte devrait être assortie à celle du champagne, et aussi porter nos initiales et ne pas jurer avec les couleurs du mariage ! »

Les plans de table se présentent donc sous forme de cartons (ou manifestement de décoration) sur lesquels les places réservées à chaque invité sont notées, de sorte que tous puissent savoir qui va se retrouver à côté de Tonton Bob. L'idée étant que, lorsqu'ils découvrent leurs plans, ils puissent faire des échanges. Tonton Bob contre la cousine Tina, par exemple.

Le Conseil de Mariage se distingue du conseil de famille en ceci que (a) rien ne sert de convoquer trop de proches, vu qu'ils trouvaient tous l'idée de la déco de Noël fabuleuse, et (b) personne ne se retrouve à jouer du klaxon dans l'allée. On peut toutefois inviter une tierce partie, neutre, pour faciliter les choses. Un expert en résolution de conflits : un ministre, un prêtre, Condoleezza Rice.

Pour mon Conseil avec Sam, j'avais décidé d'inviter Sarah (vu que tout le monde, y compris mes parents, l'apprécie plus que moi) et mon voisin Tom (vu que c'est un mec, qu'il est toujours d'accord avec moi et qu'il pouvait apporter des sandwichs). J'avais donc fixé un rendez-vous (une fois que votre fille est fiancée, pensez à la prévenir au moins une semaine à l'avance si vous voulez qu'elle passe vous voir) et, à ma grande surprise, j'ai vu ma Valerie se présenter avec Sam à l'heure dite.

— Tu n'étais pas censée amener des renforts, Sam, ça sent le coup fourré, là, lui ai-je expliqué de ma plus belle voix de psy des Conseils. Valerie, retourne donc dans ta voiture et klaxonne toutes les dix minutes, tu veux ?

— Papa, m'a rétorqué Valerie.

Nous sommes ensuite passés au salon pour la grande discussion.

— Ah zut… s'est excusé Tom. Valerie, c'est vrai que tu n'as pas le droit de manger de la viande, vu ton végétarisme et tout ça. J'ai du… J'ai un sandwich bacon-salade-tomate, ça ira ?

— Comme légume, on ne fait pas mieux que le bacon, ai-je ironisé.

— C'est bon, je sais que tu ne m'attendais pas. Je ne mangerai que la laitue et la tomate.

— Moi non plus, je ne t'attendais pas, ai-je embrayé d'une voix amicale.

— Mais tu te réjouis qu'elle soit là, n'est-ce pas ? m'a soufflé Sarah, comme à un lycéen qui aurait un trou pendant le spectacle de fin d'année.

— Mais je me réjouis que tu sois là, ai-je répété sans me poser de question. Ça me surprend, c'est tout.

— Je me disais que tu allais sortir à Sam ton speech paternel sur le mariage qui fonce dans le décor, alors j'ai décidé de venir entendre le mien en même temps, m'a rétorqué Valerie.

— C'est clair qu'on fonce dans le décor, s'est exclamée Sam. Il y a trop de choses à faire, je ne sais même pas par où commencer. Tout dépend d'une foultitude de trucs. Genre, si on prévoit une cérémonie « déplacée », ça signifie que, quand on rentre pour la réception, le thème du repas doit évoquer le lieu de la cérémonie. Hawaï, Cancún, que sais-je ?

— Hawaï ? Cancún ? me suis-je étouffé.

— Parce que ça va se passer pas loin de Noël, alors je me suis dit que la thématique Noël ça serait super, sauf que je ne veux pas que mes demoiselles d'honneur soient en vert et rouge !

Et pour les invitations, on peut oublier le santal, en plus je dois encore choisir la robe, les faveurs...

— Minute, l'ai-je interrompue. Hawaï ?

— Je me souviens, a fait Sarah, quand j'ai commencé l'école de journalisme, j'avais tout un tas de décisions à prendre en même temps. Il me fallait trouver un appart', gérer les cours, rembourser mes prêts, en plus ma voiture m'avait lâchée... L'horreur.

Tom et moi avons échangé un bref regard : comment allions-nous la ramener parmi nous ?

— Voilà, s'est exclamée Sam, c'est *exactement* ça !

— Sauf qu'il s'agit d'un mariage, suis-je intervenu (Tom hochait la tête en signe d'approbation). Il me semble que le programme Apollo constituerait un meilleur modèle.

— Un meilleur paradigme, a précisé Tom. On utilise tout le temps ce mot, au boulot. Il s'applique sûrement ici.

— Au final, a repris Sarah, j'ai décidé de hiérarchiser les priorités. Sous forme de schéma.

Sam et Valerie étaient à fond derrière elle.

— Pour le gâteau, s'est immiscé Tom, vous pensez prendre quel parfum ?

— Donc, a poursuivi Sarah, il est inutile de réfléchir aux thèmes et aux invitations tant que vous ne savez pas si la cérémonie sera « déplacée » ou non. C'est le point le plus important. Quand vous aurez décidé, vous pourrez passer au point suivant.

J'avais le sentiment que le Conseil de Mariage n'avançait pas vraiment, vu que ce n'était pas moi qui parlais le plus. Cela dit, je ne voyais pas comment le remettre sur les rails.

— Tu as complètement raison, a approuvé Sam. Je me suis concentrée sur les détails au lieu de commencer par les grandes décisions !

— Il y a des gens, sur le gâteau, il parsèment des vermicelles de chocolat. Moi je suis pas trop pour. Pas le bon paradigme, a fait observer Tom.

— Nous avions envisagé le Grand Canyon à l'aube, a rappelé Valerie. Mais il y en a un énorme sur l'île de Kauai, à Hawaï. Ça ferait sûrement l'affaire.

Les femmes ont eu l'air ravi que ma cadette considère Hawaï comme une solution acceptable.

— Dans un mariage en 1988, j'ai eu droit à un gâteau chocolat/ caramel qui me fait encore saliver, s'est ému Tom.

Après un Conseil de Mariage bien paternel comme ci-dessus, un mariage peut passer du stade de « carrément hors de contrôle » à « plus ou moins hors de contrôle ». Et ce que j'ai dit s'est révélé être 100 % exact : il fallait hiérarchiser les choses sous forme de schéma. J'étais soulagé : ma fille avait failli se transformer en Promzilla, mais je l'avais sauvée grâce à un Conseil de qualité. Et en plus, on avait mangé des sandwichs.

Un schéma tout simple

Le concept de schéma que j'ai expliqué à mes filles reprenait une formule basique Avec Accord Paternel : les décisions les plus importantes influent les décisions les moins importantes – un peu comme un arbre avec son tronc et ses différentes branches.

Voici à quoi ressemblait le schéma de travail de ma fille avant le Conseil :

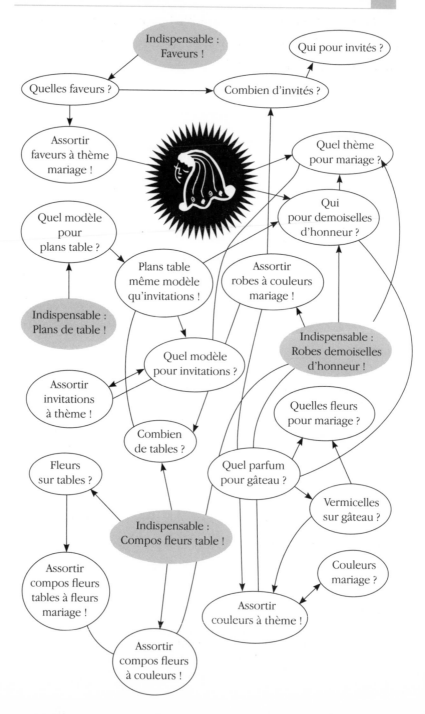

Voici à présent à quoi ressemblait ce schéma (mis au point par le père de la mariée), à la suite du Conseil de Mariage. Nettement plus simple, non ?

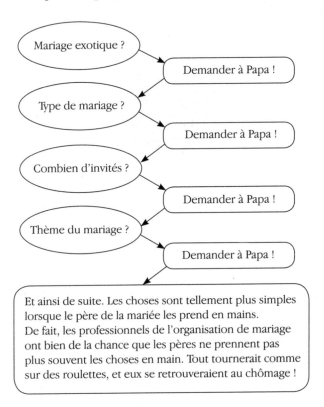

Et ainsi de suite. Les choses sont tellement plus simples lorsque le père de la mariée les prend en mains.
De fait, les professionnels de l'organisation de mariage ont bien de la chance que les pères ne prennent pas plus souvent les choses en main. Tout tournerait comme sur des roulettes, et eux se retrouveraient au chômage !

Par ailleurs, les schémas de hiérarchisation varient suivant les individus. Ainsi, celui du futur marié :

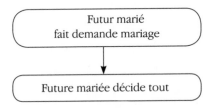

Reste que, la plupart du temps, le schéma ressemblera à celui de la figure A. Veillez donc à garder à l'esprit les points suivants.

1. *S'agit-il d'un mariage exotique ?*

Dans ce cas, les invités vont devoir se déplacer pour la cérémonie et/ou la réception. Le prix des billets d'avion impose en général de réduire le nombre d'invités. Songez toutefois, pour la bonne réussite du mariage, à vous assurer que deux personnes au moins font le déplacement (la promise et son futur). Les destinations comme Hawaï et Tahiti sont plus populaires que d'autres comme, disons… Cleveland et Pétaouchnoc.

Souvent, c'est la cérémonie qui se déroule dans un lieu exotique, après quoi tout le monde rentre à la base pour la réception. On passe alors à côté de l'échange des vœux en grande pompe, avec les hommes en smoking et les demoiselles d'honneur en robe à hurler de rire.

2. *De quel type de mariage s'agit-il ? (Mis à part le mariage pharaonique.)*

Traditionnel ou non ? (L'un comme l'autre est soumis à une foule de traditions.) Cérémonie à l'église, après quoi personne n'arrive à trouver le restau pour la réception (mariage dit *religieux*) ? Consos payantes (version « rats ») ou *open bar* (version « Tonton Bob au taquet ») ? Dîner à table (réception « formelle ») ou chacun-pour-soi-devant-les-distributeurs-de-sandwichs (réception « rentable ») ?

3. *Combien d'invités sont prévus ?*

Selon le nombre retenu ce mariage sera (ou pas) dans vos moyens. Certes, si vous optez pour la version (suggérée par papa) chacun-pour-soi-devant-les-distributeurs-de-sandwichs, vous pouvez en théorie ouvrir la réception au grand public. Sinon, certaines décisions préalables portent ici à conséquence.

Admettons, par exemple, que votre cadette envisage une cérémonie au Grand Canyon (ou, solution toujours acceptable, au Waimea Canyon, sur l'île de Kauai). Mariage exotique, donc – mais ne me demandez surtout pas comment nous allons tous nous rendre là-bas sans faire appel au moteur à explosion pour ne pas endommager la planète. Aucune liste d'invités n'a été définie pour la cérémonie – assurée par un prêtre d'une religion à laquelle il est le seul à croire. Il s'agira en outre d'un mariage « non-traditionnel » en ceci que, au lieu de vous livrer à des activités loufoques parce que la tradition l'exige, vous vous livrer à des activités loufoques parce qu'elles sont non-traditionnelles.

Si votre fille préfère un dîner formel, la liste des invités sera fonction de la taille de la salle (puisque, pas de chance, le Super Dome n'est pas disponible ce jour-là). Le prix de revient par convive entre aussi en jeu, bien que personne ne se soucie de ce petit détail – sauf vous.

4. *Quel est le thème du mariage ?*

À en juger par l'attitude générale durant les préparatifs, le thème de la plupart des mariages devrait être « Tout le monde fait la tronche ». Le plus souvent, les pères sont surpris d'apprendre qu'un thème est associé au mariage. Interrogés au sortir de la réception, ils vous répondraient sans doute que le thème était « J'aurais préféré qu'on le fasse à Cleveland ». Cela dit, la future mariée y est très attentive, puisque les Experts ès Mariage lui serinent que c'est un Indispensable à la réussite de l'événement. Le thème peut s'inspirer du lieu de la cérémonie, ou de la saison. Apportez toutefois le plus grand soin à la formulation. Ainsi « Noël approche… » vaut mieux que « Il neige à Cleveland ». Autre idée : la formulation en un mot. Préférez alors « Joie » ou « Amour » à « Verrue » ou « Vérole ».

Concernant le schéma de mon aînée, les réponses étaient toutes simples, nous n'avons donc eu qu'à l'écouter nous en parler pendant une trentaine d'heures. Au final, elle s'est décidée pour un mariage « local » et une lune de miel « exotique », de sorte à ne pas être obligée d'emmener son père (Dieu sait pourtant que je suis un as pour organiser ce genre de choses et que, quand elle était petite, Sam adorait que je lui dise quoi faire pour s'éclater en vacances – aller pêcher avec moi, par exemple). Bref, elle voulait un dîner formel et une liste d'invités limitée aux seules personnes de son entourage qui respiraient encore. Le thème, allez savoir pourquoi, n'aurait rien à voir avec Noël. Son choix, Hot August Nights – Chaudes Nuits d'Août – a complètement bouleversé notre calendrier, anticipant les choses de plusieurs mois. Oubliez les clochettes en argent, les guirlandes et le pasteur déguisé en père Noël (idée de Tom). Les couleurs devaient à présent être dans les tons chauds, et le pasteur devait être habillé comme Neil Diamond (nouvelle idée de Tom).

— Comme qui ? a demandé Valerie, médusée.

— Neil Diamond, le chanteur, lui a expliqué Tom. Celui de l'album *Hot August Nights*. C'est bien ce qui a donné l'idée à Sam, non ?

Mes filles ont alors échangé le même regard qu'à l'époque où je critiquais leurs goûts musicaux.

Le schéma de Valerie était un peu plus complexe. Elle voulait un mariage exotique – nous n'habitions manifestement pas assez près de la Terre pour elle. Ce sacré Moisi, lui, était résolument contre, depuis qu'il avait appris que le Grand Canyon grouillait de touristes. Or les touristes sont des créatures répugnantes, qui recherchent le plaisir dans le voyage – contrairement à ce qui poussait Moisi à vouloir se rendre au Grand Canyon. Ce qu'il recherchait, apparemment, c'était une formation géologique énorme (une montagne, un canyon de 300 kilomètres de long ou une calotte glaciaire) que personne n'aurait encore découverte. Et il avait opté pour un mariage non-traditionnel qui, selon lui, « constituerait un geste politique fort ». Le nombre d'invités, il s'en moquait (dans mon for intérieur, j'étais quasi persuadé qu'il n'avait pas d'autre ami que ma fille). Concernant les faveurs, chaque invité recevrait une estimation de son « empreinte carbone ».

— J'ai comme l'impression que le mariage de Valerie ne va jamais se faire, ai-je confié à Sarah. Quelqu'un devrait chercher les bons mots pour l'annoncer à leur route.

— Qu'est-ce qui te fait dire ça ?

Nous étions chez moi, dans la cuisine – c'était mon tour de faire à manger, j'avais pris des plats à emporter.

— Si tu avais regardé *Apollo 13* aussi souvent que moi, tu sentirais ce genre de choses, lui ai-je répondu.

— Mais Marty, tu l'aimes bien, pas vrai ?

Ça méritait réflexion.

— Quand Valerie était ado, ai-je fini par déclarer, elle a eu sa phase gothique. À tel point que, quand elle invitait des copines à la maison, ça ressemblait à une réunion de sorcières. Pendant deux ans elle n'a pas décoché le moindre sourire. Puis elle est sortie de cette noirceur et a retrouvé le sens de l'humour.

— Elle s'est remise à rire à tes blagues, a traduit Sarah.

— Tout à fait. Mais Moisi, je ne sais pas… Quand il est là, j'ai l'impression de sentir des relents de cette noirceur chez Valerie. Comme s'il la faisait revenir. Du coup, oui, je préférerais franchement qu'ils ne se marient pas. En plus, j'aurais trop peur de tomber du haut du canyon.

— Pourtant, tu sais bien que tu ne pourras rien y faire ? m'a demandé Sarah d'une voix toute douce. Si ta fille le veut vraiment, elle se mariera. Avec ton consentement ou non.

— Je sais bien... C'est vraiment un système débile.

Ironie de l'histoire, je discutais de ce même problème avec Tom, m'étonnant qu'un père ne puisse opposer un veto au choix de sa fille (« Excellent paradigme », a estimé Tom) quand Valerie a fait irruption chez moi, le visage rougi d'excitation.

— J'ai la bague ! a-t-elle annoncé en nous montrant sa main.

Tom et moi en sommes restés babas.

— Le diamant vient du Canada. Zéro conflit dans l'affaire.

Cette bague m'avait l'air on ne peut plus normal : un anneau en or avec un joli bijou dessus.

— Modèle simple mais élégant, ai-je déclaré à voix haute (citation extraite d'une revue de mariage – quand je vous disais que les meilleures sont toujours utiles).

Ça m'a valu un sourire ravi de Valerie.

— L'or est recyclé, a-t-elle précisé.

— Recyclé ? s'est étonné Tom.

Vu la tête qu'il faisait, à tous les coups il pensait aux grands sacs-poubelles remplis de canettes de bière vides qu'il garde dans son garage.

— Je t'expliquerai, lui ai-je dit.

— Marty est finalement d'accord pour le Grand Canyon, a poursuivi ma fille. À l'aube, il n'y aura sûrement pas des tonnes de touristes. Oh papa, je vais me marier, je vais vraiment me marier !

Elle m'a même pris dans ses bras, tellement elle n'en pouvait plus. J'ai aussitôt senti ma résistance à l'égard de Marty fondre comme une calotte glaciaire exposée au réchauffement global. S'il la rendait aussi heureuse, qui étais-je pour le juger ?

— Bon, je file. J'ai un schéma à peaufiner !

Sur ce, Valerie m'a embrassé puis a disparu.

L'Indispensable n° 1 : le père

L'industrie du mariage, il faut la visualiser comme une horde de brigands en maraude qui viennent de tirer une bordée de flèches sur votre fille. Vous seul pouvez vous interposer entre ces flèches et la chair de votre chair, brandir le bouclier qui la protégera. (Aucun père au monde ne me contredira sur ce point.)

Bon, bien sûr, si c'est si important que ça, on peut envisager d'offrir des faveurs aux invités (je me permets d'insister : préférons celles qui se vendent en distributeurs), mais si la future mariée commence à dresser la liste de toutes les décisions qu'elle a à prendre, elle va vite crouler sous les détails. En l'aidant à hiérarchiser les priorités, à prendre les décisions les plus importantes et à s'y tenir, quand bien même cela implique que les cartons d'invitation ne soient pas tout à fait assortis aux fleurs, vous lui éviterez sans doute de se transformer en Promzilla.

N'allez toutefois pas croire que l'alerte était levée et que nous pouvions quitter nos abris. Mes deux filles avaient encore une pression monstre sur les épaules – et ça n'était pas près de s'arranger.

CHAPITRE 6

FAITES-VOUS AIDER PAR DES PROS

J'étais en retard pour la « Réunion de Crise » du mariage de Sam parce que j'étais occupé à faire le tour du pâté de maisons, histoire de trouver une bonne excuse pour sécher l'affaire. Ma réticence n'avait rien à voir avec ma fille, pour qui le mot « crise » décrivait à merveille tout ce qui avait rapport à son mariage. Non, ma réticence venait de la présence à cette réunion de sa future belle-sœur Alecia (Promzilla et sœur de Geoff) et de sa future belle-mère Priscilla (Premier ministre anglais et mère de Geoff). J'avais pris l'habitude de surnommer Priscilla « Priszilla », mais Sam m'avait supplié de ne plus le faire, de crainte que je prononce ce mot en présence de la dame – comme si j'allais faire une chose pareille autrement que par inadvertance.

La réunion avait été convoquée à l'initiative des deux « zilla ». Sans doute parce que les grandes chaînes de télé du pays venaient de refuser de consacrer leurs soirées à la couverture des noces d'Alecia.

Quand enfin je me suis présenté, à reculons, chez Sam, j'ai eu la grande surprise d'y trouver Geoff.

— Tiens, bonjour, Geoff, l'ai-je salué avec enthousiasme, ravi de ce supplément de testostérone à mon côté. Je t'avais complètement oublié. (Me tournant vers mon aînée :) Hé, Sam, tu as vu, c'est Geoff ? Tu te souviens ? Geoff ?

Personne n'a trouvé ça marrant. Priscilla m'a dardé un regard plein de sang, de sueur et de larmes. Alecia a détourné le sien, comme pour attendre que se dissipe une flatulence malvenue. Sam, elle, me dévisageait comme si je venais de témoigner contre elle dans un procès pour meurtre.

Je ne sais pas trop comment la chose s'est faite mais, alors que nous nous trouvions dans une pièce bien éclairée, le coin dans lequel se tenait Priscilla était plongé dans les ténèbres – un orage qui se préparait, si vous préférez.

Après cinq minutes de l'inévitable papotage[1], Alecia a abordé la question de la crise qui les mettait, sa mère et elle, dans un état d'alerte maximum : Sam avait décidé d'anticiper son mariage à la fin août, ce qui anéantissait tout bonnement le sien.

Le thème qu'Alecia avait retenu ressemblait à « Célébrons cette perle qu'est Alecia au printemps ». Ou peu s'en faut. D'où la concurrence avec Sam.

— Je ne vois pas en quoi un thème printanier fait de l'ombre à un disque (pas moyen de me rappeler le titre de ce fichu album).

— Papa. C'est Chaudes Nuits d'Août, a craché Sam. Arrête un peu les blagues.

J'étais ravi d'apprendre que j'avais sorti une blague, même si, de mon propre aveu, elle n'était pas terrible.

— OK, OK, quel est le problème ? ai-je alors voulu savoir.

— Les couleurs, a grondé Priscilla depuis son recoin sombre.

Sa voix évoquait celle d'un alligator au réveil. Je lui ai adressé un bref regard avant de vite tourner la tête – cette femme me fichait la frousse.

— Voilà, a soufflé Alecia, comme si c'était enfin évident pour tout le monde (mais ça ne l'était pas, vu que moi, déjà, j'étais à l'ouest). Les couleurs.

Priscilla a confirmé d'un bruit de bouche qui ressemblait à « kack ! »

Les béotiens apprendront qu'un mariage n'est pas uniquement associé à un thème, mais aussi à des couleurs dont on n'a jamais entendu parler – « atmosphère », « plaqueminier » ou « vengeance ». Couleurs qu'il convient, bien sûr, d'assortir au thème – faute de quoi la loi ne reconnaît aucune validité au mariage.

1. Extrait : « J'ai trouvé les plus *adorables* des fermoirs pour les *colliers*, et ils sont assortis aux *couleurs* de l'*air* du *thème* de la *joie* de la *danse*… » (comme quoi, je m'étais peut-être assoupi, mais mon cerveau continuait de capter les sons).

— Mais je n'ai encore rien décidé, pour mes couleurs, a bredouillé Sam.

Alecia lui a alors adressé un sourire bizarrement peu souriant. De là où je me tenais, il m'a semblé que ses canines mesuraient deux bons centimètres de plus que ses incisives.

— Certes, Sam. Mais les coloris de printemps et d'été sont très proches. Les pastels. Les roses. Tu vois ?

Je voyais bien que ma fille se retenait très fort de lui rétorquer « Tout à fait, Alecia, et tu es une quiche. » Alors je suis intervenu :

— Bien, bien, que cherchez-vous à nous dire ? Vous craignez que Sam et vous choisissiez les mêmes couleurs ?

— Non, a répondu Alecia en braquant sur moi son sourire glacial. Ce que je dis, c'est que cela n'arrivera pas.

— Plaît-il ?

— Cela n'arrivera pas. J'organise mon mariage depuis trop longtemps pour qu'une tuile pareille se produise.

— Sam, a grondé Priscilla, ton mariage est prévu pour dans moins de sept mois. Tu n'auras jamais le temps de prévoir quoi que ce soit de grandiose. La thématique Noël était mieux choisie.

— Ça m'allait aussi, a approuvé Alecia.

Là, j'ai compris que j'étais dépassé. Dans les séries télé, quand quelqu'un sort ce genre d'inepties, les flics le neutralisent au Taser. Alecia essayait-elle de nous dire que si son mariage, antérieur de plus de quatre mois à celui de ma fille, partageait quelques couleurs avec celui-ci, on courait au désastre ? Le plus gros désastre, ce ne serait pas plutôt de sortir de l'église au bras d'Alecia ?

— Donc, ai-je repris, si je comprends bien, vu que ma fille portera du blanc et que vous-même…

— *Non*, a aboyé Alecia.

— Bruce, a poursuivi sa mère. La plupart des gens présents au mariage de Sam auront assisté à celui d'Alecia. Vous me comprenez ?

— Oui, ai-je acquiescé. Sauf que non.

— Toi tu comprends, Sam, n'est-ce pas ? a enchaîné Alecia comme si j'étais trop demeuré pour prendre part à la conversation.

Je me suis tourné vers mon aînée : si elle comprenait la chose, elle pourrait peut-être me l'expliquer en des termes qui ne me fasse pas imploser le cerveau. Mais ce que j'ai lu sur sa figure m'a serré le cœur : Sam paraissait à la fois prise au piège et blessée. Ces deux femmes étaient sa future belle-famille, et elle se sentait impuissante face à leur implacable audace.

« Impuissante » est un adjectif qui décrit mal ma fille au naturel. Quand son regard a croisé le mien, je n'ai pas reconnu la championne de volley capable de propulser des boulets de canon par-dessus le filet – j'ai vu la fillette que ses copines avaient refusé de laisser jouer avec elles au cheval dans la rue.

Mon cœur s'est mis à cogner fort. Mon premier instinct – à savoir, écraser mon poing sur le nez d'Alecia –, je l'ai réprimé, sachant très bien que Priscilla aurait alors surgi des ténèbres pour planter ses crocs dans mon bras.

Je venais d'ouvrir la bouche et attendais de voir ce qui allait en sortir, lorsque Geoff m'a coupé l'herbe sous le pied.

— Bon, et alors ? a-t-il demandé.

Tous les regards se sont tournés vers lui – nous l'avions oublié de nouveau. Il semblait complètement détendu et sûr de lui, et ce même si ses yeux dégageaient une froideur que je ne leur connaissais pas.

— C'est de notre mariage qu'il s'agit, a-t-il poursuivi. Nous choisirons les couleurs que Sam décidera. Je me moque qu'elles ressemblent aux tiennes, Alecia. En fait, je me fiche que ce soient les mêmes.

— Ah mais ça n'arrivera pas. *Maman*, a imploré Alecia.

— Geoff, l'a prévenu sa mère.

Lui, il s'est contenté de hausser les épaules.

— Attendez, j'ai une idée. On va dire à tous ceux de notre famille qu'ils ont le choix : ils pourront assister à ton mariage ou au mien, mais pas au deux. Comme ça, personne ne viendra se plaindre d'avoir vu les mêmes couleurs ! (Geoff défiait sa sœur et sa mère, pétrifiées ; de mon côté, j'ai aussitôt compris lequel attirerait le plus de monde…). Et nous deux, nous n'assisterons pas à ton mariage, Alecia. Du coup, personne ne pourra se dire que Sam t'a volé tes fabuleuses idées.

Dans le silence qui a suivi ces paroles, on aurait pu entendre les griffes d'Alecia pousser.

— Autre possibilité, a repris Geoff, Sam choisit les couleurs qu'elle veut, et personne n'évoque plus jamais le sujet. Plus un mot : ni à moi, ni à Sam, ni même à tes demoiselles d'honneur. (Toisant sa sœur, il a conclu :) C'est toi qui vois, Alecia. Tu veux jouer, alors jouons pour de vrai. Notre mariage contre le tien. Le vainqueur récupère tous les invités.

Pour la première fois, je me suis retrouvé à regarder mon futur gendre avec une admiration non feinte vis-à-vis de ma décision de le laisser épouser Sam. Il était prêt à tenir tête à sa mère pour protéger sa future épouse, chose qui pose problème à la plupart des hommes. Même moi, la Priscilla, j'aurais exigé au minimum un fusil à éléphants pour m'y attaquer.

Micro-sourire aux lèvres, Alecia a déclaré qu'elle n'avait jamais voulu que donner un conseil à Sam, vu qu'elle découvrait un peu les arcanes de la science des préparatifs – science qu'elle-même pratiquait depuis deux décennies.

Là, Geoff a incliné la tête de côté :

— J'ai l'impression qu'on parle encore des couleurs. Tu me confirmes ? Parce que dans ce cas, le jeu va commencer. (Il avait son regard rivé à celui d'Alecia.) On joue ?

Un nouveau silence – plus chargé et plus savoureux que le précédent – a suivi cette nouvelle saillie. Après quoi Priscilla s'est raclé sa gorge de reptile et a demandé à ma fille :

— Mais dites-moi, Sam, avez-vous pensé aux compositions florales ?

Un festival d'Indispensables

Il y a de ça un siècle, les villes de la Frontière voyaient passer des forains, dont le barnum itinérant était l'occasion pour toutes sortes de pickpockets de faire les poches à la population. De nos jours, ces fêtes foraines ont été remplacées par les Salons du Mariage.

Les fournisseurs d'Indispensables s'y retrouvent sous un même toit afin d'attirer des hordes de futures mariées et de les shooter aux drogues dures (le chocolat, par exemple) afin de les transformer en zombies qui accepteront, les yeux fermés, de figurer sur leurs listes de diffusion. Et ainsi recevoir des infos sur tout et n'importe quoi : des perles pour cils aux mariages en parachute.

— Papa ! m'a prévenu Valerie.

— Attends, je veux bien concéder que certains membres de la famille mériteraient une chute libre de 300 pieds, mais je ne vais pas prendre des cours de suicide en parachute juste pour que tu puisses te marier.

Les Salons du Mariage ont généralement lieu dans de vastes enceintes – stades de foot, champs de foire, Nevada. Il arrive également que d'autres événements se tiennent en même temps, et sur une thématique voisine. Le jour où mes filles et moi nous sommes rendus au salon du mariage, le champ de foire accueillait un symposium sur le tatouage ainsi qu'un festival Couteaux & Armes à feu. Le rapprochement me paraissait bienvenu.

Vous êtes cordialement et minutieusement invité

À l'heure des fax et des e-mails, il n'est plus nécessaire d'envoyer des invitations sous forme de carton. Chose que les pères semblent être les seules personnes au monde à comprendre. Les futures mariées, elles, restent attachées à la méthode traditionnelle : carton à leurs couleurs, fabriqué à partir d'arbres cultivés à grands renforts de musique classique et de massages des pieds. Quant aux caractères du message, ils sont si épais qu'on les croirait imprimés à la pâte dentifrice. On pourrait les lire rien qu'en passant le bout des doigts dessus.

L'enveloppe devra également renfermer de petites décorations – mignonnettes de champagne, fleurs en soie, pneus neige. Le but du jeu étant de faire découvrir aux invités les joies des tarifs spécial colis. Prévoyez également une invitation distincte pour la réception, une carte indiquant la ville où le mariage est déclaré, une autre exigeant réponse, une enveloppe distincte pour la carte exigeant réponse, un ruban sans raison particulière, des bouts de mouchoir en papier pour séparer les différentes couches, plus un « extra ».

— Un « extra », ai-je répété en apprenant la chose. L'invitation sera déjà aussi grosse qu'un catalogue de meubles, qu'est-ce que tu entends par « extra » ?

La mode actuelle veut apparemment que la future mariée ajoute un petit quelque chose de personnel aux invitations. Une photo du couple béat, un poème, ou bien encore une dent de lait de la promise. Ce petit « extra » se traduit par un « extra » de poids : en fin de compte, un colis piégé vous reviendrait moins cher.

— Pour l'extra, c'est vous qui décidez, nous avait expliqué le professionnel des invitations.

C'est donc que, pour tout le reste, la promise n'a pas le choix. L'industrie du mariage sait se montrer généreuse et magnanime.

Déclaration de mariage

Un mariage, c'est comme un chien, il faut le déclarer. Mais ça ne coûte pas moins cher si les futurs époux sont stérilisés. Cela dit, vous serez d'accord avec moi pour dire que certaines personnes – Alecia pour ne pas la nommer – rendraient un fier service en ne se reproduisant jamais. Ou en acceptant de se taire.

La toute première chose qu'une future mariée pense à déclarer, c'est sa liste de mariage – sorte de fantasme absolu appliqué au shopping. Elle peut ainsi passer des jours entiers à établir le parfait assortiment d'assiettes, d'appareils électroménagers, de meubles et de jets privés sans au final avoir à débourser le moindre dollar. L'industrie du mariage se prémunit ainsi contre la tentation de la future de rompre les fiançailles – si elle va jusqu'au bout du processus, elle recevra tous ces fantastiques cadeaux !

Une des questions qui turlupinent le plus les futures mariées, c'est de savoir comment persuader les invités de lui donner du liquide sans paraître ingrate ni vulgaire – question elle-même ingrate et vulgaire, vous en conviendrez comme moi. L'idée est visiblement la suivante : « Hé, je vais me marier avec ce mec, là, et je préférerais être payée en liquide plutôt qu'en moules à gaufres. » Dans certains cas, ça se défend : si je devais épouser Alecia, il faudrait me payer dix milliards de dollars.

Dans les salons du mariage, les vendeurs sont nombreux à proposer des kiosques où les futures mariées peuvent se déclarer. Tout comme leurs sœurs et leurs copines, quand bien même elles ne sont pas fiancées – on parle alors d'« hystérie collective ».

Le kiosque que j'avais préféré proposait toute une série d'Indispensables : un moule à pancakes en forme de cœur, un grill à panini et un gadget qui, sitôt qu'il captait le « bip » du four à micro-ondes, annonçait « Quelque chose est cuit ! » en trois langues.

L'artillerie lourde

Étape suivante : l'allée des pâtissiers, dans laquelle les visiteurs peuvent goûter divers échantillons de gâteaux. Une fois à l'autre bout de l'allée, chacun aura consommé l'équivalent d'un gâteau de mariage entier. Gâteau constitué, rappelons-le, de sucre, de farine, de graisse saturée et de sucre.

Chronologiquement, le gâteau n'est pas l'étape suivante du processus, mais les organisateurs du salon tiennent à ce que les visiteurs soient tous shootés au glucose avant d'aborder la section suivante – celle des bijoutiers. *Pourquoi ne pas claquer dix mille dollars pour l'alliance*, est censé se dire le futur époux, *vu que le sucre est déjà en train d'attaquer mon pancréas ?*

Si les futurs époux ont déjà acheté leurs alliances, les bijoutiers ne les lâchent pas pour autant. C'est là qu'interviennent les cadeaux perso. (Dans certains cas, les mariés échangent des cadeaux en privé. L'homme donne à la femme ce qu'elle désire le plus, à savoir des bijoux, et la femme lui offre ce qu'il désire le plus, à savoir son corps tout nu. Le plus souvent, elle optera pour des boutons de manchette ou autre breloque pour bien lui faire comprendre qu'elle ne pige rien à la testostérone.) Les bijoutiers présentent ainsi des colliers, des boucles d'oreilles et autres articles aux rares hommes présents au salon. Ceux-ci en restent comme hébétés : ils viennent de réaliser que le budget bijoux ne se limitait pas à la bague de fiançailles.

J'ai dégainé mon portable afin de pouvoir ignorer mes filles, occupées à essayer des boucles d'oreille en diamant et qui venaient de déclarer que Sarah devait absolument en avoir une paire. J'ai appelé mon fils.

— Hé, on n'est pas trop loin de ta fac, tu pourrais nous rejoindre, lui ai-je annoncé. On est au salon Couteaux & Armes à feu.

— Faux. Vous êtes au truc du mariage, là.

— Le truc du mariage qui fait partie du salon Couteaux & Armes à feu, l'ai-je repris. Non, mais viens, c'est bourré de jolies célibataires.

— Jolies, célibataires et fiancées, m'a-t-il repris.

— Ils donnent du gâteau, ai-je tenté en désespoir de cause. Écoute, j'ai besoin de parler à quelqu'un, tes sœurs sont devenues marteaux.

— Elles ne rient plus à tes blagues, a-t-il traduit.

— Exact.

— Oublie. Si je viens, Terri voudra venir – Terri, ma copine, a-t-il précisé alors que je ne lui avais rien demandé.

— Je sais très bien qui est Terri, ai-je râlé.

— Mais bien sûr. Bref, si Terri va au salon du mariage, elle va vouloir me traîner aux stands des bagues de fiançailles. Et il n'est pas question que nous reparlions de tout ça.

— Très bien, ai-je conclu, amer. Mais ne me demande jamais de t'offrir un obusier. Je t'ai donné une chance, tu l'as gâchée.

Une journée de rêve

À ce salon du mariage, les vendeurs n'arrêtaient pas de répéter : « C'est *votre* mariage, tout doit être *parfait*. » Je me suis dit que « parfait », au même titre qu'« indispensable », était une formule magique censée transformer une fille tout ce qu'il y a de plus normal en Promzilla.

Le chic des chaises haute couture. La perfection passe par la personnalisation des chaises du mariage. Chaises qui, une fois recouvertes de draps, auront l'air de se rendre à une réunion du Ku Klux Klan.

— Papa ! s'est exclamée Valerie.

Pour le futur marié, la recherche de cet habillage est aussi usante que toute autre séance de shopping. À ceci près que, quand c'est sa femme qui essaie des habits, il doit attendre, assis, qu'elle lui montre chaque modèle, tandis que, dans le cas de la chaise, il est assis directement sur le modèle.

Quand j'ai demandé si une chaise avait le droit de porter du blanc à un mariage, j'ai vu deux grandes malades se tourner vers moi. Sam et Valerie.

Un certain regard. L'un des vendeurs du salon travaillait pour une clinique spécialisée dans la correction des troubles visuels au laser. De sorte que les futures mariées puissent voir distinctement avec qui elles allaient s'unir. Il proposait également toutes sortes de lentilles de couleur. De sorte que les futures mariées puissent avoir les yeux de la couleur de leur choix. Bizarrement, il y avait même un modèle rouge satanique (modèle « Priscilla », dans ma dénomination). Le vendeur a reconnu n'avoir jamais réussi à en refourguer qu'à des visiteurs du salon Couteaux & Armes à feu égarés.

Lumière, Moteur, Action. Pour un mariage vraiment parfait, on ne se contentera pas d'un photographe professionnel. Chaque table devra être équipée d'un caméscope numérique, afin que tout le monde puisse se souvenir du repas pendant que celui-ci se déroule. Un professionnel se chargera d'immortaliser la réception et les invités (à des fins de chantage ultérieur). Le *streaming* permettra aux internautes du monde entier de se connecter à votre site et de suivre en temps réel la consommation d'alcool de Tonton Bob.

Avec cette nouvelle pression de l'Audimat, ne vous étonnez pas que votre fille stresse !

L'idée qui tue. Un mariage ne serait pas parfait si sa seule touche d'originalité consistait en la présence de Ted/Tina.

Pourquoi ne loueriez-vous pas un vieux juke-box, un photomaton ou une machine à IRM ? Sinon, engagez un chorégraphe professionnel qui vous concoctera une choré sur du Snoop Dog ? Alecia pourrait également prévoir une petite performance, comme se suspendre au plafond, la tête à l'envers, ses ailes rabattues devant sa figure.

Vous vous dites sans doute que je blague, avec mon idée de choré de groupe – la chose connaît pourtant un grand succès. Sur le Net, j'ai ainsi vu les invités d'une réception de mariage reprendre la choré du clip de *Thriller*. Danser comme des zombies. (Maintenant que j'y pense, ils ressemblaient beaucoup à Tonton Bob après la fermeture du bar.)

Déco tous azimuts. Votre mariage ne sera jamais parfait si le moindre centimètre carré d'église et de salle de réception n'est pas décoré aux couleurs officielles, on est bien d'accord ? Imaginez le traumatisme, si un des invités devait tomber nez à nez avec un mur vierge. Pour les mariages en extérieur, pensez feuilles en plastique, pommes de pin en plastique, gazon synthétique en plastique.

Voyez (très, très, très) grand. La limousine doit pouvoir accueillir tous les invités en même temps, ainsi que l'église. En plus d'une stéréo, d'un *vrai* bar, et de vasistas, les modèles modernes offrent massages, jacuzzi et parc à thème.

Une des tendances actuelles consiste à louer une vieille auto – une Rolls de 1938, par exemple. Le couple l'emprunte pour se rendre de l'église à la salle de réception et faire l'expérience d'une police d'assurance faramineuse. Pour ma part, j'ai rappelé que Tonton Bob possédait une vieille Dodge de 1966. Personne n'a relevé.

On ne s'étonnera donc pas que les organisateurs des salons du mariage/tatouage/couteaux/armes à feu prévoient une grande tente dans laquelle les pères peuvent s'offrir de quoi s'ouvrir les veines. Les salons du mariage regorgent d'articles dont vous ne soupçonniez pas l'existence et dont vous vous moquez éperdument. Et ce même si les femmes de votre entourage les connaissent par cœur (allez savoir comment), un peu comme si elles les avaient découverts par vidéo intra-utérine.

Si votre fille vous traîne à un salon du mariage, arrêtez-vous à l'entrée, donnez-lui tout votre argent (du moins, tout l'argent que vous ne lui avez pas encore donné), puis allez vous offrir une pétoire. Le temps que votre fille ressorte du salon, surmotivée par tout ce qu'elle vient de voir, vous serez gavé de testostérone et dès lors incapable d'entendre ce qu'elle vous dira.

Conseils de pro

Mes filles et moi n'attendions pas les mêmes choses d'un professionnel de l'organisation de mariage. Moi, je voulais quelqu'un qui me facilite la tâche et éventuellement fasse la vidange de ma voiture. Sam voulait que la personne ait « une vraie vision d'ensemble » et soit membre de l'Association des Coordinateurs de Mariage. Valerie voulait quelqu'un qui « partage les mêmes valeurs » qu'elle et soit membre de l'Agence de Protection de l'Environnement.

Après avoir lu les profils de tous les coordinateurs présentés dans le livret que je surnommais « la liste des gros bons à rien », Sam a décidé que nous devions nous tourner vers Lindy Love-Lloyd. Celle-ci promettait dans sa prose de « littéralement anéantir tout obstacle ou toute personne s'opposant à *votre* mariage parfait ».

Je me suis dit que le verbe « anéantir » parlerait sûrement à quiconque allait avoir une belle-mère telle que Priscilla.

Lindy Love-Lloyd était mince et devait avoir la cinquantaine. Elle parlait d'une voix rauque – la faute aux cigarettes ou à son passé de sergent chez les marines. « Deux mariages ! s'est-elle exclamée en apprenant la nouvelle. Bonté divine, mais c'est merveilleux. »

Cette utilisation malvenue de l'adjectif « merveilleux » m'a fait tiquer.

— Est-ce que je peux vous offrir des cacahuètes enrobées de chocolat ? a proposé Lindy à mes filles.

Toutes deux ont refusé.

— Oh là non, a précisé Valerie. On a déjà abusé des gâteaux.

— Bien, a approuvé Lindy.

— J'en prendrais bien deux ou trois, moi, suis-je intervenu.

Elles étaient à tomber.

Lindy a ensuite pris des notes pendant que Sam lui décrivait ce qu'elle voulait pour son mariage – un topo autrement plus détaillé et affolant que ce que j'avais pu entendre jusque-là. Je me suis avancé, histoire de rappeler à tout le monde qui tenait les rênes.

— Pour moi, ai-je déclaré, le thème de ce mariage devrait être "A Return to Eden" et non "Song Sung Blue".

— *Hot August Nights*, m'a corrigé Sam.

— Papa ! a sifflé Valerie.

Lindy m'a alors regardé par-dessus ses lunettes.

— Monsieur Cameron, savez-vous ce qu'est un sac à main ?

Elle me sortait une question piège, ou quoi ? Ne voyant pas le piège en question, j'ai acquiescé.

— Un sac à main, ai-je répondu, est une espèce de fourre-tout dans lequel les femmes trimballent tout ce dont elles ont besoin : machin à lèvres, truc à pommettes, bidule à ongles…

— Un sac à main, a grondé Lindy, est un accessoire. La femme le porte sur le côté. Nous sommes d'accord ?

— Tout à fait. Je crois cependant savoir que certains modèles se portent davantage tournés vers l'avant…

— Et vous, c'est ce que vous êtes, monsieur Cameron, m'a coupé Lindy.

— Vous dites ?

— Le jour du mariage, vous serez au côté de votre fille. Vous êtes un sac à main, vu ? L'accessoire qui renferme l'argent. Mon travail consiste à repérer les problèmes potentiels et à les anéantir. Votre travail consiste à ne pas nous poser de problèmes. Vu ? Vous êtes un sac à main.

Sam et Valerie étaient aux anges, je me demande encore pourquoi, comme si elles oubliaient tous les services que je leur avais rendus.

— C'est que… ai-je commencé.

Je cherchais à reprendre Lindy sans utiliser les mots « Écoutez, espèce de sombre idiote ».

— Pas un sac qui parle, s'est-elle aussitôt interposée, une main levée. Juste un sac à main.

Mes filles affichaient cette mine qui voulait dire « Arrête, tu me fous la honte devant les gens ». Mine qu'elles affichaient plus ou moins en permanence depuis leurs quatre ans. J'ai donc décidé que, pour conserver la paix dans notre famille, j'allais mettre la sourdine et laisser la pro de l'Anéantissement poursuivre son interrogatoire dans un style qui évoquait l'époque où elle dirigeait la Gestapo. Elle notait les réponses de mes filles en hochant la tête d'un air pensif, rêvant sans doute déjà d'anéantissement.

Puis, après avoir retiré ses lunettes, les avoir posées sur la table et s'être pincé le nez, elle a fait :

— OK. Vous (un doigt braqué vers Sam), vous êtes sur la bonne voie. Pour l'organisation, vous êtes blindée, c'est pour l'exécution qu'il vous faut de l'aide. Pour l'essentiel, vous avez tranché les détails les plus importants. D'après moi, vous avez tout le temps nécessaire, inutile de vous payer les services d'un pro : continuez sur cette voie. Un pro vous aiderait, certes, mais vous avez tout intérêt à voir jusqu'où vous pouvez aller toute seule. On se reparlera quand la date approchera. Mais vous avez la tête sur les épaules.

— Merci, ai-je répondu (je savais pertinemment qu'elle me félicitait d'avoir si bien élevé mon aînée).

— Laissez votre père en dehors de tout ça, et tout ira bien.

J'ai incliné la tête de côté ; j'avais dû mal entendre.

— Vous, par contre, Valerie, c'est la cata.

— Je sais, a-t-elle acquiescé, toute tristounette.

— Vous ne pouvez tout bonnement pas prendre pour thème... c'était quoi, déjà ?

— Les déchets toxiques, ai-je proposé.

— Le sac à main nous parle ? Le sac à main ferait mieux de se taire, a prononcé Lindy sans même m'adresser un regard.

— Mon thème, c'est Les Amis de la Terre. Ou On S'Y Met Tous Ensemble. Quelque chose dans le genre, a hésité Valerie.

— Vous avez un besoin *urgent* d'aide. Vous avez zéro plan, zéro date et zéro budget.

— Alors là... ai-je commencé, tout à fait disposé à discuter du budget.

Lindy, elle, a fait comme si elle ne m'avait pas entendu :

— Allez voir d'autres organisateurs, et trouvez celui qui vous convient le mieux. Vous avez besoin d'aide, et je serais ravie de vous assister. Des défis comme ça, j'en ai géré pas mal. (Là, mystère, elle m'a adressé un regard lourd de sous-entendus.) Ce qui compte, c'est que vous mettiez au point un plan. Au rythme actuel, jamais vous ne vous marierez.

Mes filles étaient maussades, en quittant le salon – je ne leur ai même pas arraché un demi-sourire quand j'ai suggéré un petit tour au salon Couteaux & Armes à feu, histoire de récupérer une balle ou deux pour Alecia. Lindy Love-Machin avait douché leur enthousiasme.

— Eh ben… cette Lindy, quel numéro, ai-je affirmé en prenant place dans la navette qui devait nous conduire à la voiture sitôt que nous saurions où je l'avais garée.

— Elle est merveilleuse, pas vrai ? a répliqué Sam.

— Elle a tout compris, cette femme ! s'est extasiée Valerie.

— De quoi ? Vous voulez engager la pro de l'Anéantissement ? M'enfin votre père peut vous concocter un plan aussi bien qu'elle.

— Oh, papa, ont-elle réagi en chœur.

Mariage – Plan Paternel

Les professionnels de l'organisation de mariages voudraient vous faire croire qu'il est si difficile de se rendre à l'église pour prononcer trois mots, que même les gars du Génie auraient du mal. Moi, de mon côté, je n'hésitais pas à affirmer qu'on pouvait fort bien se passer de l'aide de Lindy Love-Truc. Et ce en mettant au point un plan, avec Tom, sur le grand tableau blanc de la Gare de Triage.

Mariage – Plan Paternel	
« Suggestion » de l'industrie	Proposition raisonnable de Papa
Un « top » pour gâteau de mariage. Sorte de tiare pour pâtisserie, cet accessoire peut être une représentation (en argent) des initiales des époux, une réplique (incrustée de joyaux) des fleurs du mariage ou encore des statuettes (hors de prix) figurant les mariés.	Allez chez un marchand de jouets, achetez un couple de figurines de mariés et le tour est joué. De plus, à quoi bon s'embêter avec un gâteau ? Pourquoi ne pas préférer un simple toast ? (Toujours dans l'excellent cadre du mariage matinal avec petit déjeuner.) Les gâteaux de mariage coûtent aussi cher qu'une mini-voiture et ont à peu près le même goût. (Pour info : Tom est d'avis qu'un gâteau est nécessaire y compris au petit déjeuner ; selon lui, il n'y a guère de différence entre un gâteau et un beignet nappé de chocolat – son petit déj quotidien.)
Bouquets et autres fleurs fournis par fleuristes professionnels.	Mariez-vous en extérieur et confiez la déco à Dame Nature. L'automne dernier, j'ai dépensé une petite fortune en buissons d'ornement qui ont une allure folle dans mon jardin, sauf là où mon chien les a déterrés. En plus, Tom viendra s'occuper de la pelouse avec sa nouvelle tondeuse autoportée, celle-là même que sa femme refusait qu'il achète, mais si c'est pour un mariage elle ne pourra rien dire, hein ? De plus, pendant la réception, Tom pourra balader les gamins sur sa machine – 1 $ le tour, ça contribuera aux frais du mariage.
Engagez un orchestre professionnel : une formation locale qui a l'habitude des mariages ou, plus prestigieux, les Rolling Stones.	Un mot : karaoké. Vous ferez l'économie d'un chanteur – les invités le remplaceront !

Sam est restée incrédule en découvrant notre plan.

— Tu appelles ça un plan ? Moi je dis, c'est juste un ramassis d'idée débiles. Même pas marrantes.

— La balade en tondeuse, je trouvais ça plutôt amusant, ai-je rétorqué.

— Bien sûr : tout ça n'est qu'une grosse farce, pour toi.

La voir les larmes aux yeux m'a noué la gorge.

— Hé là, Sam. Attends. Je m'en veux que Tom ait fait toutes ces blagues stupides, on rigolait, c'est tout. Je sais bien que tout ça est sérieux.

Au bout du compte, nous avons décidé que Lindy Love-Bidule ferait office de consultante occasionnelle pour Sam (je soutenais mordicus que le titre et l'autorité d'Organisateur du Mariage me revenaient de droit), tandis que Valerie l'emploierait à temps plein – organisation du mariage et anéantissement des problèmes. Je n'avais pas mon mot à dire, leur mère s'était proposée de payer.

Comme je dis toujours, à quoi bon faire appel à de soi-disant experts : je suis moi-même expert en à peu près tout, vu que je suis un homme et dès lors très fort pour faire des trucs. À côté de ça, je voyais en Lindy un antidote au STEP : Syndrome du Tout doit Être Parfait. Avec une pro dans l'équipe, occupée à anéantir tout ce qui bouge, mes filles ont été un temps persuadées que Tout Serait Parfait. Du coup, elles stressaient un peu moins à se dire qu'elles devaient accomplir l'impossible.

Du moins, c'est ce que je croyais.

CHAPITRE 7

ON PEUT NOURRIR
TOUT LE MONDE
QUELQUE TEMPS,
OU BIEN
QUELQUES PERSONNES
TOUT LE TEMPS,
MAIS ON NE PEUT PAS
NOURRIR
TOUS LES INVITÉS
D'UN MARIAGE

Je me dis qu'il y a toujours un moment, dans chaque grande entreprise humaine, où le plan passe de l'abstrait (Hé, ça serait pas sensass d'envoyer des gars sur la Lune, et pourquoi pas de filmer le truc ?) au concret (Décollage dans dix secondes, quelqu'un a pensé à embarquer de l'oxygène ?).

Idem pour les mariages. Après ce qui vous a paru être des mois entiers d'angoisse mal définie (tous ces détails à trancher), l'angoisse devient tout à coup très définie. On va l'envoyer sur la Lune, cette grosse mémère !

(Note à l'attention des pères : votre fille n'appréciera pas que vous évoquiez son futur mariage sous l'expression « grosse mémère ».)

Pour moi, le déclic, ç'a été l'achat de la robe.

La tradition de la robe gigantesque et impossible à mettre nous vient de l'époque médiévale. La femme portait alors un lourd voile et demeurait ainsi la figure cachée à son futur époux jusqu'à la fin de la cérémonie. Ce n'est qu'une fois son sort décidé que ce dernier avait le droit de soulever le voile et de découvrir le visage de sa nouvelle épouse – et les remords qui vont avec.

En cas de fort mécontentement, le marié renversait alors les énormes cierges qui illuminaient l'église, provoquant un incendie. L'assistance se ruait vers la sortie, à l'exception de la mariée qui, embarrassée de plusieurs kilos de tissu, périssait asphyxiée par la fumée[1].

---

1. Bon, OK, j'invente un peu. D'accord, j'invente tout.

Comme la plupart des hommes hétérosexuels, je trouve les robes de mariée ridicules et aussi excitantes qu'un parachute militaire. Tenez, celle que la dernière femme de Donald Trump (Melania) portait lors de ses noces : elle me faisait penser à une fourgonnette Volvo de 1998 en partance pour la casse. Regardez sur le Net, si vous ne me croyez pas : l'avant et l'arrière sont sévèrement cabossés. La robe aurait coûté plus de 100 000 $ et pèserait un peu plus de 20 kg – soit près de 30 % d'une combinaison spatiale du programme Apollo. Et à choisir, vous préféreriez quoi ? Avouez-le, la combinaison serait franchement plus marrante que la robe.

Reste que, comme pour la plupart des hommes hétérosexuels, mon avis sur la question n'intéresse personne. Pareil pour celui du futur marié : il n'a même pas le droit de voir la chose jusqu'à ce que sa promise apparaisse dans l'église telle une gigantesque boule de bowling blanche.

D'où le choc et l'embarras que j'ai ressentis quand Sam m'a expliqué que, à la suite des négociations top secret menées avec sa mère, Judy avait décidé que la décision finale leur reviendrait naturellement, mais que je devrais participer à l'exploration initiale de l'univers des robes de mariée. Une fois que Sam et moi aurions ramené la sélection à trois ou quatre modèles, Judy viendrait conclure l'affaire.

— Je ne pense pas que ça soit une bonne idée, ma puce, ai-je annoncé à Sam. Tu n'as pas réellement envie que ton père t'aide à choisir ta robe de mariée, si ? Je ne suis même pas certain que la loi m'y autorise.

Mon aînée sait toujours s'y prendre pour toucher la corde sensible avec moi. Là, elle m'a eu en minaudant « Mais sans toi j'ai bien peur que nous explosions le budget ».

Première étape : le salon des robes de mariée. À peu près aussi excitant que de regarder un arbre pousser dans votre jardin. On assiste, assis sur des chaises inconfortables, à un défilé de bonnes femmes qui s'agrippent à leur robe pour ne pas se prendre les pieds dedans. Ces mannequins sont trop maigres pour être en bonne santé – en coulisse, elles sont sûrement mises sous dialyse.

À en juger par les réactions de l'assistance, j'ai conclu qu'il existait trois sortes de robes de mariée : les belles, les superbes et les fabuleuses. Et j'étais prêt à parier qu'aucun de ces adjectifs ne pouvait s'appliquer aux étiquettes des prix.

— Papa, tu veux bien arrêter de râler ? a sifflé Valerie. Tu gâches le plaisir de Sam.

— C'est bien pour ça que vous m'avez invité, non ?

Il m'a fallu un peu de temps pour comprendre la vraie raison de ma présence en ce lieu. Ma réaction face aux accoutrements présentés se traduisait en général par des commentaires (« ridicule », « surplus de l'armée », « bouffonnerie de cirque »). Dans certains cas, toutefois, je ne trouvais pas ces robes marrantes du tout : elles étaient sexy. En tant que père, j'ai du mal à apprécier l'idée que ma fille expose son décolleté – ou même qu'elle en ait un. Dès qu'un mannequin arborait une robe décolletée, je me renfrognais.

Conséquence, chaque fois que je me renfrognais, Sam et sa sœur notaient le modèle en question pour le montrer à leur mère.

Quelques semaines auparavant, lorsque j'avais demandé à mon ex-femme quelle erreur elle avait commise en tant que mère pour que ses filles soient aussi obsédées par le mariage, elle m'avait fait parvenir une cassette vidéo. Un film que j'avais tourné quand mes petites avaient respectivement neuf et six ans, et qu'elles avaient reçu une panoplie de mariée pour Noël. J'avais tout oublié de l'affaire, mais c'est bien ma voix que j'ai reconnue, derrière la caméra, qui disait « C'est qui, la jolie mariée ? C'est qui, la jolie mariée ? »

Sarah avait l'air de trouver cette preuve concluante.

— Comment peux-tu dire ça ? me suis-je emporté.

— J'essaie simplement d'être objective.

— Je ne te demande pas d'être objective, j'ai besoin que tu me soutiennes. Tu sais ce que ça me rappelle ? Ça me rappelle quand Sam était en primaire et qu'elle jouait au foot.

— Tu ne m'en as jamais parlé, m'a annoncé Sarah. Sam jouait au foot ? Tu ne l'as pas rêvé, tu es sûr ?

— Hein ? Mais non, enfin. Elle jouait au foot. En défense. Et tu peux me croire qu'elle assurait. C'était son sport préféré, elle me répétait tout le temps qu'elle voulait continuer. Là, moi, j'ai dû lui annoncer que le football n'était pas un sport pour elle. Elle adorait les contacts, elle était rapide et forte, mais le football exige d'avoir une grosse masse musculaire. Comme moi.

— Comme toi, a acquiescé Sarah.

— Voilà. Du coup, je lui ai dit de choisir un autre sport, parce que les garçons allaient avoir une plus grosse masse musculaire ; c'était injuste mais c'était vrai.

— Tu m'expliques le rapport avec les robes de mariée ? a relancé Sarah.

— Mais il n'y en a aucun ! Juste, j'aimerais bien qu'on me dise, au moins une fois, que j'ai raison sur un truc !

Bref, le défilé des mariées terminé, ça a été au tour des demoiselles d'honneur. Les mannequins anorexiques se voyaient donc rétrogradées au rang de faire-valoir.

— Papa... tu voudrais bien arrêter de rire ? m'a lancé Valerie.

Ce second défilé terminé, les spectateurs ont eu droit à une consultation personnalisée : votre fille essaie des modèles à la chaîne, sous les soupirs admiratifs des vendeurs.

Les pilotes d'avion décrivent souvent leur expérience du ciel comme « des heures d'ennui entrecoupées d'instants de terreur pure ». La formule correspond aussi aux pères qui accompagnent leur fille à la recherche de la robe idéale. Vous attendez qu'elle sorte de la cabine d'essayage, vous hochez la tête en trouvant la robe belle/superbe/fabuleuse, puis vous découvrez l'étiquette, vous portez la main à votre poitrine, vous vous écroulez au sol, votre figure vire au bleu.

Je vous jure : réunissez plusieurs pères dans une salle, montrez-leur les étiquettes de certaines de ces robes et je vous garantis qu'ils vont paniquer sec.

On mettrait moins de temps à faire la révision de la Dodge 1966 de Tonton Bob qu'à enfiler une robe de mariée. Sachant qu'aucun homme ne peut supporter une telle attente sans tomber dans le coma, les professionnels des salons lui offrent de la lecture : *des revues de mariage.* Si vous le préférez, vous pouvez aussi vous balader dans les allées du salon, ce qui revient un peu à faire le tour du Musée des Indispensables – on en trouve partout, et sous les formes les plus inimaginables qui soient. (Le Gâteau de Mariage doit être superbe ! Vous devrez le découper avec un superbe Couteau à Gâteau de Mariage ! Le Couteau à Gâteau de Mariage s'accompagne d'un superbe Support de Couteau à Gâteau de Mariage ! Support de Couteau à Gâteau de Mariage que l'on disposera sur un Plateau spécial Support de Couteau à Gâteau de Mariage ! Le tout orné des initiales des mariés !)

Vous pouvez également vous intéresser aux voiles de mariée, qui constituent, pour l'industrie du mariage, un pactole équivalent à ce que Windows™ représente pour Bill Gates. Ces voiles sont en tulle – un tissu qui revient à sept dollars les 20 m² en magasin. Le modèle le plus extravagant, capable de dissimuler non seulement le visage de la promise mais aussi celui de sa mère, contient pour environ 50 cents de tulle. Mais ajoutez-y les rubans, les diamants fantaisie, les dentelles et tout le tremblement, et vous vous retrouvez avec quelques dollars de matière première pour un article vendu plusieurs *centaines* de dollars.

Mais pas de panique. Dès le lendemain du mariage, vous pourrez revendre la chose 12 dollars sur e-Bay.

— Papa, je peux te parler ? m'a demandé Valerie d'une voix toute douce, gentille, et donc immédiatement suspecte.

Elle m'a emmené dans un café où elle a pris un double latte déca, sans sucre ni matière grasse, avec supplément crème parce qu'elle n'était pas d'humeur à commander un truc compliqué. Moi, j'ai opté pour un café tout bête, sans tralala ni pirouettes.

— Bon, alors voilà, a soupiré Valerie. Je ne sais pas trop comment te le dire, mais tu es en train de gâcher le mariage de Sam.

— Comment ça, le « gâcher » ? Son mariage ne sera gâché que le jour où nous le célébrerons.

— Papa. Tes soi-disant blagues sur le prix que tout ça va coûter, elles commencent à dater. C'est vrai : tu ne crois pas que Sam stresse suffisamment comme ça ?

— Si, ai-je concédé. Mais c'est quand même moi qui vais régler la plupart des factures, tu ne penses pas que j'ai mon mot à dire ?

— Si, mais... a hésité Valerie en touillant son café prétentieux. Mais tu connais Sam, non ?

— Exact, il m'est arrivé de croiser ma fille.

— Papa. Je veux dire que tu sais qu'elle ne voudra jamais d'une robe à vingt mille dollars. Jamais. Tu l'as vue quand elle regardait les étiquettes. Les modèles hors de prix, elle les zappait direct.

— Nous n'avons manifestement pas la même définition de ce qui est « hors de prix ». Et les voiles ? Tu as vu les voiles ?

— Papa, c'est un mariage ! Tu joues à quoi ? s'est écriée ma fille d'une voix si forte que tous les chimistes du café ont cessé d'injecter de la crème dans les tasses pour nous observer.

J'ai tiqué. La dernière fois que ma Valerie m'avait hurlé dessus comme ça, c'était au contrôle de sécurité d'un aéroport, quand je lui avais expliqué qu'elle devait faire passer son Petit Poney aux rayons X. Elle avait à présent quelques années de plus et s'adressait le plus souvent à moi comme à un malade mental.

— Tu sais ce qui se passe, là, hein ? a-t-elle poursuivi. Tu cherches à tout contrôler. Ça n'a rien à voir avec le budget. Tu te plains du budget parce que c'est le seul point sur lequel tu peux nous dire non.

— Faux. Tu te trompes, lui ai-je rétorqué.

J'étais un peu furax de la voir si pertinente. Elle attendait que je développe mon point de vue mais, quand je me suis tourné vers mon cerveau dans l'espoir d'y trouver un bon argument, j'ai reçu pour toute réponse : « *Zéro idée. Débrouille-toi tout seul.* »

J'ai alors compris que j'étais tombé dans le piège qui guette tous les pères qui se mêlent d'organiser un mariage. En tant qu'hommes, nous aimons être les boss. Pire : en tant que pères, nous estimons toujours savoir ce qui est le mieux pour nos filles.

Reste que, quand il s'agit de décider si les cartons d'invitation devront être « pastel » ou « crème », nous avons l'impression de perdre tout contrôle. Le seul levier dont nous disposons alors pour le récupérer, c'est celui du porte-monnaie. Tout se rapporte à une question d'insécurité masculine.

Cela dit en toute virilité.

— Bon, d'accord, ai-je acquiescé à contrecœur. Je comprends que certains de mes actes aient pu être mal interprétés.

— Du coup, même si tu as tort, je n'ai pas vraiment raison, a traduit Valerie.

— J'approuve cette formulation.

— Tu ne voudrais pas juste lâcher un peu la grappe à Sam ?

— OK. Je vais ralentir les blagues sur ce mariage qui me ruine.

— Papa !

— OK !

Étant seul à seul avec Valerie, j'en ai profité pour lui demander comment se passait l'organisation du sien. Avec Lindy Love-Je-Sais-Plus-Trop-Quoi.

— Vu que cette bonne femme ne m'a pas appelé à l'aide, j'imagine qu'elle a déjà lancé les opérations d'anéantissement, ai-je déclaré.

Valerie m'a expliqué que Lindy s'était renseignée sur plusieurs sites du Grand Canyon afin de les soumettre à l'approbation de Marty. Les invités se limiteraient aux plus proches parents. On se rendrait sur place à cheval – Lindy avait trouvé un loueur. Elle avait également mis la main sur un vieux Navajo prêt à célébrer le mariage, alors que Marty voulait à présent demander à Al Gore d'officier. Valerie porterait une robe en chanvre – Lindy avait déniché plusieurs boutiques qui en proposaient.

— Bien. Comme ça, quand tout sera terminé, on pourra s'asseoir autour du feu de camp et fumer ta robe, ai-je fait remarquer.

Lindy avait aussi trouvé un prestataire pour les cartons d'invitation : papier recyclé et encre non toxique, le tout biodégradable. Pour les faveurs, Valerie avait envie d'offrir des dons au nom d'un refuge animalier. Marty, lui, songeait à des kits de compostage. Lindy s'était renseignée sur le prix de ces derniers et avait confirmé que, oui, on pouvait y faire figurer les initiales des mariés. Elle avait aussi géré les questions de l'hébergement et des repas, et s'attaquait à celle de la réception.

— Si je comprends bien, ai-je résumé, Lindy est encore dans les starting-blocks. J'avance autrement plus vite avec le mariage de Sam.

— Génial ! s'est enthousiasmée Valerie. Vous avez déjà choisi l'église ?

— Ah, ça… ? Non.

— La salle pour la réception ?

— Hmm, pas encore.

— La liste des invités est bouclée ?

— Quasiment. Enfin, pas vraiment.

— Mais vous savez plus ou moins qui va venir, non ?

— Ça t'embête, si je prends des notes ?

— Papa. Vous avez décidé quoi, au juste ?

— Tom veut que le gâteau soit au chocolat, ai-je triomphé. Il dit que c'est ce qu'il y a de mieux, et je l'approuve totalement.

— Tom ? Mais on s'en tape, de ce qu'il veut, Tom ? Ce qui compte, c'est que veut Sam. Et Geoff.

— Geoff ?

— Son fiancé ? Tu te rappelles ?

— Geoff... ai-je murmuré en notant le nom.

Le temps que nous rejoignions Sam au salon, elle avait enfilé une nouvelle robe. Un modèle lacé dans le dos qui lui comprimait la poitrine comme un corset.

— J'étouffe... s'est étouffée Sam.

— Sam ! l'ai-je aussitôt interpellée. Tu as idée de tout ce qu'on a à décider ? L'église ! Le gâteau ! Les chevaux !

— Papa ! m'a stoppé Valerie.

— On n'a pas le temps de choisir une robe ! l'ai-je pressée. Il y a d'autres points plus urgents à trancher tout de suite ! La grosse mémère va décoller !

Mon aînée donnait l'impression d'avoir avalé un voile de mariée. Valerie s'est aussitôt dépêchée de lui délacer sa robe, et le visage de Sam a repris sa couleur normale. Moins bleue.

— Ce modèle-ci est un peu trop serré, a-t-elle estimé calmement.

Ce mariage sera aussi unique que les autres

Lorsqu'une future mariée se lance dans l'organisation du grand jour, une énorme pression s'abat sur elle. Il lui faut, en effet, apporter à l'événement une touche d'originalité qui surprendra et ravira ses invités. Comme demander à Warren Beatty de venir imiter des chants d'oiseaux. Première étape, le choix du lieu. Une réception dans une salle de réception ? Quelle idée... Il existe tant d'autres lieux plus inattendus. Une cour de prison pendant une émeute, par exemple.

Lieux uniques pour la réception

Lieu : Un yacht

Le pour : Pendant la cérémonie, papa pourra pêcher le saumon. De plus, le droit maritime autorise le capitaine du yacht à célébrer le mariage : gain d'argent (vu que, au lieu de payer un pasteur, vous pouvez demander à votre voisin, Tom, de s'en charger).

Le contre : Dans les mariages, en général, les gens pleurent. Là, ils risquent surtout de vomir. Autre difficulté : trouver un point d'ancrage dans l'Iowa. Certes, on peut toujours caler le yacht sur une remorque et la garer sur le parking d'un supermarché.

Lieu : Cour de prison pendant une émeute

Le pour : Surprise générale. Un côté à la fois spontané et excitant. De plus, vous êtes sûr que tous vos invités, même les moins portés sur l'eau-de-rose, auront les larmes aux yeux (sitôt que les gardiens auront lancé les lacrymos).

Le contre : Bon. Les prisonniers, déjà.

Lieu : Un zoo

Le pour : Des orangs-outans pourront se mêler aux invités, et les mariés arriveront à la cérémonie à dos de yak. Économies en vue au niveau du repas : esquimaux et barbe à papa pour tout le monde !

Le contre : Vous n'aurez sans doute pas le droit de pêcher pendant la cérémonie.

Lieu : Le Sénat des États-Unis

Le pour : Soyez les premiers à y accomplir quelque chose depuis fort longtemps.

Le contre : La cérémonie risque d'être interrompue par les ronflements des sénateurs.

Lieu : Le Web (mon idée !)

Le pour : Là encore, économies en vue au niveau du repas. Vous n'aurez qu'à préparer un fabuleux dîner, puis à en envoyer les photos à tout le monde par e-mail (n'oubliez pas la version végétarienne, pour ceux qui ne lisent pas les e-mails à base de viande). L'échange de vœux peut se faire par textos, de sorte que les invités pourront profiter de la cérémonie même s'ils sont coincés dans un bouchon ou une réunion barbante. C'est une idée formidable et j'aimerais que tout le monde arrête de ricaner.

Le contre : Certains y voient manifestement un symptôme de maladie mentale. Ils devraient apprendre à élargir leurs horizons.

Les choses se précisent

Le petit exercice ci-dessus l'a démontré : quand bien même le père accepte de ne plus sortir de blagues hilarantes (par opposition aux blagues « soi-disant marrantes »), les *vrais* organisateurs du mariage jugent ses interventions superflues.

La faute en incombe en partie à la « vision » que votre fille a de son mariage – comme si des anges l'avaient visitée au beau milieu de la nuit et lui avait passé une présentation Powerpoint. Or, comme vous n'avez pas accès à sa vision, vos idées sont bonnes à jeter.

VOUS (plein de bon sens) : Plutôt qu'un repas à table, que dirais-tu d'un buffet ? Les invités mangent ce qu'ils veulent, et on ne se retrouve pas avec du poulet caoutchouteux.

LA PROMISE : Ça n'est pas ma vision des choses !

VOUS (étonné) : Il y a du poulet caoutchouteux, dans ta vision ?

LA PROMISE : Non !

VOUS (patient) : Alors dis-moi à quoi elle ressemble, ta vision.

LA PROMISE : Pas à un buffet, déjà !

VOUS (exaspéré) : OK, qu'est-ce que tu décides, alors, pour le dîner ?

LA PROMISE : Vous me stressez tous ! Personne ne m'aide !

C'est en cela que la « vision » d'un mariage se rapproche de ce que Potter Stewart, juge de la Cour Suprême, disait de la pornographie : « Je ne la définirai pas, mais je la reconnais quand je la vois. » Sauf qu'ici, bien sûr, la vision, personne ne la voit.

Votre fille n'appréciera pas que vous compariez son mariage à la pornographie (autant dire carrément, « Cette grosse mémère, c'est comme du porno »).

Résumé : on vous refuse l'accès à la vision, on méprise vos excellentes suggestions (tel le mariage en ligne – pourtant gage de santé mentale), Valerie vous interdit officiellement d'engager la conversation sous l'angle du budget, vous ne contrôlez plus rien, vos blagues (pourtant dignes d'un *stand-up* à Las Vegas) ne vous valent même plus un simple sourire – et malgré tout, vous êtes censé aider votre fille.

Tout le monde n'arrêtait pas de répéter à Sam que le processus était hyper excitant, et ils avaient sans doute raison. De même que se faire pourchasser en forêt par un type armé d'un couteau est hyper excitant.

Cela dit, de tout temps, ça a été la mission du père : être au côté de sa fille et l'aider à surmonter les difficultés, quand bien même sa présence est expressément refusée.

Moisi ou Merdik fait sa demande

J'ai accepté une entrevue avec Lindy Love-Tout-Ça et Valerie, dans le but d'aider la pro de l'organisation. Je me suis présenté au restaurant une minute après elles.

— Désolé, j'ai été retenu par…

Là, j'ai agité une main pour leur faire croire qu'il s'agissait d'un truc important, alors que j'avais passé la matinée à essayer de retrouver la télécommande. Sur ce, j'ai ouvert le menu.

— Valerie me racontait comment Marty a fait sa demande, m'a annoncé Lindy, d'une voix évoquant une lime à ongles passée sur des cordes de guitare.

— Juste un sandwich au roast-beef, pour moi, ai-je dit à la serveuse qui venait prendre nos commandes.

— Ah… c'est que nous n'avons pas de roast-beef, m'a-t-elle répondu.

— Papa. On est dans un restau végétarien, m'a informé Valerie.

— Hein ? Mais alors on est censés manger quoi ?

— Je sais pas… des légumes ?

— Du coup, que dalle, même pas de la dinde ? ai-je demandé. Et du poisson ?

La serveuse a fait non de la tête, avant de proposer :

— Pourquoi n'essaieriez-vous pas notre hamburger végétarien ?

— Un hamburger végétarien ? Qu'est-ce que c'est que ce truc ?

— Un hamburger… à base de légumes ? a hésité la fille.

— Papa, a conclu Valerie en se tournant vers elle. Il en prendra un. Avec carottes. Pommes de terre. Et thé glacé. Ça ira, papa ?

— Pardi, me suis-je forcé à sourire. Ça m'a l'air délicieusement riche en fibres.

Quand la serveuse s'est éloignée, j'ai demandé très sérieusement à Valerie pourquoi elle m'avait invité dans ce restaurant alors qu'elle sait que j'aime bien manger des trucs qui eux-mêmes mangent des trucs.

— Parce qu'ils vendent ma ligne de cosmétiques écologiques et non testés sur des animaux.

— Et on est censés tremper les frites dedans ?

— Bon alors, a repris Lindy, qu'est-ce qui s'est passé ensuite ?

Manifestement, pour elle, la question du repas n'avait pas priorité sur tout autre sujet de conversation.

— Ensuite... a fait Valerie, l'air rêveur. Ensuite, on est arrivés au sommet de la colline juste au lever du soleil. Marty a mis un genou à terre, il m'a dit qu'il m'aimait depuis toujours et qu'il n'imaginait pas vivre sans moi. Après, il m'a donné la bague et m'a demandé de l'épouser.

— Minute, suis-je intervenu. On parle de qui, là ?

— C'est vraiment romantique, a bourdonné Lindy.

— *Très* romantique, oui, a confirmé Valerie.

Elle m'avait tout l'air de pouvoir blouser un détecteur de mensonges.

Je m'apprêtais à apporter quelques corrections à son récit, mais je me suis ravisé. Je me sentais triste, et pas seulement à cause du roast-beef qu'il n'y avait pas au menu. Le fait que Valerie ait besoin d'embellir la demande de Marty pour la rendre présentable me donnait envie de la serrer dans mes bras.

C'est alors que nos assiettes sont arrivées, et que j'ai goûté mon hamburger végétarien. À sentir la première bouchée descendre dans mon œsophage, j'ai su que mon estomac n'avait aucune idée de ce qu'il accueillait. J'ai préféré me tourner vers Lindy Loch-Ness :

— Alors, Lindy. Valerie m'a dit que vous aviez des questions à me poser ?

— Tout à fait. Nous avons besoin de savoir à combien s'élève le budget.

— Très bien, ai-je acquiescé. Commençons par le commencement : la liste des invités. Comme vous prévoyez une cérémonie au sommet d'une falaise, j'imagine que le cousin Ward ne sera pas de la partie, vu qu'il a le vertige.

— Non, inutile d'évoquer tout ça.

— Vous dites ?

— Je dis que la liste des invités, c'est réglé. Comme la question du site. J'ai tout géré, vu ? (Là, elle a glissé une main dans sa mallette et, au milieu de tout un arsenal illégal, en a ressorti un papier.) Je vous ai marqué trois chiffres. Choisissez-en un. Je m'occupe du reste.

Si elle pensait m'intimider comme ça, elle se trompait lourdement. La regardant droit dans les yeux, histoire qu'elle sache bien à qui elle avait affaire, je lui ai rétorqué d'une voix glaciale :

— Je n'ai pas de stylo.

Elle m'en a offert un. Après un temps d'hésitation, j'ai entouré le chiffre du milieu. Ça a fait sourire ma fille et sa pro.

— Parfait, a conclu Lindy en rangeant le papier dans sa mallette.

— Bon, c'est sûr, ça m'aiderait si je savais ce qu'on peut avoir avec le chiffre minimum, et aussi à quels extras donne droit le chiffre maximum, ai-je grondé.

— Aucune idée, a répondu Lindy en haussant les épaules. Les pères choisissent toujours celui du milieu.

La cata

— Encore merci d'être venu, papa, m'a dit Valerie en me raccompagnant à ma voiture. Tu as été génial.

— Quel père digne de ce nom refuserait de déjeuner avec sa fille, quand bien même il doit risquer une occlusion intestinale ?

— Tu sais, ça ne te ferait pas de mal de manger un peu moins gras.

— Valerie... C'est sans doute difficile à comprendre, mais quand je mange, j'ambitionne davantage que de ne pas me faire de mal.

— Et le mariage de Sam, ça s'annonce comment ?

— Ça va. On a vachement plus avancé que Lindy Tra-La-La et toi.

— Super. Donc vous avez réservé une salle de réception ?

— Oui. Enfin, non. Écoute, ce qui me préoccupe en ce moment, c'est ton mariage à toi. Tu es sûre que Lindy sait ce qu'elle fait ? Elle ne m'a pas semblé très organisée – le coup du papier avec trois chiffres, là... ça m'avait tout l'air d'être du chiqué.

— Oh oui, papa, je suis sûre qu'elle sait ce qu'elle fait. J'y crois à fond, maintenant : Marty et moi on va vraiment se marier.

Elle m'a serré bien fort dans ses bras, et là, malgré tous mes doutes, j'ai senti mon cœur fondre comme du fromage de soja sur un hamburger végétarien.

S.O.S.

Sam et moi, on a un accord : elle doit frapper avant de venir prendre mes appareils ménagers. D'où ma surprise quand j'ai entendu la porte d'entrée s'ouvrir sans crier gare, puis mon aînée se précipiter dans mon salon.

— Oh mon Dieu, papa, tu ne vas pas le croire – c'est ce qui pouvait arriver de pire !

— Les cartons d'invitations n'existent pas en écru ?

— Alecia a viré sa première DDH !

— Sa première D…

— Sa première demoiselle d'honneur !

— Horreur ! ai-je confirmé. Même si on se demande encore ce que ça peut faire !

— Papa : elle m'a demandé de la remplacer ! Moi !

— Vraiment ? Je ne vous pensais pas si proches.

— On ne l'est pas. On se méprise !

— Qu'est-ce qui s'est passé, alors ? Toutes les autres ont dit non ? ai-je voulu plaisanter.

— Oui !

Je lui ai demandé de m'expliquer ; c'est sorti d'un coup. Alecia avait démis sa meilleure amie au prétexte que c'était une « grosse connasse ». Quant à toutes celles qui avaient été envisagées pour la remplacer, du fait qu'elles étaient mignonnes mais pas autant que la future mariée, toutes ces femmes, donc, avaient refusé la proposition. D'autant que c'était la seconde fois qu'Alecia virait une DDH.

— OK, je veux bien, mais ça n'est quand même pas si grave. Tu changes d'emplacement pendant la cérémonie, la belle affaire…

— Tu sais un peu ce qu'elle est censée faire ; la première demoiselle d'honneur ? m'a demandé Sam, les yeux presque exorbités.

— Et comment ! ai-je râlé. Mais dis-moi déjà comment tu interprètes la chose, que je voie si tu es dans le vrai.

Il ne se trouve finalement guère de différences entre la « première Demoiselle d'Honneur » et une « Bonne à Tout Faire », sauf peut-être que cette dernière n'est pas obligée de porter une robe ridicule.

Les missions de la Première Demoiselle d'Honneur

L'origine des demoiselles et des garçons d'honneur remonte à l'époque où un prétendant indésirable prenait d'assaut le domicile de la jeune fille afin de la soustraire aux siens contre leur volonté – époque dite de « la demande en mariage de Moisi ». Pour mener à bien son kidnapping, le futur marié réunissait une troupe de bandits censés repousser la riposte armée du père. (Je suis tout disposé à revenir à ce genre d'arrangement sur-le-champ.)

Ces individus ont ensuite pris l'habitude de revêtir des costumes ridicules dans le but de chasser les mauvais esprits : voyant tous les hommes habillés en espèces de serveurs, et toutes les femmes en candidates recalées au bal de promo, les esprits se trouveraient incapables de distinguer le couple nuptial et regagneraient leurs pénates, les mains vides, dans le corps d'Alecia.

Les deux places les plus importantes de la troupe sont celles occupées par la Première Demoiselle d'Honneur (dont la mission consiste à assister la future mariée) et le Premier Garçon d'Honneur (dont la mission consiste à apparaître au côté de la première DDH sur les photos). Quelques exemples des devoirs d'une première DDH :

1. *Chercher le lieu idéal*

La première mission d'une première DDH consiste à aider la future mariée à localiser le meilleur endroit où organiser l'événement parfait. À cette fin, les deux jeunes femmes sillonnent la ville en voiture, avec le double objectif de trouver un lieu et de se restaurer, le tout sans la moindre considération budgétaire. Cela dit, dans le cas d'Alecia, les choix étaient faits pour la cérémonie comme pour la réception. Son premier choix pour la cérémonie – une cathédrale catholique – avait toutefois été repoussé par le prêtre local, au motif que pas plus Alecia que son fiancé n'étaient catholiques. (L'homme d'église se serait peut-être laissé amadouer si Alecia, furibarde, ne lui avait pas demandé en substance « combien vous prenez pour me faire catholique 24 heures ? »)

2. *Aider à gérer les cartons*

Tous les pères le savent, rien n'est plus facile que de créer des étiquettes sur ordinateur, de les imprimer puis de les coller sur les enveloppes. Reste que les futures mariées exigent des enveloppes libellées à la main, avec toutes les fioritures et les crampes au poignet que cela implique. La première DDH est en général de corvée, et l'organisation nécessite pas mal de repas.

Les invitations d'Alecia ayant déjà été envoyées, Sam n'a eu qu'à effectuer un suivi : contacter les destinataires qui n'avaient pas encore fait parvenir de cadeau au couple. Comme la perspective de cette mission rendait Sam proprement malade, Alecia lui a suggéré (autour d'un bon déjeuner) quelques formules pour engager la conversation.

■ Comptez-vous offrir votre cadeau lors de la réception ?

■ Avez-vous besoin d'aide pour choisir le cadeau idéal ?

■ La plupart des invités ont déjà envoyé leur cadeau, quel problème rencontrez-vous ?

Sam m'a expliqué que, avec ces formules sous les yeux, elle avait l'impression d'être perceptrice des impôts, section Mariage.

3. *Placer les invités*

La plupart des gens se moquent bien de savoir où ils seront assis lors de la réception, du moment que le cousin Ward est trop loin d'eux pour leur parler d'assurances. Il y en a toutefois pour qui la place qu'on leur affecte traduit leur rang au mariage, et qui prendront très, très mal que vous les reléguiez à une table « mineure ». Un peu comme au lycée : les élèves populaires déjeunent à la même table, les moins populaires à une autre, et ainsi de suite jusqu'à la dernière table – où je prenais mes repas.

(La chose peut paraître puérile, voire insignifiante ; elle peut en fait se révéler être hyper sérieuse. Je connais une femme avec qui sa meilleure amie – depuis la primaire – a coupé les ponts parce qu'elle s'était sentie ainsi déconsidérée à son mariage.)

Concernant Alecia, il fallait tenir compte d'un autre facteur : sa table allait (naturellement) être au cœur de toutes les attentions et figurer sur la plupart des photos. Elle savait que les convives des tables voisines risquaient d'apparaître en marge des clichés : aussi ces gens-là devaient-ils être sélectionnés sur leurs qualités esthétiques, et réunis quand bien même ils ne se connaissaient pas.

4. *Réussir l'impossible*

Quiconque voit une future mariée fondre en larmes ou se mettre à cracher des flammes radioactives a envie de lui dire « Tu stresses trop, tu devrais déléguer un peu ! » Conseil que la pauvresse s'empressera d'accepter. Sauf que, à moins qu'elle dispose d'un père au taquet comme moi, la seule personne à qui elle songera à déléguer les opérations sera sa DDH.

Mais cela ne fait rien, vu la belle compensation qui attend cette dernière – surtout si, par « belle », vous entendez « inexistante ». Elle recevra, cela dit, un gentil cadeau. (Pour Sam, ç'a été un portrait d'Alecia.)

5. *Créer un culte de la personnalité*

La DDH doit mettre sur pied la soirée de remise des cadeaux et l'enterrement de vie de jeune fille de la promise. Et pour ce faire, harceler les invitées jusqu'à ce qu'elles acceptent d'y prendre part. Le genre d'événements au cours desquels tout le monde n'a d'yeux que pour la future mariée, et chacun lui offre qui un présent, qui un rein. Alecia en voulait trois (des soirées-cadeaux, pas des reins).

— Trois soirées-cadeaux ! a pesté Sam. Tu sais la galère que c'est, de persuader les gens d'assister déjà à une soirée ?

— N'invite pas les mêmes personnes aux trois soirées, c'est tout bête, lui ai-je conseillé.

— Pas les mêmes personnes ? Mais d'après toi, combien elle peut avoir de copines, une fille comme Alecia ?

— Toi comprise ?

— Je la hais !

— Alors aucune.

— Voilà ! Et elle trouve que ça serait « trognon » si on prévoyait des petits cadeaux « faits main » pour les invitées, au lieu d'en acheter dans le commerce. Comment veux-tu que j'arrive à convaincre des gens de rester assis une heure à écouter Alecia leur raconter sa vie ?

— Offre-leur des boules Quiès.

— Je ne suis pas sa demoiselle d'honneur. Elle a fait de moi une demoiselle d'horreur !, s'est exclamée mon aînée en enfouissant sa figure dans ses mains.

Des individus à anéantir

Une fois la seconde mouture de la liste des invités mise au point, j'ai compris que le seul moyen de leur payer à manger à tous (dans le cadre d'un repas assis), serait de servir du beurre de cacahuètes et des glaçons.

— Ça fait trop de monde, ai-je annoncé à Sam. Tu ne pourrais pas ramener la liste à un chiffre plus raisonnable ? Trois, par exemple.

C'est bien le problème de ces listes : elles s'allongent toutes seules, se garnissent de nouveaux noms la nuit, pendant votre sommeil.

Admettons que vous vouliez y ajouter votre voisin, Tom. C'est une bonne idée, vu que Tom est un excellent ami de la famille et qu'il possède ce fameux bateau de pêche. De plus, il officie comme consultant pour l'organisation du mariage, quand bien même sa contribution tient pour l'instant en trois mots : « gâteau au chocolat ».

Sauf que, si vous invitez Tom, vous allez devoir inviter aussi vos autres voisins. Vous ne voudriez pas les froisser, d'autant que votre chien n'arrête pas d'aller faire ses besoins dans leur jardin.

De plus, comme l'un d'eux travaille dans votre boîte, vous êtes obligé d'inviter tous vos collègues, faute de quoi ils ne couvriront plus vos retards. Et puisque tout le monde, à votre boulot, est au courant pour ce mariage, pourquoi ne pas y inviter quelques gros clients ?

Le temps de parvenir au bout du processus, vous vous retrouvez avec 100 invités, sur lesquels à peine neuf ont déjà vu la future mariée. Et encore, ce n'est que votre liste à vous : figurez-vous que la promise a elle aussi envie d'inviter des gens. Idem pour son futur ! Tous les membres de sa fraternité à la fac veulent faire le déplacement : non qu'ils aiment les mariages, mais ils raffolent des *open bars*.

On voit bien comment les dépenses deviennent ingérables. Vous avez le choix : (a) vous décidez d'un budget et ensuite vous l'explosez, ou (b) vous décidez de ce que vous voulez faire, vous calculez le prix de revient par invité, vous multipliez par le nombre d'invités, puis vous explosez ce chiffre.

Dès lors, au moment de finaliser vos plans, gardez en tête le seul vrai truisme des mariages :

Ça ne marchera jamais.

CHAPITRE 8

TROIS MARIAGES ET UN PÈRE

Non seulement j'avais les mariages de mes filles à gérer, mais en plus, comme je le craignais, je me laissais embarquer dans les préparatifs de celui d'Alecia, incapable que j'étais de résister à sa force d'attraction, vu que, n'est-ce pas, elle était le centre de l'univers. Et ça m'agaçait franchement : les hommes ont du mal à s'intéresser à leur propre mariage, qu'est-ce que vous vouliez que je m'occupe du sien ? C'était trop demander à un homme de mon sexe.

Du point de vue du mâle, l'organisation d'un mariage se déroule comme une grossesse – après la première vague de, disons… la première vague d'excitation, c'est plus ou moins le calme plat pendant un bon bout de temps, et l'homme se demande pourquoi la femme n'arrête pas de vomir. Puis, peu à peu, il perçoit certains changements, jusqu'à finir par être convaincu qu'un grand événement approche, que cet événement va changer sa vie à tout jamais, et qu'en plus, il a un rôle important à jouer dedans.

Geoff, le fiancé de Sam, s'est ainsi « réveillé » alors que nous visitions une chapelle. J'ai vu la tête qu'il faisait en s'imaginant pénétrer là en célibataire au mois d'août, pour en ressortir marié quelques minutes plus tard. Il m'avait l'air un peu submergé ; je me demandais s'il n'envisageait pas de prendre ses jambes à son cou. Mais c'est là que Sam l'a fait venir près d'elle à l'autel, et qu'il s'est détendu, tout sourire, les yeux dans ceux de ma fille.

Marty, lui, semblait quelque peu détaché de l'organisation de son mariage – soyons honnête, il avait pas mal de boulot à la station, vu qu'ils organisaient un nouveau Radiothon (ou bien c'était le même qui continuait ?). Bref, c'est surtout Lindy Love-Etc., la pro de l'Anéantissement, qui gérait les choses. Selon elle, les détails de l'organisation du mariage de ma cadette étaient strictement confidentiels. Et je n'étais pas dans la confidence.

Dandy, lui, avait besoin d'y être. Dans la confidence. Du moins l'estimait-il. Il m'a appelé, un soir, pour se plaindre :

— Lindy, tout ce qu'elle veut bien me dire, c'est que la situation est sous contrôle.

— Tu ne reçois plus de nouvelles du front, donc le plan de bataille se retrouve perdu dans les brumes de la guerre, ai-je traduit.

— De quoi ?

— Lindy ne me parle pas beaucoup non plus.

— J'ai l'habitude de gérer les choses. Je suis mon propre patron, moi !

— Pour ça, moi aussi, lui ai-je fait remarquer.

— Oui, non, bien sûr, mais nous ne traitons pas des opérations du même calibre.

Il commençait à m'irriter. Un homme n'apprécie jamais qu'un autre se vante de son calibre.

— Tout à fait, ai-je rétorqué. Tu as plein de personnel pour t'aider, alors que moi je dois tout faire tout seul.

— OK, OK. Tout ce que je dis, c'est que c'est moi qui la paye, Lindy.

— J'avais proposé de payer. Rien ne t'oblige à participer.

— Non, c'est bon. La question n'est pas là ! C'est juste qu'elle m'a sorti que j'étais une plante en pot. Tu le crois, ça ? Je suis censé rester dans mon coin sans rien dire.

— Ha ! Moi, je suis un sac à main.

— De quoi ?

Ça me tuait de l'admettre, mais j'ai fini par avouer à Dandy que moi non plus je n'avais aucun pouvoir sur Lindy l'Anéantisseuse – elle opérait en sous-marin, derrière les lignes ennemies.

— Je ne comprends pas un mot de ce que tu me racontes, a-t-il confessé.

Pas près d'être promu sac à main, celui-là.

Décisions clé

L'organisation du mariage de Sam avançait bien, cela dit – je me suis même découvert un véritable instinct pour la chose. Je me dis que je pourrais presque en faire mon métier, si tout le processus ne me donnait pas la nausée. Bref, nous avions pris plusieurs décisions clé, sur la base d'une approche consensuelle qui impliquait pas mal d'immaturité (yeux levés au ciel, pied qui martèle le sol). Mais bon, gérer les disputes, ça n'a jamais été mon fort.

Décision #1 : Le lieu

Idée de la future mariée : Une jolie chapelle près d'un petit lac. Le couple quitterait la chapelle à bord d'une calèche pour rejoindre, à travers bois, un belvédère où demoiselles et garçons d'honneur les retrouveraient ensuite pour les photos. Les invités, eux se rendraient pendant ce temps au *country club* situé de l'autre côté du lac, où ils profiteraient de l'*open bar* jusqu'à l'arrivée des mariés pour le dîner.

Idée du père : J'ai consacré beaucoup de temps et d'efforts à localiser une bâtisse en aluminium, en bordure de l'Interstate 70, qui pourrait accueillir à la fois la cérémonie et la réception. Les invités assisteraient à la cérémonie depuis des tables pliantes, en grignotant des cacahuètes et du pop-corn.

Réaction de la future mariée : Ton idée d'usine désaffectée est franchement charmante, mais bizarrement nous préférons nous marier dans un bâtiment qui satisfasse aux règles d'hygiène.

Réaction du père : Le plus beau mariage auquel j'aie assisté, c'est celui du cousin Ted. Ça s'est fait dans une grange en alu, avec tables pliantes, cacahuètes, tonnelet de bière et buffet de charcuterie. Sa promise et lui étaient fauchés, mais nous avons dansé jusqu'à l'aube.

Réaction de la future mariée : Mais il a divorcé, ensuite, non ?

Réponse du père : Parce qu'il est devenu la cousine Tina ! Son ex et lui sont restés les meilleurs amis du monde ; ils ou elles font même du shopping ensemble. Ce n'est pas ce que vous voulez, Geoff et toi, rester les meilleurs amis du monde pour toujours ?

Réponse de la future mariée : Après le divorce, tu veux dire ? Ou peut-être après le changement de sexe ?

Réaction du père : Heu…

Réaction de la future mariée : Écoute, ça me touche vraiment que tu cherches à retrouver toute la joie du mariage de Ted, mais est-ce que tu ne pourrais pas reconnaître qu'il n'existe pas deux personnes identiques au monde ? Surtout que Ted lui-même est déjà deux personnes à la fois. Je veux me marier dans une chapelle et organiser la réception dans un endroit élégant.

Réaction du père : D'accord, mais ton histoire de chevaux… Je n'ai plus monté depuis une colo quand j'avais 11 ans. Et là, entre ta sœur et toi, j'ai l'impression de revenir au far-west. Ce serait autrement plus romantique si vous traversiez le lac à bord du bateau de Tom. Imagine un peu le bonheur total si nous réussissions à prendre un poisson de mariage !

Compromis : La chapelle, la calèche, et zéro canne à pêche
– même si les truites mordent.

Décision #2 : La liste des invités

Idée de la future mariée : Chaque famille peut inviter jusqu'à
cent personnes – même si Priscilla prétend atteindre ce chiffre
rien qu'avec ses seules copines. Sur ces cent personnes, on peut
estimer qu'une dizaine environ ne pourront se libérer. Les
membres de la fraternité de Geoff ne seront pas invités, et c'est
tant mieux : ça leur évitera de s'amuser à jeter des gens au lac
quand ils seront bourrés.

Idée du père : Sur les invitations, je propose qu'on fasse
imprimer : « Au lieu de vous inviter à notre mariage, nous avons
fait un don, en votre nom, au Radiothon de la station locale. » Ce
sacré Moisi trouve l'idée épatante.

Réaction de la future mariée : Le fiancé de Valerie s'appelle
Marty, papa, et ensuite nous avons déjà réduit la liste au minimum.
Et tout le monde n'arrête pas de me dire qui d'autre je dois
absolument inviter. Toi le premier.

Réaction du père : Et depuis quand ? Cite-moi une seule
personne que je t'aurais demandé d'inviter.

Réponse de la future mariée : Tom et Emily ?

Réaction du père : Ma puce, tu ne peux pas inviter Tom sans
inviter Emily, ça ne se fait pas.

Réaction de la future mariée : Si tu vas par-là, pourquoi
inviter Tom ?

Réponse du père : Mais tu dois l'inviter, enfin !

Réaction de la future mariée : Tu vois ? Tu viens de me dire
que je *devais* l'inviter.

Réaction du père : Qu'est-ce que ça prouve ?

Compromis : Nous inviterons 150[1] personnes en espérant que la moitié attrapent la grippe. De plus, la cousine Tina sera son propre cavalier.

Décision #3 : Le thème du mariage

Idée de la future mariée : Ce sera Hot August Nights, donc il faudra tout plein de couleurs vives et de fleurs d'été.

Idée du père : Ah, c'est *ça*, le thème... Et moi qui annonçais à tout le monde que ce serait "Cracklin' Rosie". Bon, attends, moi ça me va très bien, surtout qu'a priori ça ne devrait rien me coûter. Par contre, j'ignorais que tu étais fan de Neil Diamond.

Réaction de la future mariée : Je ne suis pas fan. J'ai juste choisi Hot August Nights comme thème. Ça n'est pas de ma faute si Neil Diamond a intitulé un de ses albums comme ça.

Réaction du père : Tu sais qui a des faux airs de Neil Diamond, en plus chauve ? Le cousin Ward. Il pourrait peut-être nous interpréter un pot-pourri sur l'assurance-vie ?

Réponse de la future mariée : Je veux un orchestre.

Compromis : Le thème sera Hot August Nights, nous aurons un orchestre, et personne n'aura le droit de monter chanter sur scène, sauf si les musiciens jouent "Cherry Cherry" de Neil Diamond, que j'avais interprétée au collège et sur laquelle j'arrivais encore à me sortir les tripes.

Décision #4 : Le dîner

Idée de la future mariée : Je veux un dîner à table avec poulet ou menu végétarien.

Idée du père : Œufs sur le plat.

---

1. En moyenne, aux États-Unis, la liste des invités d'un mariage comporte 167 noms. Dans ma famille, le débat fait encore rage : sommes-nous « meilleurs » ou « moins bons » que la moyenne ?

Réaction de la future mariée : La réception ne sera pas un petit déj'. Je veux un dîner à table avec poulet ou menu végétarien.

Réaction du père : OK. Voilà ce que je propose. On distribue des cannes, les invités pêchent dans le lac et ils se font frire leurs prises. Pour le coup, ça ferait une réception assez unique, et je suis à fond pour.

Réaction de la future mariée : Je veux un dîner à table avec poulet ou menu végétarien.

Réaction du père : Et pourquoi pas un buffet ? On sert de la charcuterie et chacun se fait son propre sandwich. Valérie pourra s'en préparer un avec salade et tomate. Je le sais : je l'ai vue le faire, une fois. Je suis à fond pour.

Réaction de la future mariée : Je veux un dîner à table avec poulet ou menu végétarien.

Compromis : Dîner à table avec poulet ou menu végétarien.

Décision #5 : Les Faveurs

Idée de la future mariée : J'aimerais offrir à chaque invité un petit éventail en bambou. Ça coûte trois fois rien, c'est mignon tout plein, et les gens pourront s'en servir quand ils sortiront prendre l'air.

Idée du père : Je suis à fond, mais alors vraiment à fond, contre l'idée des faveurs. Déjà qu'on va leur offrir à manger, à boire, à danser et à se régaler de mes qualités de chanteur… En plus, je vois mal ce qu'un éventail viendrait faire là-dedans.

Réponse de la future mariée : Le thème : Hot August Nights. Chaudes Nuits d'Été. Un dollar par éventail. Plus un ou deux encore pour l'étui avec nos initiales.

Réaction du père : Sauf que deux ou trois dollars multipliés par la cinquantaine d'invités qui n'auront pas chopé la grippe, ça fait une somme. Je vais te dire : pourquoi on ne distribuerait pas des tickets pour une balade sur le bateau de Tom ? Il leur ferait faire le tour du lac une ou deux fois pour les rafraîchir. Redis-moi, le thème, c'est quoi ?

Réponse de la future mariée : Je tiens beaucoup aux éventails, et Tom n'apportera pas son bateau.

Compromis : Éventails en étuis aux initiales des mariés. 150 exemplaires. Le bateau de Tom reste dans son garage, comme l'avait prédit Emily.

Mariages et serpents

Le père aura beau être raisonnable et prêt à tous les compromis, il aura beau trouver les suggestions les plus utiles qui soient et soutenir sa fille à fond, le stress du mariage peut malgré tout frapper à tout moment et, tel un serpent venimeux, injecter la peur et l'angoisse dans le système nerveux de la future mariée au point de la paralyser. Tom a acquiescé, la mine pensive, quand je lui ai soumis cette réflexion.

— Ou un alligator, a-t-il ajouté.

— Quoi, un alligator ? lui ai-je demandé.

— Je pensais aux meilleurs prédateurs du monde animal. Serpents, alligators, requins...

— Tom, c'est du mariage de ma fille qu'il est question, l'ai-je repris très sérieusement. Tu n'as pas peur de me déstabiliser, avec tes histoires d'alligators ?

Et là, sans sommation, la porte de chez moi s'est ouverte dans un grand BOUM, et ma Samantha est entrée comme une furie.

— Tu sais que les gars des sections d'intervention spéciale eux-mêmes frappent avant d'entrer, l'ai-je informée.

— On a trop attendu pour l'hôtel. Du coup on ne peut plus réserver les chambres qu'on voulait. Tous ceux qui n'habitent pas en ville ou à proximité vont se retrouver disséminés un peu partout. C'est la cata !

Ayant annoncé ce désastre, elle s'est écroulée sur mon canapé, comme si un serpent (et non un alligator) venait de la mordre.

— Ça ne m'a pas l'air si terrible, ai-je tenté.

— Tu te fous de moi ? Il va falloir réserver dans des dizaines d'endroits à la fois. Tu te rends compte de la galère ?

— Pourquoi on ne les laisserait pas se débrouiller ? Ceux qui ne sont pas à la hauteur, ben, ça fera comme une sélection naturelle.

— Papa !

— 'Tendez, a voulu nous aider Tom, j'ai mon frère qui possède ce bâtiment en alu, vers l'Interstate 70, on pourrait y installer des lits de camp ou… (Voyant le regard de mise en garde que je lui adressais, il a froncé les sourcils.) Quoi ?

— Des lits de camp dans une usine désaffectée, mais bien sûr, lui a rétorqué Sam. Et je n'aurais plus qu'à changer le thème du mariage en Ouragan Katrina. Même pour *ça*, je n'aurais pas assez de temps. La troisième et dernière soirée-cadeaux d'Alecia est prévue dans moins de trois heures. Il me faut encore récupérer les boissons, la nourriture, décorer son salon – la déco devant changer à chaque fois –, m'assurer que la musique est bien téléchargée dans son iPod, régler les derniers détails, appeler les invitées pour être sûre qu'elles viennent, et bien sûr être là pour les accueillir et faire en sorte que tout le monde s'amuse ou du moins fasse semblant.

— Et Alecia, elle fait quoi pendant ce temps ?

— Ses ongles !

— Ma puce, je sais que ça demande beaucoup d'efforts, mais au bout du compte ça te rapprochera de ta belle-sœur.

— J'espère bien ne plus jamais la revoir. Tu sais l'idée qu'elle m'a sortie, aujourd'hui ? Elle veut que ses invitées lui écrivent des lettres d'amour. (Je restais comme deux ronds de flanc ; Sam hochait la tête pour confirmer.) Moi aussi ça me dépassait, alors forcément Alecia a cru que je jouais les crétines. Bref, pour ce soir, nous avons prévu du papier à lettres et des stylos spéciaux, aux couleurs de son mariage, que j'ai passé toute la journée d'hier à chercher en ville. Ses invitées devront noter tout plein de pensées merveilleuses concernant Alecia et me les remettre. Moi, après, je suis censée lui envoyer ces lettres au compte-goutte, de sorte qu'elle les reçoive pendant sa première année de mariage.

Je m'efforçais d'imaginer à quoi pouvait ressembler une pensée merveilleuse concernant Alecia, mais toutes celles qui me venaient grouillaient d'alligators.

— Conclusion : je suis maudite, je vais devoir jouer les premières DDH toute une année ! Et qu'est-ce que tu paries que, en y réfléchissant bien, elle va vouloir que tous les invités *du mariage* fassent pareil. Au lieu de danser, ils seront tous là à écrire, comme à l'école ?

— On sera obligé de signer ? ai-je demandé d'une voix innocente.

Sam m'a adressé un sourire mauvais puis, les sourcils froncés, a tonné :

— N'y pense même pas, papa.

— Mais toi tu y as pensé, lui ai-je fait remarquer.

L'espace d'un instant, nous nous sommes retrouvés père et fille. À mille lieues de songer à son mariage.

— Pensé à quoi ? a voulu savoir Tom.

— Pensé qu'il n'existe pas de mots pour exprimer combien nous aimons Alecia, lui ai-je expliqué.

— Moi, elle me fait flipper, a-t-il affirmé.

— Et ça n'est pas tout. Aujourd'hui, Alecia m'a appelée en urgence au boulot. J'étais en pleine réunion, Brenda passe la tête à la porte et m'annonce que j'ai un coup de fil urgent, moi je me dis qu'il a dû arriver un truc horrible à Geoff, alors je me précipite vers le téléphone, mais en fait, c'est Alecia. Tu veux savoir ce qui la chiffonnait ?

— Elle n'avait pas réussi à regagner son cercueil de vampire avant le lever du jour ? ai-je proposé.

— Non. Sa poupée de mariage est *moche*.

Je me suis tourné vers Tom – il m'est arrivé de lire davantage de compréhension sur le visage de mon labrador. Moi-même, je ne devais pas sembler plus avancé.

— Ça lui a coûté une fortune, a poursuivi Sam. Une poupée censée la représenter, elle, dans sa robe de mariée. Copie conforme. Sauf que d'après Alecia, la poupée ne lui ressemble pas, elle est moche et je suis censée obtenir qu'on la rembourse.

— Mais sinon, elle lui ressemble, ou pas ? l'ai-je interrogée, curieux.

— Oui ! Enfin, autant qu'une poupée peut ressembler à une vraie personne. Je ne sais pas trop ce qu'elle espérait.

— Bon, mais est-ce qu'on peut planter des aiguilles dedans ?

Sam a éclaté de rire, puis a sorti des papiers de son sac à dos.

— OK. On ne rigole plus. Voici les propositions pour le gâteau.

J'ai parcouru les fiches en faisant comme si tous ces gâteaux n'étaient pas exactement les mêmes à mes yeux. Un gâteau de mariage, à la base, c'est juste un empilement de gâteaux normaux, surmonté d'une décoration : la couronne impériale des Indes ou un singe vivant jouant de la harpe. Certains pâtissiers y ajoutent perles, fleurs ou pièces d'or, mais rien de comestible. Du coup, comme faveurs, on pourra peut-être leur décoincer l'œsophage.

— J'aime bien les papillons, ai-je murmuré en en choisissant un au hasard.

— Pas question que mon gâteau de mariage soit décoré avec des bestioles, m'a rétorqué Sam. Oh bon Dieu, papa, tu es vraiment obligé de tout tourner à la blague ? Déjà que c'est galère de choisir, là tu ne m'aides pas.

Je dois reconnaître que là, ça m'a fait mal : je ne blaguais pas, l'un des gâteaux était bien décoré de papillons. Ou de mites.

Tom s'est éclairci la gorge, puis il est intervenu :

— Tu sais, Sam, parfois, se marier, c'est un peu comme se faire mordre par un serpent venimeux.

Sam le dévisageait, incrédule.

— C'est vrai, ça peut se diffuser, infecter tout ton organisme, tu vois ? Jusqu'à ce que la personne, aussi adorable soit-elle à la base, se retrouve remplie de poison.

— Tom, ai-je dit, merci de nous avoir fait partager ta philosophie. C'est sans doute la plus belle connerie que tu aies sortie jusqu'ici.

Sam avait les larmes aux yeux.

— Oh mon Dieu, Tom, tu as trop raison. Je me laisse envahir. Pardon, papa, je ne voulais pas te crier dessus. C'est juste que… je galère comme une malade.

— À la base, c'était mon idée. Le serpent, je veux dire. Tom, lui, il voulait des alligators.

L'intéressé a acquiescé, tout penaud.

— Je veux un gâteau tout ce qu'il y a de plus simple, tu sais ? Un qui soit bon. Un qui soit…

— Au chocolat, est intervenu Tom.

Sam lui a souri et s'est essuyé les yeux.

— Oui, Tom. Geoff aussi le veut au chocolat. Du coup, peu importe ce qu'Alecia dira, nous prendrons un gâteau au chocolat tout simple, avec nappage blanc. Celui-ci me plaît bien, mais… (Elle nous montrait la photo du gâteau en question, un sourire hésitant aux lèvres) … c'est aussi le plus cher.

J'ai regardé la photo. Modèle simple, sans bijoux incrustés ni risques de procès. Le prix, par contre, c'était plus du double de ce qu'on avait budgété. Tom m'a pris la photo des mains.

— Je vais vous dire, a-t-il annoncé. Ça sera notre cadeau. À Emily et moi.

Sam, ça lui a coupé la chique.

— En plus, a ajouté Tom, à tous les coups c'est moi qui en mangerai le plus, alors…

Mon aînée l'a serré dans ses bras à l'étouffer, puis l'a embrassé sur la joue avant de déclarer, en consultant sa montre, qu'elle devait filer. Nous l'avons regardée se diriger vers la porte d'un pas autrement plus léger que lors de son arrivée.

— C'est vraiment chic de ta part, Tom, lui ai-je sincèrement avoué.

— À propos, a-t-il fait en haussant les épaules, je me demandais.

— Quoi ?

— C'est qui, Geoff ?

Du poulet, comme s'il en pleuvait

Tout n'est pas forcément source de stress, dans l'organisation d'un mariage. Mais au final, tout le devient. La partie qui se rapproche le plus d'un plaisir zen, c'est la dégustation chez le traiteur. Attention, la future mariée reste susceptible de gâcher ce moment festif.

Il va sans dire que mon fils s'était proposé pour cette partie-là de la galère.

— Je mange trop mal, en ce moment, a-t-il déclaré.

Le chef a ouvert trois ou quatre bouteilles de vin, puis nous a servi les plats : Poulet Rôti, Poulet au Gingembre, Poulet Frit au Poulet – les variétés étaient si nombreuses que l'émotion me submergeait.

— Si seulement, ai-je failli m'étouffer, nous pouvions nous lever de cette table et vous marier sans passer par la torture de la cérémonie et de la réception, ce serait vraiment la journée idéale.

Mon aînée, elle, s'est renfrognée à peu près quand on nous a servi le Poulet Farci au Poulet. Quand ç'a été au tour du Poulet Sauce Poulet, elle était officiellement en dépression. Je pensais qu'elle allait se requinquer en nous entendant nous déclarer tous en faveur du Poulet à la Poulet (encore une décision de prise ; dès que j'aurai retrouvé ma liste, je la noterai), mais non. Bien au contraire.

Vous savez pourquoi les futures mariées dépriment lors des séances de dégustation ? Parce qu'elles *mangent*.

Les revues de mariage n'y vont pas par quatre chemins : « Perdez du poids, espèce de grosse vache » ou « Si vous n'arrivez pas à perdre ces 15 kilos, vous ne devriez pas vous marier ! »

Le jour de son mariage, la promise est censée peser moins que le jour de sa naissance. Durant la réception, elle pourra engloutir un millier de poulets si elle le souhaite, mais à condition de ne s'être nourrie jusque-là que d'oxygène. Le but étant que, au moment d'échanger les vœux, elle ressemble à une anorexique après six mois de jeûne.

Le fait que votre fille soit magnifique n'entre pas en ligne de compte, vu que ce n'est que votre avis. Quand elle se regarde dans le miroir, c'est le reflet d'une vache qu'elle voit. Elle ne vous dit pas autre chose :

— Je suis grosse.

Réponses à proscrire quand votre fille vous explique qu'elle est trop grosse pour se marier

1. *Tu n'es pas grosse !*

Mauvaise pioche. Votre fille comprend par-là qu'elle ne compte pas pour vous, que vous ne l'écoutez pas, que vous ne la regardez pas. Évidemment qu'elle est grosse : elle va se marier !

2. *Tu as encore tout le temps de maigrir, si c'est ce que tu veux.*

Re-mauvaise pioche. Vous pensiez la jouer fine, pas vrai ? Je parie que vous avez répété devant le miroir... Elle n'a pas « tout le temps », et ce même si elle ne se marie que dans cinq ans. De plus, vous vous êtes prudemment abstenu de tout commentaire sur ce qu'elle a dit – traduction, c'est comme si vous l'aviez secouée par les épaules en lui crachant au visage qu'elle était grosse.

3. *Je crois qu'on est en train de te piquer ta voiture.*

Mauvaise pioche encore. Mais bien essayé. Vous pensiez éviter la catastrophe en changeant de sujet. L'ennui, c'est que, pour une future mariée, il n'existe pas de sujet de conversation plus important que celui-là. En changer revient à lui dire qu'elle n'est rien pour vous.

4. *Tu es resplendissante, dans ta robe de mariée !*

Excellent ! Mais encore raté. Vous croyiez lui faire oublier ce à quoi elle pense ressembler toute nue. Et ce parce que, avec tout le tissu qu'elle portera le grand jour, Christo pourrait emballer Miami. Au lieu de ça, vous venez de lui rappeler que, durant le mariage, tout le monde n'aura d'yeux que pour ses globules de gras. Reculez de trois cases.

5. *Oui, bon, d'accord : tu es grosse.*

Vous êtes cinglé ?

6. *Ma puce... Attends, je vais te faire un chèque.*

Là, c'est dans la poche. Elle engagera un coach qui la fera suer sang et eau ; elle perdra les kilos qu'elle juge superflus et que vous jugez superflu de perdre ; et quand viendra enfin le moment de dire « oui », jamais elle n'aura été si mince et si musclée, mais elle se trouvera quand même trop grosse.

8 choses toutes bêtes qui ratent, lors du mariage d'Alecia

J'essayais de comprendre ce qui pouvait pousser un homme à vouloir épouser la future belle-sœur de Sam, Alecia. Et la seule raison qui me venait à l'esprit, c'était qu'une fois marié, il n'aurait plus besoin de s'acheter un pitbull. Cela dit, le compte à rebours de son grand jour se déroulait dans le plus grand ordre – surtout si, par « dans le plus grand ordre », on entend qu'Alecia appelait ma fille en pleine nuit pour lui beugler des instructions.

Comme dans toute mission militaire, catastrophe naturelle ou autre expérience désagréable, tout n'a pas été parfait, lors du mariage d'Alecia. Bilan des jérémiades de la promise à 8 h 00 :

1. *Les fleurs ne sont pas assez parfumées.*

Les fleurs avaient été livrées via une caravane de camions et, hélas, elles sentaient les fleurs. Personne n'a vraiment su ce qu'elles étaient censées sentir, mais Alecia était furax. Elle voulait une « Fragrance de Printemps », de sorte que, chaque année après ça, quand l'hiver s'en irait et que les fleurs s'ouvriraient, les gens se rappellent le mariage d'Alecia, voire l'appellent pour la remercier ou lui offrent des cadeaux. J'ignore en quel point du globe le printemps a l'odeur des 50 000 lilas, tulipes et gerberas qu'Alecia avait fait venir (hormis dans une serre, j'imagine), mais j'étais quasi sûr que, quand bien même leur parfum n'était pas à la hauteur des attentes de la promise, nombre de ses invités allaient repartir de la réception avec des problèmes d'allergie. Reste qu'Alecia pestait – et qu'elle voulait que Sam « y fasse quelque chose ».

MANUEL DES PÈRES DÉSESPÉRÉS DE VOIR LEUR FILLE GRANDIR... ET SE MARIER **194**

2. *Le temps est couvert.*

Alecia estimait manifestement que, pour son mariage, les responsables de la météo d'avril allaient lui réserver un beau temps. Pire, il faisait trop humide. Et Sam savait ce que ça valait aux cheveux d'Alecia : ça les faisait frisotter ! Or, qui dit frisottis, dit coupe parfaite irréalisable ! Elle était pourtant censée arborer une coiffure si sublime que, en la voyant, les gens tomberaient à genoux et en sanglots. Là, personne n'allait repartir de ce mariage en affirmant qu'Alecia était la plus belle mariée de toute l'histoire d'*homo sapiens*, objectif avoué de l'événement, au cas où Sam l'oublierait. Le mariage allait être complètement gâché, et ça n'était sûrement pas la faute d'Alecia.

Sam a donc ajouté la météo à la liste des soucis à gérer.

3. *Grand-père fait vieux.*

La famille d'Alecia se reproduisait de façon inconsidérée depuis plusieurs générations, et Grand-père – le père de Priscilla – était toujours vivant (et sans doute mort de culpabilité pour ce qu'il avait contribué à infliger au monde). Apparemment, sa pilosité nasale se faisait remarquer, sa peau était blanche et marbrée, et il avait eu l'audace de se faire poser un dentier sans s'assurer au préalable qu'Alecia n'y voyait pas d'inconvénient. En plus, ça sautait aux yeux de tout le monde ! (La chose semblait être plus grave que s'il n'en avait pas eu, auquel cas tout le monde aurait vu qu'il en avait besoin.) Alecia avait l'air de penser que Sam devait serrer Grand-père dans un coin tranquille et le rajeunir un peu.

4. *Son ex-patron, invité, prévoit de venir.*

Quel choc pour Alecia, quand elle a appris que son entreprise ne prévoyait pas de congé spécial pour les futurs mariés. Selon elle, si on donne six semaines aux femmes enceintes, on vous en doit au moins autant quand vous vous fiancez ! Elle n'avait eu d'autre choix que de démissionner pour pouvoir se concentrer à temps plein sur ses ongles. Elle avait tout de même envoyé une invitation à son ancien employeur, vu qu'il était riche et donc susceptible de lui offrir un beau cadeau. Elle ne songeait cependant pas qu'il aurait le culot de se pointer à son mariage. Là, quand il parlerait aux autres invités, il ne manquerait pas de leur annoncer qu'Alecia avait été standardiste dans sa boîte, et pas top model. Tout cela était gênant, et Sam devait y remédier !

Ma fille a donc ajouté à sa liste : obtenir une promotion rétroactive pour Alecia.

5. *Le gosse d'une des demoiselles d'honneur est malade !*

À la dernière minute, une des demoiselles d'honneur a appelé pour dire qu'elle n'était pas sûre de pouvoir venir, car son petit de trois ans avait la fièvre et une mauvaise toux. Furieuse, Alecia lui a raccroché au nez, incapable d'exprimer ses pensées (à savoir, sans doute, qu'elle se moquait que cette bonne femme noie son gamin dans la baignoire, c'était aujourd'hui qu'elle se mariait et toutes ses demoiselles d'honneur devaient être présentes !). Sam devait rappeler la bonne femme, s'excuser pour les jurons prononcés et tenter de solutionner ce bazar.

6. *Elle a un bouton sur la figure !*

La cata des catas ! Qu'adviendrait-il si le visage d'Alecia, que tout le monde allait admirer avec adoration et dévotion, se retrouvait souillé par un immonde spot ? Les invités allaient lyncher Sam, sachant que ce bouton était un signe de stress et que la mission de Sam consistait à réduire le stress de la future mariée ! Mon aînée se devait donc de trouver un dermato en urgence, de bloquer un rendez-vous et de prévoir une escorte policière pour aller éliminer l'horreur. Alecia ne s'était tout de même pas fait refaire dans tous les sens pour se laisser gâcher son grand jour par l'incompétence de Sam !

7. *Elle gonfle comme une baudruche.*

Comme pour mieux accabler ma fille de travail, Alecia avait inventé une nouvelle tradition : son futur époux et elle allaient s'offrir un dîner aux chandelles, intime, dans un restaurant hors de prix, avant de s'en aller chacun à son enterrement de vie de célibataire. Le menu du dîner devait être une surprise absolue, Sam étant censée le composer sans l'aide d'Alecia, tout en sachant que celle-ci raffolait des crustacés au beurre fondu, qu'elle aimait les asperges mais pas les brocolis, qu'elle ne mangerait pas de patates à cause des féculents, que les moules à la vapeur étaient OK, que plutôt que du champagne elle préférerait un bon vin blanc (un chardonnay Rodney Strong Chalk Hill, par exemple) et qu'au dessert il faudrait crème brûlée avec framboises et crème fouettée. Sam avait donc hardiment prévu un dîner au homard avec vin blanc, asperges et dessert imposé dans un restaurant où leur table serait protégée des regards indiscrets par des tentures, et elle avait même réglé la note (cadeau !). Bon, ce dernier point avait un peu été un pétard mouillé, vu qu'Alecia s'attendait à ce que Sam paye dès le départ. Mais en plus, la reine du jour n'a pas trouvé ce dîner extraordinaire si extraordinaire que ça. Allez savoir pourquoi, le homard n'était pas très délicieux et, aussi, Sam avait oublié les moules à la vapeur.

Pire : mon aînée avait manifestement mal briefé le chef qui, dans son ignorance, avait dû trop saler les plats, vu qu'en se réveillant le lendemain matin, Alecia était toute gonflée ! Elle avait l'air d'avoir pris dans les neuf cents grammes ! La faute à Sam ! Alecia était tellement remontée contre ma fille qu'elle ne lui a plus adressé la parole que pour lui donner des instructions.

8. *Personne ne s'amuse.*

Tout le monde devrait pétiller d'excitation et se répandre en compliments et en attentions pour Alecia. Au lieu de ça, les invités avaient l'air grincheux et tendus. En tant que Première Demoiselle d'Honneur, Sam était un peu la chef des pompom girls. Il lui incombait de faire en sorte que tout le monde soit excité – or là, elle traînait sa peine, l'air accablé. Alecia enrageait de la voir se comporter ainsi, Sam devait se reprendre ! « Aie donc l'air heureuse ! lui a-t-elle crié dessus. C'est mon mariage ! »

En réponse à cette saillie, Priscilla, la mère de la mariée, a bien tenté de sourire, mais les muscles de son visage n'étaient pas préparés à la manœuvre, et ils n'ont rien pu produire de mieux qu'une espèce de tressaillement des commissures des lèvres avant que toute gaieté en disparaisse, comme les Britanniques évacuant Dunkerque.

Je me disais qu'Alecia n'avait pas été toute sa vie cette créature horrible – au moment de sa conception, par exemple. Mais je me refusais à croire que les pressions du mariage puissent changer une personne normale en Alecia – il fallait avoir à la base une âme pervertie.

Ma fille ne s'est pas laissée démonter. Elle a serré les dents, sans jamais répliquer à Alecia ce que j'aurais voulu lui dire (quelque chose comme « Crève, espèce de sale chienne »). Elle a plié sans jamais rompre, et ça m'a rendu fier.

Si elle parvenait à supporter une telle pression sans craquer, je savais qu'elle réussirait à gérer son mariage sans paniquer.

Évidemment, je me trompais.

En attendant, l'horloge tournait toujours et nous rapprochait du grand événement. Bientôt, Alecia allait convoler. Puis nous allions tous manger, boire, danser, après quoi elle s'en irait. Nous l'arroserions de riz faute de pouvoir lui jeter des cailloux. Deux semaines de lune de miel l'attendaient – deux semaines entières sans Alecia. Un avant-goût du paradis.

Il ne nous restait qu'à survivre aux douze prochaines heures.

CHAPITRE 9

LE MARIAGE – VERSION FILM D'HORREUR

La plupart des films d'horreur respectent une formule de base. Dans un premier temps, le monstre est soit créé soit découvert, soit les deux. Il est peut-être resté endormi des millions d'années, mais il n'est pas mort, vu tous les anti-oxydants qu'il a engloutis. Variante : c'est un animal tout à fait normal, mais exposé à des radiations venues de l'espace ou qui aurait abusé du téléphone portable. Le monstre se fait ensuite remarquer par petites touches subtiles, soit qu'il se tapisse dans l'ombre, soit qu'il dévore des êtres humains. Enfin, c'est la grande scène où, devant une foule réunie, le monstre sème le chaos, la destruction et la mort avant de mourir lui-même.

Un mariage, c'est un peu comme cette grande scène, sauf qu'au lieu de tuer la mariée, les invités la poussent dans une limousine avec son époux qui devra gérer. C'est en cela que je préfère largement les films d'horreur aux mariages.

Le Grand Jour d'Alecia a commencé par une réunion des demoiselles d'honneur et de la promise, à 12 heures. Déjeuner léger et dernière chance pour les DDH de pouvoir admirer Alecia en privé avant de devoir partager ce culte avec tous les invités du mariage. Je n'ai pas assisté à l'événement, et j'en serai éternellement reconnaissant aux responsables, mais j'ai su par ma fille comment il s'est déroulé. Vu que c'était la dernière fois que les demoiselles allaient devoir supporter Alecia-la-future-mariée, Sam a rebaptisé ce déjeuner « Le Dernier Coup de Midi ».

Minutes du Dernier Coup de Midi

1. *Remarques liminaires – Alecia*

Alecia a donc ouvert la réunion en faisant observer que la journée allait être inoubliable pour toutes les demoiselles d'honneur, et ce notamment parce qu'elle-même était la mariée. Puis elle a généreusement reconnu qu'elle leur vouerait une gratitude éternelle pour avoir accepté d'être ses DDH, tout en s'avouant – certaine – qu'elles aussi lui savaient gré de les avoir invitées à son mariage. Du coup, les gratitudes s'annulaient.

2. *La perfection : Que signifie « être parfait » ? – Alecia*

Réflexions sur le thème de la perfection absolue du mariage à venir. Perfection des couleurs, des tenues, perfection de la mariée, cela va sans dire (mais Alecia n'a tout de même pas manqué de le préciser). Un jour, espérait-elle, toutes les jeunes femmes réunies autour d'elle seraient la reine de leur propre mariage parfait, copié-collé de celui d'Alecia. (Pas un mot sur le fait que deux des DDH étaient mariées. Après avoir assisté aux noces d'Alecia, elles allaient peut-être faire le point, divorcer et repartir de zéro.)

3. *Oh, ces cadeaux immondes que j'ai pu recevoir ! Remarques humoristiques – Alecia*

Dans une veine très *stand-up*, Alecia a évoqué certains des cadeaux stupides, bon marché ou ridicules qu'on avait pu lui offrir et qu'elle allait échanger contre du liquide.

En bonus, elle a détaillé les défauts que ces présents médiocres trahissaient chez ceux qui les lui avaient offerts.

Notamment le samovar en argent de sa grand-tante Rebecca. Samovar que son arrière-arrière-arrière-grand-mère n'aurait soi-disant pas lâché une seconde sur le bateau qui l'a conduite de Russie en Amérique, et qui est à la fois moche et hyper vieux. Non seulement ce cadeau pourri n'a pas coûté un centime à la grand-tante, mais Alecia ne pourra même pas le retourner au magasin, ce qui signifie qu'il va traîner dans un placard où il recevra la ferraille que son époux retirera de ses poches avant de mettre ses habits au sale. Une fois le samovar rempli, le couple pourra toutefois utiliser cet argent pour acheter quelque chose qui fera réellement plaisir à Alecia.

4. *Interlude imprévu : appels de l'enfant malade – demoiselle d'honneur*

La baby-sitter de la DDH dont le petit garçon avait eu le toupet de tomber malade a appelé la mère, qui s'est retrouvée contrainte de quitter la table pour aller s'occuper de son fils. Belle joueuse, Alecia a alors dissipé toute gêne en régalant les DDH restantes de critiques bien senties sur la fuyarde et son gnard. De toute évidence, Alecia estimait avoir commis sa « seule erreur » en sélectionnant cette traîtresse.

Personne n'a évoqué les DDH précédemment remerciées.

5. *Questions-Réponses : Les DDH interrogent Alecia sur son merveilleux mariage – Alecia*

Alecia a invité ses DDH à lui poser des questions, et leur a dispensé ses conseils en matière de mariage, d'amour et sur la vie en général – sujets pour lesquels elle est à présent experte, étant fiancée pour ainsi dire depuis qu'elle est adulte. Bien qu'aucune question ne lui ait été posée, Alecia a parlé 20 minutes.

6. *Compliments des DDH – les demoiselles d'honneur*

Sur l'insistance de la promise, chaque DDH a dû se lever à tour de rôle et complimenter Alecia sur son mariage, mais aussi exprimer sa gratitude envers elle pour (a) l'avoir choisie comme DDH, (b) avoir organisé un si merveilleux mariage et (c) être celle qu'elle est. Compliments auxquels Alecia a répondu en leur fournissant des raisons supplémentaires de lui être reconnaissante des points (a), (b) et (c).

7. *L'ordre du jour : chaque instant est chorégraphié au millimètre près – Première Demoiselle d'honneur*

Sam a pris la parole pour expliquer aux DDH ce qui allait se passer au cours des prochaines heures – un plan aussi complexe que celui de l'attaque des canons de Navarone.

Aparté d'Alecia : « Et interdiction de me refaire le coup du gamin malade, ha, ha. »

8. *Chacune paie son déjeuner sauf bien sûr la future mariée : surprise – Alecia*

À la surprise générale, donc, les DDH ont dû se partager la note du déjeuner, part d'Alecia comprise – la future mariée n'est pas censée payer quoi que ce soit.

9. *Suspension de séance : dernières remarques – Alecia*

Alecia a expliqué qu'elle leur avait dit tout ce qu'elle pensait devoir dire et qu'ajouter quoi que ce soit reviendrait à se répéter, puis elle a démontré la véracité de cette remarque en se répétant.

Séance bronzage artificiel dans la foulée.

Je n'ai pas eu à demander à Sam des précisions sur cette séance, je n'ai eu qu'à constater : craignant que ses DDH n'arborent pas toutes le même teint, Alecia leur avait imposé un passage en cabine de bronzage.

— Tu es superbe, ai-je assuré à Sam qui pestait encore à propos du résultat.

— Je ressemble à George Hamilton, oui. Bon, je te laisse, on doit se faire épiler les aisselles à la cire. À nos frais. 25 dollars.

— Vingt-cinq dollars ! Pour ce prix, je peux me faire cirer toutes les chaussures que j'ai portées dans ma vie !

— Papa, m'a prévenu Valerie.

Là-dessus, elle m'a pris à part. Dans le cas de l'épilation, on n'utilise pas de cirage, mais une cire chaude dont on enduit les zones à épiler. Une fois la cire sèche, deux interrogateurs du KGB viennent arracher les bandes, extirpant à la fois les moindres poils et tout ce qui restait de bonheur chez la patiente.

Apparemment, la controverse fait rage pour savoir ce qui est le plus douloureux : se faire épiler à la cire, ou accoucher. D'un bébé de lave. Doté de cornes.

Après un accouchement, au moins, la femme récupère un bébé – tout ce qu'elle retire d'une épilation à la cire, c'est la tendance à se réveiller en peine nuit en hurlant et, concernant Alecia, des rougeurs bien méchantes.

Je ne l'ai appris qu'ensuite mais, sitôt son épilation terminée, la peau d'Alecia s'est mise à la démanger et à virer au rouge. Revenant d'une course, Sam a alors trouvé la future mariée en train de danser la gigue dans sa chambre d'hôtel en se grattant les aisselles comme un singe.

Il semblerait qu'Alecia se soit agacée que Sam éclate de rire au point de devoir s'allonger.

Le tout à cinq heures du mariage.

Mariage – la trousse de secours

La première demoiselle d'honneur a pour mission entre autres de parer à tout ce qui pourrait mal tourner, de sorte que le mariage se déroule sans anicroche, même en cas d'attaque de sauterelles. Une trousse de secours spécial mariage se révèle alors incontournable. On y rangera :

1. Fil et aiguille – au cas où la robe de la mariée se désintégrerait et qu'il faudrait en coudre une nouvelle sur le champ.

2. Pastilles de menthe – afin que tous ceux qui souhaitent s'adresser à Alecia puissent le faire avec une haleine irréprochable.

3. Collant – de sorte que les DDH aient quelque chose à se mettre sur la tête si elles décident de sortir braquer une supérette.

4. Mouchoirs – pour tous ceux que la beauté d'Alecia émouvrait aux larmes, ou du moins qui souhaiteraient simuler.

5. Argent – pour les pourboires, et pour convaincre les invités de simuler les larmes d'émotion.

6. (a). Rouleau de scotch fort – au cas où un invité, ignorant l'injonction mentionnée dans l'invitation, aurait amené un enfant en bas âge, dont les cris perturberaient la cérémonie et/ou la réception.

6 (b). Pistolet à colle – au cas où le scotch ne suffirait pas.

7. Marié de rechange – au cas où le premier reprendrait ses esprits et s'enfuirait de l'église.

8. (a). Photocopie des vœux – Alecia les a, certes, rédigés et appris par cœur, mais la nervosité risque de les lui faire oublier, privant ainsi l'assistance d'un grand bonheur.

8 (b). Anti-douleurs – pour aider l'assistance à endurer l'épreuve des vœux.

9. Cartes de crédit – que le marié remettra en grande pompe à son épouse afin de lui rappeler pourquoi elle s'unit à lui.

10. Certificat médical du futur marié – peut éventuellement expliquer pourquoi il s'unit à *elle*.

11. Montre – à consulter sans arrêt pour savoir combien de temps cette torture va encore durer.

12. Argent – à donner à Alecia ; ça la rend tellement heureuse.

Un cygne de bien mauvais augure

En sa qualité de *Gruppenführer* d'Alecia, ma fille Sam m'avait assigné la tâche de véhiculer mon fils à la chapelle du mariage – il semblerait que les garçons d'honneur ne puissent prendre le volant seuls. Ceci explique que je me sois retrouvé en route pour l'église plusieurs heures en avance, et de sale humeur.

— Un garçon d'honneur, par définition, il a son propre moyen de transport, ai-je asséné à mon fils.

— Moi, je t'ai *toi*, m'a souri Chris.

— Et qui c'est qui fait des « soi-disant » blagues, maintenant ?

— Écoute, tu n'as pas le choix, c'est Sam qui décide. Si tu ne lui obéis pas, elle passera le relais à Alecia. C'est ce qui s'est passé quand j'ai annoncé que j'avais un empêchement pour l'essayage du smok' et qu'il fallait le décaler. Crois-moi, mieux vaut ne pas avoir affaire à Alecia.

— C'est bon, t'as raison, ai-je acquiescé. Mais je ne vois pas ce qui oblige Sam à jouer les Anéantisseuses pour ce mariage ? Ils ne pouvaient pas engager une espèce de Lindy Lâche-Moi ?

— T'as pas su ? Alecia a épuisé trois organisatrices de mariage. Elles ont toutes démissionné, comme les autres demoiselles d'honneur, là.

— Quelles demoiselles d'honneur ? Je croyais qu'elles étaient passées en cour martiale pour manquement aux ordres sur le champ de bataille.

— Alecia a expliqué à deux ou trois qu'elles avaient une grosse demi-douzaine de kilos à perdre. (Il me regardait avec toute la sagesse de ses vingt ans.) Les femmes, quand il s'agit de mariage, elles stressent et elles crisent à mort. Ça les rend heureuses.

Je lui ai rétorqué que si, à son âge, il avait compris ce qui rendait les femmes heureuses, il pouvait quitter la fac et se faire une fortune en assurant des séminaires.

Le fait est qu'il avait besoin de mes conseils. Lui-même commençait à stresser, car sa copine passait beaucoup trop de temps à son goût à lire les revues de mariage de Sam et à parler noces.

— Elle me sort sans arrêt des trucs comme « À mon mariage, je veux que les garçons d'honneur portent un smoking gris ». Et là-dessus, tu vois, elle me regarde. Je suis censé répondre quoi ?

— Dis-lui que le dollar est à moins d'un euro, qu'elle s'inquiète pour autre chose.

— Sérieux, je suis encore à la fac, et je compte bien faire médecine, pour que tu sois toujours pauvre. (Bon, il n'a sans doute pas terminé sa phrase comme ça, mais c'est ce que moi j'entends chaque fois qu'il me parle de convertir mes futurs revenus en frais de scolarité.) Elle croit quoi, qu'on va se marier sur-le-champ ?

J'ai haussé les épaules.

— C'est comme les OVNI, ai-je déclaré. Il suffit qu'un pékin en repère un dans le ciel de Mexico pour que dès le lendemain tout le monde voie des soucoupes volantes partout. Là, tu as une femme qui se marie, elles veulent toutes convoler. Au bout du compte, le truc prend feu et se transforme en virée à Roswell, Nouveau-Mexique.

— Sarah, ça lui fait pareil ?

Là, j'ai dû réfléchir.

— En fait, non. Elle a déjà vécu un mariage *à la Alecia*, sauf que ça a été pire vu qu'elle avait épousé Grande Bouche. Un mariage maousse comme ça, tu ne le fais qu'une fois – comme pour la mononucléose, tu la chopes une fois, t'es vacciné à vie.

— Les mariages, c'est comme les OVNI et la mononucléose. Pigé. Merci, papa, discuter avec toi ça m'aide toujours à gérer ces dames.

— Ravi de pouvoir te faire partager ma sagesse, ou tout ce qui ne se solde pas par un chèque.

— Du coup, Sarah et toi, vous comptez vous marier ?

Je ne sais pas trop pourquoi, mais avec son fils il est parfois possible d'oublier qu'on est père, et de parler entre potes. Je n'ai jamais réussi à fendre l'armure avec mes filles comme je l'ai fait alors avec Chris.

— L'idée me terrifie, lui ai-je confié. En même temps, entre les mariages de tes sœurs et toi, qui vas rester à la fac pendant les quatre prochaines décennies… je ne suis pas sûr que le moment soit bien choisi.

— Et elle va attendre ? m'a demandé Chris.

— Aucune idée, ai-je répondu honnêtement. (Puis je suis resté un petit moment à rouler sans rien dire, le temps de cogiter.) Pour les femmes, le mariage est une étape de leur relation avec l'homme, ai-je fini par annoncer. Les hommes, eux, le voient comme une étape dans leur vie. Du coup, eux se posent des questions comme « Est-ce que je suis prêt ? Ai-je assez d'argent ? Mon boulot est-il sûr ? » Pour les femmes, c'est « Depuis quand sommes-nous ensemble ? »

Nous arrrivions sur le parking de l'église. Chris m'a observé un instant avec, au visage, cette expression de surprise qu'ont les enfants de son âge lorsqu'ils s'aperçoivent soudain que leurs parents ne sont pas des débiles profonds.

— Ouais, t'as raison, a-t-il dit en récupérant son smoking sur la banquette arrière. Allez, j'y vais.

Sur ce, il a refermé la portière, puis s'est de nouveau penché et à tapé contre la vitre. Je l'ai baissée. Il me fixait du regard.

— J'espère que tu ne vas pas la perdre à force de poireauter. Je l'aime bien.

— Moi aussi.

— En plus, ça m'étonnerait que tu arrives à te trouver une autre copine maintenant. Ou ne serait-ce que dégoter un rancard.

— Tu sais, je me serais franchement bien passé de cette dernière remarque.

Un sourire, puis il a filé. Direction une porte latérale, via les signes que ma fille Sam avait placés pour guider les garçons d'honneur jusqu'au vestiaire. Moi, je suis allé au portail d'entrée voir ce qui s'y passait.

Alecia se tenait devant l'autel, elle crachait sur le pasteur. La cata s'était déjà produite : le pasteur avait dit *niet* à tout un pan de la cérémonie. Sam restait là à regarder Alecia bouillir de rage.

— Non ça n'est pas votre dernier mot. Pas aujourd'hui. Non, pas question. Vous ne pouvez pas. Non ! hurlait-elle en se grattant les aisselles comme une malade.

Là-dessus, elle a tourné les talons et a quitté l'église furibarde.

— Tout me semble se dérouler comme prévu, ai-je dit à ma fille qui, en retour, a levé les yeux au ciel.

— Excusez-la, elle est un peu tendue, a fait Sam au pasteur.

— Pas de problème, a confirmé celui-ci, ça n'est pas la première, loin s'en faut.

— Et elles sont toujours aussi merveilleuses ? lui ai-je innocemment demandé.

Regard ironique, puis :

— Disons que je préfère de loin les enterrements.

Sam m'a chuchoté à l'oreille :

— Alecia a décidé, il y a deux jours, que ses demoiselles d'honneur devraient entrer dans l'église en tenant une bougie à la main. J'ai donc acheté des bougeoirs en verre et les ai peints aux couleurs du mariage, sauf que maintenant l'église refuse la chose de peur que des gens prennent feu.

— Et brûler des gens serait contre les règles de l'Église, c'est ça ? Non, parce qu'à une certaine époque, ils étaient à fond là-dedans.

— J'imagine. De toute façon, je trouvais cette idée débile. C'est vrai, déjà qu'elles porteront des bouquets de fleurs.

— Reste que ça serait festif, si les DDH s'enflammaient.

— Genre *Urgences dans la nef*, m'a souri Sam. (Puis, ayant consulté sa montre, elle a soupiré :) OK, je dois y aller, j'ai la robe à gérer, et ensuite Alecia veut passer une demi-heure à la contempler toute seule – en présence du photographe qui l'immortalisera. Je me demande ce qui va pouvoir encore foirer…

Nous l'avons su environ une heure plus tard, quand les invités ont commencé à arriver. Le « thème amoureux » d'Alecia (par opposition à tous les autres thèmes) ressemblait à « Je suis comme le cygne, magnifique, quand je m'unis c'est pour la vie, donc ne pense pas pouvoir t'en tirer ». Pour mieux souligner ce point, des cygnes vivants étaient censés accueillir les invités à leur arrivée, sans doute en leur serrant la main ou que sais-je ?

Les garçons d'honneur devaient, eux, prêter main-forte au dresseur et s'assurer que les volatiles n'allaient ni s'ennuyer ni s'enfuir – aucune mesure n'avait toutefois été prise pour s'assurer que les garçons d'honneur n'allaient pas s'ennuyer ni s'enfuir.

Mon fils a résumé ce problème de façon succincte :

— Méchantes, les sales bêtes.

Apparemment, loin de vouloir s'enfuir, les cygnes considéraient les dernières marches de l'église comme leur territoire, et attaquaient quiconque tentait d'y pénétrer.

— Et le dresseur, il en dit quoi ? ai-je demandé.

— Que les cygnes sont méchants. Qu'il avait prévenu Alecia mais qu'elle n'a rien voulu savoir, sous prétexte que les cygnes faisaient partie de sa vision.

À ce moment-là, Sarah est venue s'asseoir près de moi, toute belle dans sa robe bleu foncé.

— Je viens de me faire mordre par un oiseau, m'a-t-elle annoncé.

— Tu n'as rien à craindre, du moment que tes vaccins sont à jour.

— Mes vaccins ? Contre quoi, la grippe aviaire ?

Lorsqu'une ou deux DDH se sont montrées, dans leur robe bouffante rose et jaune, les cygnes ont paniqué, croyant à une attaque de flamants roses géants. Du coup, ils se sont envolés, et sont allés se réfugier dans la piscine d'un particulier. Le dresseur, incapable de franchir la clôture de la propriété, avait l'air bien frustré.

Il y a eu un attroupement. Valerie et son sacré Moisi sont arrivés – Sarah et ma fille ont parlé chaussures pendant cinq minutes.

J'ai adressé un haussement d'épaules à Moisi, qui semblait de sale humeur.

— Tu t'es fait croquer par un cygne ? lui ai-je demandé.

— Ils ne devraient même pas être ici, ça n'est pas leur habitat naturel.

— Ils ne nichent pas sur les perrons des églises, d'habitude ?

— Bien sûr que non.

Je me suis alors souvenu que Merdik était diplômé en biologie ; il savait probablement de quoi il parlait.

— C'est juste que ça a été galère de trouver des oiseaux qui aient la même personnalité que la mariée, lui ai-je expliqué.

— Papa, est intervenue Valerie.

Moisi n'était pas au bout de ses critiques.

— Et vous avez vu le nombre de 4×4 garés sur le parking ? Les gens ne réfléchissent même pas, ils sautent dans leur gouffre à essence et ils roulent.

— C'est vrai que s'ils y avaient réfléchi à deux fois, jamais ils ne seraient venus.

— Chhh, nous a tancés Valerie.

Il n'y avait pourtant rien à voir ni à entendre, ni même à interrompre.

Au balcon, un violoncelliste s'est mis à jouer – sans doute Yo Yo Ma. La foule s'est tue. Geoff, en smoking, s'est présenté dans l'église au bras de sa mère. Priscilla avançait avec une dignité toute churchillienne : une énigme voilée de mystère et vêtue de taffetas. Ce faisant, elle adressait des signes de tête aux membres de l'assistance qu'elle reconnaissait, mais pas à moi. Debout au fond de l'église se tenait l'homme que j'estimais être son mari et qui, à ma stupéfaction, ressemblait vaguement à Franklin Delano Roosevelt. Ils étaient bien assortis !

— On pourrait rejouer la Seconde Guerre mondiale, dans cette église, ai-je murmuré à Valerie.

— Papa !

Ça a légèrement fait grimacer Marty : il est contre la guerre. Sarah, elle, m'a gratifié d'un sourire. Là, Geoff a abandonné sa mère et est resté tout seul près de l'autel.

Puis une ballerine a traversé l'allée centrale dans une série de pirouettes et de pointes, tout en jetant des pétales de rose rouges et noirs en l'air. Pétales qui retombaient sur les robes pastel des invitées comme autant de pointes de pigment noir. Le pasteur a pâli en constatant les dégâts sur le tapis de son église.

— Pétales avec monogramme, ai-je soufflé à Valerie en lui en montrant un.

Merdik a pouffé. J'ai décidé qu'il commençait à me plaire.

— Hors de question qu'on arrache des pétales de fleur pour notre mariage, a-t-il déclaré à ma fille.

Elle a acquiescé d'un signe de tête qui voulait dire « ferme-la ».

Quand la ballerine a eu fini de souiller l'allée centrale, elle s'est tournée vers l'assistance pour interpréter *Candle in the Wind*, d'Elton John. La version pour Lady Di, afin qu'aucun invité n'oublie à quel point Alecia leur rappelait à tous la défunte princesse.

Quand les demoiselles et les garçons d'honneur se sont avancés vers l'autel, incrustant au passage les pétales de rose dans le tapis, j'observais avec fierté ma magnifique Sam dans sa robe ridicule.

— Regarde un peu le nœud que ça fait sur ses fesses, ai-je dit. Je parie qu'on pourrait amarrer un porte-avions avec.

— Papa !

Enfin, le futur marié a laissé passer son ultime chance d'échapper à tout ça, et est venu attendre la suite. Ce devait certes être un crétin fini, mais en dehors de ça, il n'avait absolument rien de remarquable. Une espèce de jeune grassouillet à cheveux foncés. J'ai décidé de le baptiser Dandy Jr. Le pasteur a souri, puis l'assistance s'est tournée vers le fond de l'église.

Le devant de la robe d'Alecia faisait plein de replis, un peu comme un capot de voiture après qu'un ado a suivi sa première leçon de conduite. Tout le monde s'est levé pour mieux voir.

— Elle a coûté dix mille dollars, a chuchoté, admirative, Valerie.

Là, j'ai bloqué : donnez-moi cinquante mètres de tissu, un pistolet à agrafes et je vous sors le même modèle. Le père d'Alecia s'avançait à son côté en bataillant contre le voile de sa fille. La future mariée, elle, absorbait avec délice l'adoration religieuse de l'assistance.

Le pasteur a parlé un bon bout de temps, pour un type qui n'avait en fait qu'une question à poser : « Qui va nettoyer mon tapis ? » Pendant son sermon, je n'avais d'yeux que pour mon fils (élégant, mâture et distrait) et mon aînée (dont le teint était à l'unisson de celui des autres DDH). C'est là que j'ai compris : tout ça était bien réel, mes enfants grandissaient et se lançaient dans la vie, indépendants, avec mon soutien financier.

À un moment du sermon, le seul enfant de l'assistance (celui, malade, d'une des DDH) a toussé puis demandé « Pardon… ». Ça a fait rire les gens, et Alecia les a fusillés d'un regard brûlant de rage, tel un cygne protégeant l'entrée d'une église. Ainsi dérangée par le délinquant juvénile, la future mariée s'est oubliée et s'est mise à se gratter furieusement une aisselle.

Après quoi elle s'est tournée vers son futur époux. Elle avait écrit un poème.

Le Poème d'Alecia

Mon amour est comme le regard divin
Mes baisers aussi doux que le vin
Et si tu me trouves belle à te damner
Moi je saurai t'utiliser.

J'ai attendu toute ma vie
De pouvoir te dire oui
Être une épouse inégalée
Comme tu pourras le déclarer.

Tant d'hommes voulaient de moi
Moi je ne voulais que toi
Car tu me traites comme une reine
Et m'offres cadeaux par centaines.

Tu n'es peut-être pas milliardaire
Mais qu'est-ce que ça peut bien faire
Nous n'achèterons pas tout ce que je veux
Je serai triste, mais juste un peu.

Tels les cygnes unis à tout jamais
Nous ne nous quitterons jamais
Tu es gravé au fond de mon cœur
Ta mort versera mes pleurs.

Accepte donc mon amour
Jusqu'au dernier de tes jours
Je serai ravie de t'avoir près de moi
Sachant que tu prendras soin de moi.

Alecia, rayonnante, s'est ensuite adressée à l'assistance.

— Vous pouvez applaudir, nous a-t-elle dit.

Alors les gens ont applaudi.

— Son petit poème, je le verrais bien imprimé sur des cartes, genre cartes d'anniversaire, ai-je soufflé à Valerie. Dans une thématique « Narcissisme ».

Ma fille m'a donné un petit coup de coude, sourire aux lèvres.

S'est ensuite produite une scène comme je n'en avais jamais vu : mon fils a apporté une chaise, Alecia s'est assise, puis elle a allongé une jambe. Son promis lui a délicatement ôté sa chaussure. Sam s'est approchée, lui a remis ce qui était de toute évidence une pantoufle de verre, que le promis a ensuite passée au pied d'Alecia.

— Le prince charmant offre la pantoufle de verre à sa bien-aimée, comme dans *Cendrillon*, a proclamé le pasteur, légèrement dégoûté.

— *Cendrillon*, ai-je murmuré à Sarah, le passage de la Bible qu'Alecia préfère.

Ça m'a valu un coup de coude de sa part aussi – j'allais ressortir de cette église comme un catcheur ressort du ring.

À croire qu'il m'avait entendu, mon fils Chris s'est mis à rire et a dû se mordre les lèvres pour rester discret. Dans la seconde, son fou rire s'est transmis aux autres garçons et aux demoiselles d'honneur. Alecia avait l'air furieuse, ce qui rendait la chose d'autant plus hilarante.

La mariée nous a gratifiés d'autres rituels (son époux et elle versant du champagne dans la pantoufle de verre puis le buvant, elle-même embrassant les alliances avant qu'ils se les échangent ; elle-même, encore, se grattant les aisselles), mais moi, je bloquais sur mes petits et leur figure presque violette à trop se retenir de rire.

Je n'avais jamais été aussi fier.

Au bout du compte, le marié a craqué ; son fou rire a libéré tout le monde et s'est diffusé à l'assemblée, tandis qu'Alecia dressait mentalement la liste de ses ennemis.

Puis ç'a été fini. Le quartet à cordes du balcon – « l'orchestre », dans ma terminologie – a joué le thème du film *Titanic* (une catastrophe un rien moins onéreuse) et nous sommes tous sortis de l'église pour regarder les pompiers et le dresseur tenter de récupérer les cygnes chez le voisin.

Lors de la réception, mes filles, qui venaient d'endurer une cérémonie à rallonge, avaient envie de parler, à rallonge aussi, mais de mariages. Les écoutant papoter, j'ai compris que je maîtrisais à présent cette nouvelle langue étrangère. La preuve.

Guide de conversation « mariage ». Traduction par Papa	
Ce que dit la future mariée	**Traduction**
Ce sera un mariage romanesque !	Roman dans lequel un monstre détruit la ville de Tokyo.
J'ai une vision parfaite pour les couleurs du mariage !	Les invités devront être assortis aux couleurs que j'ai en tête.
Mes demoiselles d'honneur porteront des robes qu'elles pourront remettre en d'autres occasions.	Jamais plus elles ne les mettront.
Je ne veux qu'une chose : le bonheur de mon époux.	Ce qui me rend heureuse le rend heureux.
Mon gâteau sera trop romantique !	Il coûtera une fortune et sera immangeable.
Nous ne tenions plus de nous marier, alors nous l'avons fait sur un coup de tête, rien que nous deux !	J'accouche en août.
Je veux juste la formule de base, sans supplément qui coûte un rein.	La formule de base coûte déjà un rein.

Mon fiancé est super zen, je lui envie vraiment ce calme qu'il conserve face aux événements.	S'il ne met pas la main à la pâte tout de suite, je le tue.
Les cygnes sont un modèle de fidélité. Je tiens à ce que mes invités soient accueillis par un couple de cygnes.	Par « accueillis », entendre « mordus ».

La réception d'Alecia a commencé tout doucement, vu que le bar n'a été ouvert qu'à l'arrivée des mariés et de leurs garçons et demoiselles d'honneur. Sam m'a expliqué par la suite qu'Alecia avait stipulé que personne ne devait s'amuser avant qu'elle soit là. Le barman est donc resté ferme, y compris face aux tentatives de corruption.

Quand, enfin, les portes se sont ouvertes, et que le Chef d'Orchestre a annoncé l'entrée des mariés, Sam s'est mise à applaudir, de sorte que tout le monde lui emboîte le pas, au lieu d'obéir à leur instinct et de bombarder le couple de petits pains.

Les tables étaient richement décorées, les serviettes pliées en forme de cygne (par un origamiste professionnel engagé pour l'occasion). Les faveurs – des petits cœurs en argent avec la date du mariage gravée – étaient emballées dans des boîtes en forme de cygne. Sur un coup de tête, j'ai offert le mien au barman, sans me demander si Alecia apprécierait de voir ses petits cœurs servir de pourboire.

Bon, OK, la question m'a effleuré l'esprit.

La table des mariés était installée en avant de la salle, comme montée sur une scène. La réception n'avait pas commencé depuis dix minutes qu'un invité faisait déjà tinter son verre pour réclamer un baiser aux époux. D'autres convives lui ont fait écho, si bien qu'Alecia, les lèvres pincées, a dû frôler celles de son nouvel époux, avant d'aller dire deux mots au chanteur.

— À la demande de la mariée, merci de ne pas faire tinter vos verres ce soir, a-t-il annoncé au micro. Ce n'est pas le genre du mariage.

Sans doute pas le genre de mariage où l'on s'embrasse.

Aussitôt, tout le monde a acquiescé en faisant tinter les verres, et ce jusqu'à ce qu'Alecia donne à son mari un second baiser tout sec et sans émotion.

J'ai souri – enfin, on s'amusait.

Avant que le repas commence, Franklin Roosevelt est allé au micro pour chanter la sérénade à sa fille. Une chanson qui m'était inconnue mais dont les paroles disaient en substance :

Tu es si belle
Aucune femme n'est aussi belle que toi
Toutes veulent te ressembler
Mais la nature ne pourra jamais faire qu'une seule Alecia
Tu es si belle
Les cygnes étaient vraiment stupides

Le bonhomme m'impressionnait par la qualité de sa voix. Je l'ai fait remarquer à Valerie qui, haussant les épaules, m'a expliqué :

— Ça a été enregistré par un pro. Le père, juste il fait du play-back.

La chanson terminée, les verres ont de nouveau résonné, et Alecia a gratifié son époux d'un troisième baiser en play-back. À voir la tête de celui-ci, il devait se demander ce qui était arrivé à la fille avec qui il folâtrait sur la banquette arrière de sa voiture.

Suite des festivités : une présentation Powerpoint de photos d'Alecia, avec commentaire du chanteur. Les grands moments de la vie de la mariée. Comme suit :

1. Naissance d'Alecia. Réjouissances universelles.

2. Alecia découvre le miroir. Plus rien ne sera comme avant.

3. Alecia est la fillette la plus populaire de son école. Au bout du quatrième établissement.

4. Toutes les photos d'Alecia, y compris celles prises en primaire, sont des gravures de mode. Alecia a visiblement été prise en photo plus souvent que Britney Spears.

5. Alecia organise plusieurs boums chez elle, preuve de sa popularité, si un doute subsistait encore.

6. Au lycée, ses parents lui offrent les services d'un photographe professionnel qui l'immortalise assise dans le jardin en train de regarder des feuilles d'arbre, assise sur la plage en train de regarder l'océan ou assise au salon en train de lire un livre (qu'elle tient à l'envers).

7. Fiançailles d'Alecia. Réjouissances universelles. Son futur époux, lui, paraît cependant perdre son enthousiasme de minute en minute.

Suite à cela, les invités ont manifestement décidé qu'ils se moquaient désormais de ce qu'Alecia voulait – elle avait perdu tout pouvoir en prononçant le mot « oui ». La réception s'est donc transformée en soirée normale, où tout le monde pouvait boire gratis et inventer de nouvelles danses (OK, j'étais peut-être le seul inventeur de la salle). La soirée menaçait donc de virer à la franche rigolade, quand bien même Sam a dû tout laisser en plan à deux reprises pour aller récupérer Alecia, barricadée aux toilettes.

— Tout le monde l'ignore, m'a expliqué mon aînée après qu'elle avait réussi à ramener la mariée parmi nous.

Assise à sa table, la mine sombre, celle-ci regardait son mari qui dansait avec une des demoiselles d'honneur.

— Ben aussi, elle reste bêtement assise, lui ai-je fait remarquer.

— Sa robe est trop longue, si elle danse elle risque la chute et tout serait gâché.

J'ai visualisé la chose dans ma tête – Alecia s'écroulant à plat ventre.

— Pas sûr que ça gâche la soirée, ai-je estimé.

Quelques épreuves nous attendaient encore. Notamment le découpage du gâteau – ou la bataille pâtissière rituelle, selon ma terminologie. Tout le monde a bien rigolé quand le marié a fourré un gros morceau de gâteau dans la bouche d'Alecia, lui maculant les joues de glaçage. L'hilarité est toutefois légèrement retombée quand Alecia a violemment écrasé une poignée de glaçage sur la joue de son cher et tendre.

Le gâteau était par ailleurs délicieux, pour qui aimait le saindoux parfumé au sucre.

— Glisses-en un bout sous ton oreiller, ai-je conseillé à Valerie, et tu rêveras à ton dentiste.

Le faux bouquet (la fameuse Doublure Fleur) a ensuite été remis à Alecia, qui l'a jeté par-dessus son épaule, et sur lequel les célibataires féminines de l'assistance se sont jetées comme des basketteuses en finale du championnat. Plusieurs d'entre elles en ont récupéré un morceau, à ce qu'il a semblé.

Enfin, ça a été le moment du grand départ. Au lieu de jeter du riz sur les époux, nous avons pu utiliser des confettis sur lesquels étaient imprimés des messages tels « Nous t'aimons, Alecia » ou « Le couple le plus parfait au monde ». Sur ce, les heureux mariés sont montés dans leur voiture – la même que dans le film *Chitty Chitty Bang Bang*.

Je ne blague pas : c'était la même. Alecia avait retrouvé les propriétaires du véhicule utilisé dans le film inspiré par le roman de Ian Fleming. Ian Fleming – le père de James Bond. Pour ma part, j'estimais que, dans l'œuvre du romancier, le mari d'Alecia aurait sans doute préféré se retrouver au volant de la voiture de *Goldfinger*. Celle avec le siège passager éjectable.

— Merci à tous, je vous adore, merci pour tous ces fabuleux cadeaux, et si vous avez oublié d'apporter le vôtre vous pouvez toujours l'envoyer chez ma mère ! a lancé Alecia tandis que Chitty Chitty Bang Bang s'éloignait.

Mon fils Chris s'est glissé près de moi.

— M'est avis que ces deux-là ne feront pas souvent *bang-bang*... a-t-il dit.

Une fois Alecia partie, tout le monde a pu se détendre et s'amuser. Je regardais Sam et Geoff – ils dansaient, tout sourire, et discutaient. J'ai aussi vu Valerie s'efforcer de traîner son fiancé sur la piste de danse, ce que Moisi refusait, sans doute pour préserver l'environnement.

J'ai ensuite montré à Sarah quelques-uns des pas de danse que j'avais inventés – ça l'a manifestement impressionnée. Puis l'orchestre a joué un slow et nous nous sommes rapprochés.

— Tu es vraiment magnifique, ce soir, lui ai-je confié (je parlais de mémoire, vu que tout ce que je voyais d'elle à ce moment-là, c'était son oreille). Tu t'amuses bien ?

— Je n'avais jamais dansé comme ça de ma vie, s'est-elle contentée de répondre.

J'ai décidé de prendre ça pour un compliment.

— Tu sais, mon fils m'a demandé quand on comptait sauter le pas, nous deux.

Elle s'est légèrement reculée pour me regarder dans les yeux.

— Tu m'as l'air d'avoir sacrément picolé, toi, ce soir.

— Non, juste... enfin, tu dois bien te poser la question...

— Tu crois vraiment que je me ronge les sangs, en espérant que tu te bourres la tronche pour aborder le sujet au mariage d'une fille que tu ne supportes pas ?

Dit comme ça, c'était moins romantique que je le souhaitais. Sarah m'adressait un sourire espiègle.

— Je n'ai jamais dit que tu te rongeais les sangs, ai-je contré.

— Mon chou… (Elle est revenue se coller à moi, la tête sur mon épaule). Tu as pas mal de soucis en ce moment, inutile d'en rajouter. Nous avons tout le temps.

J'ai décidé que Sarah et moi avions besoin de nous retrouver seuls. Je suis donc allé dire bonsoir à ma fille.

— Tu as fait du bon boulot, Sam. Vraiment. Grâce à toi, Alecia s'est mariée et personne ne l'a tabassée à mort. Le moment que j'ai préféré, c'est quand elle est partie.

— Ç'a été spécial pour moi aussi, a-t-elle confirmé.

— Et donc, cette expérience de première DDH, ça t'a donné des idées pour ce que tu veux à ton mariage ?

— Plutôt pour ce que je ne veux pas.

— Ah.

J'ai reconnu dans ses yeux le regard de la championne de volley.

— Mais je peux t'assurer d'une chose. Le mien sera *autrement* mieux que ça !

CHAPITRE 10

SOIRÉE-CADEAUX POUR LA MARIÉE – ENCORE UNE OCCASION DE PAYER

La légende raconte que la première soirée-cadeaux se soit tenue en Hollande : un pauvre Hollandais (il n'y en a jamais de *riche*, vous avez remarqué ?) voulait épouser une fille, mais le père de celle-ci s'y opposait.

On comprend que l'anecdote ne date pas d'hier, vu que le père avait son mot à dire.

Normalement, le refus paternel aurait dû clore l'histoire, vu qu'on vivait alors une époque vraiment formidable, sauf que le pauvre gars, lui, jugeait la réaction du père déraisonnable. Or un père a tous les droits de se montrer déraisonnable, et personne ne devrait rien avoir à y redire. Le jeune a donc fait appel aux villageois, qui l'aimaient bien depuis que celui-ci avait sauvé la Hollande en colmatant une digue avec son doigt[1]. Ces gens sont ensuite allés, un soir, offrir à la future mariée tout ce qui lui serait nécessaire dans les premiers temps de son mariage.

Furieux de voir son autorité ainsi contestée, le père a aussitôt mis le village à sac[2]. Moralité : papa a toujours raison.

Dans la version actuelle, le but est moins d'ignorer l'opinion du père que d'organiser la chose chez moi. Tel est du moins ce que j'ai conclu lorsque ma fille Valerie m'a annoncé qu'elle souhaitait organiser la soirée-cadeaux de Sam dans mon salon.

---

1. Disons que j'entremêle deux histoires dans un souci d'efficacité.
2. En tout cas, c'est ainsi que les choses auraient dû se passer.

— À quoi bon ? lui ai-je demandé. Elle a déjà tout ce qu'il lui faut, vu qu'elle a vidé ma cuisine. En plus, je crois savoir que sa mère lui en a déjà organisé une, non ?

— Papa. Arrête. Elle n'a pas tout ce dont elle a besoin. En plus, la première soirée, c'était pas en ville. Nous lui en devons une ici.

— Attends voir, il me semblait que c'était à la Première DDH de gérer les soirées-cadeaux et d'en exclure le père de la promise.

— Tu n'es pas exclu. Tu as le droit de venir. Et puis, la Première DDH de Sam, c'est moi. Comme elle est la mienne, d'ailleurs.

— Tu te fous de moi ? me suis-je éberlué. Tu ne penses pas que vous auriez pu me consulter d'abord ?

— Pourquoi ?

Bonne question. J'étais coincé. Mais ça m'a rappelé la naissance de Valerie ; quand, une semaine après que nous l'avions ramenée à la maison, Sam avait annoncé qu'on ferait mieux de rapporter le bébé parce qu'il « ne marchait pas ». Pour autant que je sache, elle n'avait guère changé d'avis depuis.

— Tu ne te souviens pas comment vous vous chamailliez tous les matins pour savoir qui avait le droit d'aller se maquiller la première ? lui ai-je demandé.

— Papa, ça c'était au lycée. On est vachement plus matures aujourd'hui. On a appris à partager. Genre, la semaine dernière, Marty et moi, on avait organisé une soirée margaritas, et Sam m'a prêté son mixeur sans même que j'aie à lui demander.

— *Mon* mixeur, tu veux dire. Visiblement, vous avez appris à partager mes affaires.

— Aha, et qui c'est qui est immature, maintenant ?

— OK. Explique-moi comment va se dérouler cette soirée-cadeaux-surprise qui se tient chez moi.

— Déjà, c'est pas une surprise. Sam est au courant.

— Surprise pour moi, quand même…

Valerie m'a ensuite fait un topo sur ce genre d'événement. Chose à laquelle j'aurais dû accorder toute mon attention, sauf que non, pas possible. La faute au sujet. Bref, tout ce que je sais des soirées-cadeaux, je l'ai appris d'expérience :

Soirées-cadeaux : ce qu'un père doit savoir

La liste sera courte :

1. Zappez l'événement.

Soirées-cadeaux : pourquoi le père doit zapper l'événement

Le premier point à saisir, c'est la nature des deux éléments chimiques les plus puissants de l'univers : la testostérone et l'œstrogène.

La testostérone est une hormone qui, à petite dose, provoque des réactions saines – résistance aux maladies, autorité, bon sens. À plus fortes doses, elle provoque les courses de stock-car.

L'œstrogène, est pour sa part, l'hormone responsable des films de Hugh Grant.

Quand plusieurs femmes se réunissent dans une même pièce, elles se mettent à secréter de l'œstrogène, avec pour résultat, des conversations rapides et une consommation compulsive de chocolat. Les hommes, eux, ont davantage tendance à garder leur testostérone pour eux, sauf s'ils ont envie de jouer au hockey ou de faire la guerre.

Par ailleurs, les hommes possèdent une petite quantité d'œstrogène (on parle de leur « part féminine »). Les femmes apprécient les hommes qui savent exprimer leur « part féminine », aussi ceux-ci simulent-ils parfois la chose (croyant ainsi pouvoir entrer en contact avec les « parties féminines » des femmes). Cela dit, la grande majorité des hommes ont peur de l'œstrogène et font tout pour éviter d'y être exposés trop longtemps, de crainte de se transformer en ce que nous pourrions appeler Mauviettezilla.

Lors d'une soirée-cadeaux, la concentration d'œstrogène est plus épaisse que le glaçage d'un gâteau de mariage. Tout homme qui s'y trouve exposé pendant plus d'une demi-heure devra ensuite visionner les quatre épisodes de la saga *Piège de cristal* rien que pour se réinitialiser.

Naturellement, moi, j'ignorais tout cela. Je pensais devoir participer à l'événement, vu qu'il se tenait chez moi et qu'il y aurait des cookies. En plus, je m'étais appointé Anéantisseur des problèmes du mariage de ma fille : je comptais bien m'assurer qu'aucune décision ne serait prise, concernant la noce à venir, sans que j'aie mon mot à dire, une réflexion à faire partager ou un veto à imposer.

Les soirées-cadeaux obéissent à des thématiques qui ne sont pas les mêmes que celles des mariages parce que autrement on pourrait faire des économies sur la déco. Valerie en a passé en revue plusieurs avant de tomber sur le thème idéal pour la soirée de Sam. Là encore, je ne prêtais pas franchement attention à la chose, mais voici tout de même quelques exemples.

Thématique	Descriptif
Viva Las Vegas !	La maison est redécorée en casino. Tout le monde joue avec des billets de Monopoly. Vous pouvez engager un croupier professionnel si vous craignez de ne pas dépenser assez comme ça. Au beau milieu de la sauterie, un groupe de mafieux fait irruption dans le « casino » et tabasse tout le monde.
Histoire	On se déguise et se comporte comme un personnage historique – Marie-Antoinette, Jeanne d'Arc ou Caligula. Chacun essaie de deviner qui sont censés être les autres, d'après ce qu'ils disent (Marie-Antoinette : « Je veux de la brioche ! »)
Vallée de la mort	Chauffage au maximum, et bouteilles d'eau *verboten*.
Mes parents sont de sortie	L'organisatrice joue les ados dont les parents sont partis en week-end. Ses copines viennent la voir et vomissent sur le tapis. La fête s'achève quand les voisins appellent la police – les invitées s'enfuient par la porte de derrière et escaladent la palissade du jardin.
Débat présidentiel	L'organisatrice pose des questions insipides aux invités, qui s'efforcent de noyer le poisson.
Arrivée à l'aéroport de Los Angeles	Chaque invitée apporte une valise. On range les valises dans une pièce voisine, puis tout le monde passe la soirée à attendre que les bagages arrivent.
Divorce	À un moment de la soirée, à force d'entendre parler de mariage, une ou plusieurs invitées – divorcées – décrivent par le menu ce connard qu'est leur ex-mari. (Peut être associé à d'autres thèmes.)
Rideau de fer	Priscilla et son époux expliquent à tout le monde les décisions qu'ils ont prises à Yalta.

Promzilla 2, Le Retour

Il s'est produit un grand malheur, lors de la lune de miel d'Alecia : la mariée est revenue. Dopée au bonheur post-mariage, elle appelait Sam tous les jours pour lui fournir des suggestions utiles et se plaindre de ses cadeaux de mariage. Il va sans dire que Valerie a jugé bon de l'inviter chez moi. Et ça m'embêtait, vu que, si vous connaissez un peu le folklore rattaché aux vampires, une fois que vous invitez le monstre chez vous, *elle* peut vous tuer en toute impunité.

La soirée-cadeaux de Sam avait pour thème « Réunion de Déesses ». Chaque invitée pouvait donc porter une tiare (l'équivalent pour les gens des décorations de gâteaux de mariage). Et chacune était censée deviner qui les autres incarnaient. Traduction : si vous vous tourniez soudain vers votre voisine et que vous la frappiez avec une épée, c'est peut-être que vous étiez Athéna, déesse de la Guerre. (Ou que vous cherchiez à attraper le dernier cookie.)

Lorsque je reçois des amis, en général, je décore mon salon en disposant les télécommandes sur la table basse. Valerie, elle, voulait quelque chose de plus recherché. Elle a donc loué des fausses colonnes qu'elle a ornées de faux lierre, elle a déposé çà et là de fausses grappes de raisin et a commandé un gâteau en forme de mont Olympe (la montagne sur laquelle les dieux prenaient le dessert).

Les invitées devant arriver à 19 heures, j'ai commencé à me demander ce que j'allais mettre vers 18 h 55. Valerie n'était pas disponible pour m'aider – elle discutait globalisation avec Moisi, au téléphone. Mais je me disais que j'allais me trouver un truc.

Récupérer un marteau à Thor, le dieu du Tonnerre. Ou bien retourner le bateau de Tom quille par-dessus pont dans mon jardin et devenir Poséidon, dieu des Mauvais Films Catastrophe. Autre idée, rester tel quel : Papa, dieu de Ma Famille.

Quand les invitées ont été là, je me suis réjoui d'être resté comme j'étais. Leurs costumes étaient si sophistiqués et réfléchis que j'aurais eu du mal à être à la hauteur – y compris avec un marteau. La plupart d'entre elles portaient une tiare, à l'exception de Sam, qui avait sur la tête un casque flanqué de deux cornes.

— Laisse-moi deviner... tu es Sam, déesse des Gangs de Motards.

— Non, m'a-t-elle répondu. Brunehilde, une Walkyrie. Où est-ce que je peux poser mon mixeur ?

— *Ton* mixeur. Ah d'accord : Brunehilde, déesse de l'Ironie Totale.

Sarah, elle, était venue habillée en Eiréné.

— La déesse de la Paix, m'a-t-elle précisé. J'ai pensé que je pourrais être utile.

— Tu as dû savoir qu'Alecia allait venir, lui ai-je rétorqué en admirant son costume. Je ne sais pas comment tu t'y prends, mais sur toi cette toge est sensationnelle. Tu pourrais te trouver un type nettement mieux que moi.

Là, elle a penché la tête de côté, puis m'a fait :

— Donc tu n'approuves pas que des hommes fréquentent les femmes auxquelles tu tiens, y compris si l'homme en question c'est toi ?

— Ça ne te dérange pas qu'on évite ce genre d'exactitude, ce soir ?

Elle m'a souri.

Alecia, ça n'étonnera personne, était en retard. Tout le monde était assis et dégustait une première fournée de chocolats quand elle est arrivée, virevoltant et riant pour bien nous faire comprendre qu'elle était merveilleuse. Sa tiare, elle avait dû la faucher à la reine d'Angleterre. À part ça, elle portait la toge réglementaire et tenait un sceptre à la main.

— Je sais, a-t-elle commencé, j'ai encore le bronzage de ma lune de miel.

— Vous êtes toutes splendides ! s'est enthousiasmée Valerie.

— Heureusement que j'ai une amie créatrice de costumes, a acquiescé Alecia.

— Bien, a repris ma cadette, chacune d'entre vous va se présenter un petit peu à tour de rôle.

— Moi d'abord, s'est imposée Alecia. Alors, je m'appelle Alecia King… oh mon Dieu, j'ai dit King ! Je m'appelle Alecia Hoyt, j'ai épousé Mark Hoyt le mois dernier et je peux vous dire que ça a été la folie !

— Alecia, l'a délicatement interrompue Valerie. Je voulais dire qu'il fallait présenter nos personnages. La déesse que vous avec choisi d'incarner. Pour voir si les autres devinent de qui il s'agit.

— Ah, a fait l'intéressée en haussant les épaules. Très bien, si c'est ce que tu veux.

Valerie portait un costume orné de fleurs, et les invitées ont fini par comprendre qu'elle représentait Blodwyn, déesse de la Terre en Fleurs – sans doute parce qu'il n'existait pas de déesse de la Terre en Crise. Une autre invitée, très imaginative, était venue en robe blanche et tenait une mallette à la main – Hathor, déesse de la businesswoman. Quant à Alecia, elle était Alecia, déesse des Grandes Gueules.

— OK, à moi maintenant, a-t-elle déclaré, d'un air mauvais, quand ça a été son tour. Je dirai simplement que mon personnage correspond parfaitement à ma personnalité.

— Aradia ? a suggéré quelqu'un.

— Aradia ? a répété Alecia, pas sûre de comprendre.

— La déesse des Sorcières, a expliqué Sam d'une voix étonnamment calme.

— Non, non, l'a contrée Alecia. Là, ça a rapport avec ce que je viens de vivre.

— Aphrodite, déesse de l'Amour, a proposé une femme qui n'avait pas assisté à son mariage.

— Bien tenté ! l'a encouragée à tort Alecia. Mais non. Nouvel indice. Je suis sans doute parmi nous la plus grande experte en la question.

— Est-ce que Narcisse était une déesse ? ai-je demandé innocemment depuis ma place, en cuisine.

— Papa, m'a prévenu Valerie.

Plusieurs femmes se sont tournées vers moi, interloquées : avec les taux d'œstrogène qui crevaient le plafond, elles m'avaient complètement oublié. Sarah, elle, a réprimé un rire.

— Héra ! s'est impatientée Alecia. La déesse du Mariage.

— Ah, bien sûr, a dit Sam.

— C'était quand même évident, a ronchonné Héra en leur agitant son alliance sous le nez. Enfin !

— Bon, on s'est bien amusées ! a déclaré Valerie (traduction, « sauf quand ça a été au tour d'Alecia »)

— Ça fait combien, maintenant, six semaines ? Oh mon Dieu, mon anniversaire des deux mois approche à grands pas !

Une main plaquée sur sa bouche, Alecia avait l'air stupéfaite. Je me demandais combien il me faudrait débourser pour qu'elle accepte de rester comme ça jusqu'à la fin de la fête.

Les identités de chaque déesse ayant été révélées, je me disais que l'ambiance allait retomber d'un cran. C'est ce qui se passe en général quand j'invite des amis chez moi – une grosse vague d'excitation, puis le calme plat.

TOM : (excité) T'aurais pas de la bière ?

MOI : (excité) Si. T'en veux une ?

TOM : (excité) Ouais !

(Calme plat, dix minutes s'écoulent.)

MOI : Une autre bière ?

TOM : Pas tout de suite.

Ne tenant pas à ce que la soirée-cadeaux de ma fille tourne à ça, j'ai ouvert la bouche pour suggérer quelques sujets de conversation intéressants, tels Les Lanceurs de l'équipe des Yankees, mais je me suis très vite aperçu que les femmes ne connaissent jamais de calme plat. Une demi-douzaine de conversations ont démarré en même temps, avec manifestement pour sujet unique « Ce que j'ai fait, ou ferai, lors de mon mariage ».

Toute ma vie j'ai traîné avec des hommes et je peux vous garantir que c'est le genre de discussion que nous n'avons jamais. Pas une seule fois je n'ai entendu un homme se demander tout haut dans quel endroit il voulait se marier, à qui il confierait les alliances, ou quel genre de fleurs « seraient jolies ».

— Valerie aussi va bientôt se marier ! a annoncé Sam lorsqu'il lui a semblé qu'elle attirait trop l'attention.

— Je regarde encore ma robe tous les jours ! a déclaré Alecia pour la même raison.

Les invitées ont tourné leurs tiares en direction de Valerie pour lui demander des détails.

— On va envoyer les cartes « Réservez cette date » ce week-end. Marty voulait faire imprimer « Réservez cette date, Sauvez les baleines ».

— J'espère que vous n'avez pas pris les modèles qui s'aiment au frigo, ça craint trop.

— Non, ça ne sera pas des magnets. Ces trucs-là, ça met un million d'années à se biodégrader.

— Et puis ça craint, a insisté Alecia.

— Vous avez choisi un thème ? a demandé quelqu'un.

— Pas encore. Marty voudrait quelque chose dans l'écologie.

— C'est futé, ça, l'a félicitée Alecia, de laisser croire à ton fiancé qu'il participe. Au moins ça le tient à l'écart.

— Marty avait pensé à un truc, pour les fleurs, a repris Valerie.

— Mon bouquet à moi, il était composé de goulets, de tulipes et de roses, s'est extasiée Alecia.

— On avait dans l'idée, pour faire un coup, vous voyez, de choisir des fleurs exotiques. Ensuite, pour symboliser la destruction qu'elles représentent, au lieu de lancer le bouquet, je le brûlerais.

— Mes invités ont été bluffés, de la distance à laquelle j'ai lancé mon bouquet, s'est esclaffée Alecia. Je les avais pourtant prévenus ; ils ne voulaient pas me croire.

— Mais je pense qu'on va rester sur des fleurs des champs, a affirmé Valerie.

— Bonne idée, ont-elles toutes acquiescé.

J'ai bien vu que l'idée du bouquet brûlé avait eu du mal à passer.

— Ton fiancé a l'air vraiment spécial, a remarqué quelqu'un.

Là, je me suis dit qu'on pouvait interpréter l'adjectif « spécial » de plusieurs façons.

— Il est génial. Un peu *geek*, mais bon... a répondu Valerie en haussant les épaules.

— Mais tu l'aimes, a ajouté Sam.

Toutes les femmes présentes ont alors fait oui de la tête, comme pour une décision par acclamation.

— Hé, tu sais quoi ? suis-je intervenu. Comme thème, vous pourriez choisir Mariage à la geek ! Tu vois l'astuce ? Le film *Mariage à la grecque*...

— Amusant, a estimé Sam (traduire : pas marrant).

— Vous voyez l'astuce ?

— Oui, oui, Bruce, m'a assuré Sarah.

Elle m'a répété des centaines de fois qu'elle trouve mes jeux de mots lourdingues, et franchement ça m'étonne : en général, sur la plupart des autres sujets, elle se trompe moins que ça.

— Bon allez, a repris Valerie, on va faire un jeu.

Elle nous a alors expliqué qu'il s'agirait d'une variation du jeu de l'âne, dans lequel les joueurs ont les yeux bandés et doivent essayer de punaiser une queue sur un âne dessiné. (J'espérais que la variation consisterait à aller fourrer une chaussette dans la bouche d'Alecia.) Ma fille a alors sorti un poster du dieu Zeus : la statue qui est exposée au musée archéologique d'Athènes.

Cette statue est un nu tout à fait correct du point de vue anatomique. Mais pour le jeu, une partie on ne peut plus critique de l'anatomie divine avait été retirée. Les invitées allaient donc devoir, à tour de rôle, tenter de punaiser la partie critique au bon endroit. Les yeux bandés. Sous les rires hystériques de leurs collègues.

Autre exemple de choses que les hommes ne font jamais, je vous le signe.

L'affaire me mettait mal à l'aise, je suis sorti prendre l'air. À mon retour, quelqu'un avait punaisé l'objet sur le front de Zeus, sûrement pour suggérer avec quelle partie de leur corps les hommes pensent. J'ai ignoré la chose avec superbe.

Ensuite, les femmes ont encore parlé du mariage de Sam et écouté Alecia évoquer le sien. À un moment donné, Valerie leur a raconté comment Moisi l'avait demandée en mariage – cette fois, il était à genoux devant elle, à l'aube, au sommet d'une montagne, et il lui offrait la bague en prononçant des mots très romantiques, tels « Acceptes-tu de partager mon véhicule hybride ». Un truc dans le genre.

— Bon allez, c'est la soirée de Sam, a fini par rappeler Valerie (première nouvelle pour Alecia !).

Ensuite, elle a distribué des papiers et des stylos et annoncé que nous allions faire un « Quiz Spécial Sam ». Le gagnant remporterait un prix.

— Le prix, tu peux me le donner tout de suite, ai-je gloussé. Personne ne va pouvoir me battre à ce jeu-là.

Quiz pour soirée-cadeaux – version courante	
Questions concernant la future mariée	Réponses
Qui était son prof préféré ?	À l'évidence, son père. Les pères enseignent tant de choses à leurs enfants, au cours de leur vie, que ces derniers ne pourront jamais les en remercier assez. Rapporter leur mixeur constituerait toutefois un bon début.
Qui était son coach préféré ?	C'est clair : son père. Les coachs, ça va, ça vient, mais c'est toujours le père qui offre les conseils les plus sages et les plus importants. Quand bien même il s'agit de volley-ball, un sport qu'il n'a jamais pratiqué et dont il n'est toujours pas bien sûr de comprendre les règles.
Qui l'a le plus influencée ?	Soyons simples : son père. Certes, il a parfois pu lui paraître dépassé, lorsqu'il sur-réagissait, lorsqu'il semblait déraisonnable ou envahissant, mais dans l'ensemble, nous voyons bien à présent que ça n'était pas le cas.

— OK, première question. Sam a embrassé son premier garçon à l'âge de treize ans. Comment s'appelait-il ?

— Hein ? me suis-je étouffé. Tu te fous de moi ? *Treize* ans ?

— Papa, m'a dit Valerie.

— Tu as embrassé un garçon quand tu avais à peine treize ans ? Alors là, désolé, mais c'est la goutte d'eau. Tu es... (Je me suis interrompu, pas trop sûr de ce qui allait sortir de ma bouche. *Consignée* ?)

— Papa, a répété Valerie.

— C'était il y a longtemps, papa, a ajouté Sam, comme s'il y avait un délai de prescription pour ce genre de comportement.

J'ai donc appris que le premier garçon que mon aînée avait embrassé s'appelait John. Je prévoyais déjà un coup de fil à ses parents.

— Bon. Question suivante. Avec qui Sam sortait-elle quand elle a rencontré Geoff ?

— Minute. Tu sortais avec un garçon et tu t'es jetée dans les bras d'un autre ? ai-je voulu qu'elle précise.

— Papa, m'a fait Valerie.

— Je ne me suis jetée dans les bras de personne, papa. Il m'a demandé mon numéro, je le lui ai donné, s'est-elle défendue.

— Un inconnu te demande ton numéro et toi tu le lui donnes comme ça ? ai-je relancé, incrédule. Ça aurait pu être Ted Bundy.

— Ça m'arrivait tout le temps, a ricané Alecia. Des types qui venaient me draguer alors que j'étais visiblement en couple. Et aujourd'hui encore, alors que je suis mariée.

J'ai donc appris que le garçon avec lequel Sam sortait le fameux jour où elle donnait son numéro à tout le monde comme s'il s'agissait de cookies gratuits s'appelait lui aussi John. Je précise tout de suite qu'il n'est jamais bon pour son cœur qu'un père apprenne que sa fille est sortie avec toute une cohorte de John.

— Question suivante. Que s'est-il passé lors du premier baiser de Sam et Geoff.

— Attends, je devine, ai-je dit. Elle a donné son numéro à un autre gars.

— Papa, s'est exaspérée Valerie.

— Notre premier baiser n'a rien eu de romantique, a minaudé Alecia. Si j'avais su qu'il me demanderait un jour de l'épouser, j'aurais préféré que ça se passe ailleurs que dans sa voiture. Sur un bateau au clair de lune, ou ailleurs.

Je n'arrivais pas à comprendre qu'Alecia ne remarque pas que personne ne réagissait à ce qu'elle disait. Elle aurait pu annoncer qu'elle avait un lourd passé de *serial killer*, personne n'aurait relevé.

Le premier baiser de Sam et Geoff a eu lieu dans un parc, au lever du soleil.

— Au lever du soleil ? Tu es sortie avec un garçon et vous n'êtes pas rentrés avant le lever du soleil ?

— Papa, a maugréé Valerie.

— Enfin, papa. J'ai mon propre appartement. J'ai été à la fac. Qu'est-ce que tu crois ?

— Ah mais moi je ne veux rien croire. Ma mission n'est pas de croire, mais de savoir. Et ce que je sais, c'est que tu n'es pas censée sortir avec des inconnus qui ont trouvé ton numéro marqué quelque part et rester avec eux jusqu'au bout de la nuit.

— D'accord. Je ne le ferai plus.

Ça m'a scié. Pas une seule fois de toute ma vie Sam n'avait accepté de respecter une de mes règles sans me crier dessus et sans claquer sa porte à plusieurs reprises.

— On peut continuer ? a gentiment demandé Valerie. Très bien. Comment Geoff surnomme-t-il les nénés de Sam ?

— Quoi ? Cette fois c'est décidé, le mariage est annulé.

— Papa (toujours Valerie).

— M'enfin quand même, Geoff qui crie sur tous les toits comment il surnomme les… les…

Ayant passé toute ma vie à me persuader que non, mon aînée n'avait même pas de… il m'était impossible d'en parler à présent.

— Je dois reconnaître que je suis d'accord avec ton père, a affirmé Alecia (du coup, je me suis dit que j'étais peut-être dans le faux). Je ne supporte même pas que mon mari *regarde* les miens. Ça me fait, genre, « hé, ho, mon visage est plus haut ». Eh, mais minute, s'est-elle interrompue, les yeux tout pétillants. Vous avez entendu ce que je viens de dire ? Mon *mari*. Je n'y crois toujours pas.

Sur ce, elle nous a montré sa bague, afin que nous puissions tous l'ignorer.

La réponse correcte à cette question choquante était « Marrons Chauds ». Expression qui n'a ni queue ni tête, et qui me laisse à penser que mon futur gendre n'a déjà plus toute sa tête.

Encore quelques questions, puis nous avons fait les totaux. Je m'en suis moins bien tiré qu'on aurait pu le croire. Et ce en grande partie parce que ma fille n'a pas écouté les leçons que je lui ai prodiguées toute sa vie durant.

Sam a ensuite ouvert ses cadeaux – je lui ai offert un mixeur qui m'a valu un regard légèrement intrigué, vu qu'elle savait que je savais qu'elle possédait déjà le mien. Puis, après une nouvelle tournée de sucre, ces dames sont parties. Plusieurs d'entre elles m'ont remercié de m'être montré si fair play pendant le quiz – je n'avais visiblement pas été assez clair.

Alecia est restée, mais pas pour nous aider à débarrasser, comme j'aurais pu le croire, plutôt parce qu'elle avait le sentiment que, durant la fête, nous n'avions pas assez entendu parler d'elle.

(J'imagine qu'elle était la seule à ressentir les choses ainsi.) Bref, elle voulait encore évoquer son mariage, donner quelques conseils de plus à Sam – qui les a absorbés comme un rocher absorbe l'eau. Valerie a récupéré ses colonnes et Sarah m'a aidé avec la vaisselle.

— Et j'ai une nouvelle épatante, a annoncé Alecia, affalée dans mon canapé.

Nous nous sommes tous immobilisés, transis de peur.

— Pour la lune de miel, Sam. J'ai appelé le directeur de notre hôtel – je me suis pas mal liée avec lui, vu tous les problèmes qu'on a rencontrés au début, tout ce qui n'allait pas. Et tu sais quoi ? Vous allez pouvoir prendre la *même chambre que nous* !

Sam et Valerie ont échangé un regard.

Priscilla et F.D. Roosevelt offraient la lune de miel en cadeau de mariage à Sam et Geoff – un geste certes généreux, mais qui a laissé penser à Alecia qu'elle avait dès lors son mot à dire sur la destination, l'hébergement et même, à ce que nous allions apprendre dans la demi-heure, sur les activités.

— Je te passerai la liste de tout ce que nous avons fait. J'aime rendre ce genre de services, s'est enthousiasmée Alecia. Pour votre deuxième soirée, vous devez absolument vous rendre à ce restau de poissons avec une vue à tomber. Si tu leur fais une scène, ils vous donneront une table près de la fenêtre.

— Alecia, tu m'excuses, je récupère les assiettes, lui a fait Valerie en indiquant celles posées sur la table basse où Alecia venait de prendre place.

— Tout à fait, lui a-t-elle répondu en s'écartant.

Alecia nous a alors expliqué que ces choses-là se discutaient plus facilement autour d'un déjeuner, mais qu'elle était disposée à nous offrir une avant-première : une description de sa lune de miel qui aura duré aussi longtemps que la lune de miel elle-même.

Nous quatre, nous nous contentions d'acquiescer, sans interrompre le ménage ni prêter attention à ce qu'elle disait. Je n'ai toutefois pu m'empêcher de l'écouter déblatérer quand elle nous a sorti : « Et puis, ne le laisse pas te mettre la pression, tu sais, avec le "devoir conjugal", tout ça. Tu seras tellement épuisée... tu auras besoin de temps pour décompresser et prendre du bon temps. Les hommes, tu sais, ils sont toujours... Ils se moquent bien de savoir que tu viens de vivre un mariage énorme et que tu as besoin de vacances : ils insistent, ils insistent... Au bout du compte, j'ai fini par devoir faire la loi. C'est vrai, quoi, deux secondes, là, c'est ma lune de miel aussi, non ? »

Sam et Valerie se regardaient avec au visage une expression qui m'a rappelé leur adolescence, quand je leur donnais des conseils au sujet des garçons. Ce n'était pas, me suis-je aperçu un peu tard, une expression de reconnaissance admirative envers la sagesse que je leur faisais partager.

En promettant d'aller déjeuner avec elle, Sam a finalement pu nous débarrasser d'Alecia. Aussitôt, elle s'est précipitée vers moi.

— Oh mon Dieu, papa ! Je ne veux pas aller au même endroit qu'elle. Je veux ma lune de miel à moi !

— Entièrement d'accord ! lui ai-je répondu. En plus, après son départ, ils ont sûrement dû réduire les lieux en cendres pour tenter d'oublier tout ça.

— Pas question que je dorme dans leur chambre. Et puis quoi, je ne suis pas censée faire l'amour ?

Là, je n'ai plus su ce que je voulais dire – Sam venait d'aborder le sujet tabou. Sarah a posé une main sur mon épaule en gage de réconfort.

— C'est n'importe quoi ! pestait Sam.

— Papa, tu dois faire quelque chose, a confirmé Valerie.

— Je... quoi ? Pourquoi moi ?

— Tu ne vas quand même pas laisser Alecia fourrer son nez là-dedans ! s'est insurgée Valerie. Appelle sa mère, je sais pas.

Ça m'a fait froid dans le dos.

— Que j'appelle... Priscilla ? Valerie, cette bonne femme me fout les jetons.

— Je ne veux pas aller en France mais à Hawaï, a déclaré Sam.

— Ils ne sont pas allés en Polynésie française ? ai-je fait.

— Peu importe. Je m'en moque. C'est ma lune de miel, pas la sienne.

Elle en avait les larmes aux yeux.

Valerie m'a adressé un regard de détresse.

— Tu dois faire quelque chose, papa !

— OK, OK. C'est bon. Je vais gérer. Ne pleure plus, ma puce.

— Merci, papa, a affirmé Sam, reconnaissante.

— Merci, papa, lui a fait écho Valerie.

De mon côté, je hochais la tête, sachant parfaitement ce que j'allais faire.

CHAPITRE 11

MARIAGE – COMPTE À REBOURS

Imaginez la scène : un troupeau de bisons, dans un pré, songeant sans doute « Dites, on n'était pas plus nombreux avant que ces gars se pointent avec leurs fusils ? » Ils sont là à brouter ce que broutent les bisons, attendant le week-end pour pouvoir se détendre. Tout à coup, l'un d'eux perçoit un vrombissement – il a une bestiole dans l'oreille ! Il se met à ruer, ses collègues deviennent nerveux, puis l'un d'eux entre en panique et tous les autres l'imitent ; ils foncent en ville piétiner tous les habitants.

Un mariage, c'est plus ou moins pareil : chacun vaque tranquillement à ses occupations, puis tout le monde se met à paniquer pour des bricoles qui paraissent vraiment insignifiantes (exemple : comment redécorer cette calèche à laquelle je croyais avoir opposé mon veto). Étape suivante, on se fait tous piétiner.

(Soit dit en passant : les femmes de l'équipe n'apprécieront pas que vous les compariez à un troupeau de bisons.)

Coaching fitness de la promise : comme chez les marines, la gaieté en moins

Bon, ce ne sont peut-être pas des bisons, mais voyez un peu en quels termes les futures mariées se décrivent :

— J'ai mangé comme une truie !

— Je suis une grosse vache !

Lorsqu'un père entend sa fille déclarer ce genre de choses, la meilleure réponse qu'il puisse lui faire est la suivante :

— Ma puce, ne dis pas ça – tu me donnes envie d'un cheese-burger.

L'ennui étant que, dans bon nombre de cérémonies de mariage, les invités n'ont rien de plus intéressant à regarder que les fesses de la mariée pendant une demi-heure. (Fesses qui, certes, sont dissimulées par la robe, tout comme les chaussures, mais l'intéressée rejettera l'argument, car cela impliquerait qu'elle ne s'achète ni de nouvelles chaussures ni de nouvelles fesses.)

Pour l'aider à célébrer la commercialisation de sa nouvelle image corporelle fictive, Sam avait contacté un coach.

— Tu n'as pas besoin de coach, tu m'as moi, lui ai-je rappelé. Je serai ravi de te concocter un programme d'entraînement cardio-végétal.

Ma gentille offre a été, elle aussi, rejetée. Si bien que, un jour, rentrant chez moi, je me suis retrouvé nez à triceps et dents blanches avec un coach. Il discutait avec mes filles dans mon salon.

— Bruce, ravi de vous rencontrer, m'a-t-il salué en bondissant du canapé avec une énergie factice.

Sa main était toute gonflée de veines quand il a serré la mienne – je me suis dit qu'il devrait surveiller la chose, et peut-être y appliquer une de ces crèmes bio à base de bouse que Valerie fabrique. Deux fois par jour jusqu'à dissolution des vaisseaux.

— Je m'appelle Caleçon Fleuri.

Quelque chose comme ça, en tout cas.

Mes filles, on s'en doute, pépiaient de plaisir[1] à l'idée d'engager Caleçon et ses soi-disant muscles et belle gueule. Moi, j'ai très vite repéré les trois raisons pour lesquelles nous n'allions pas faire appel à son « Programme d'Entraînement Spécial Mariage™ ».

1. C'était payant.

2. Ça demandait du temps.

3. J'allais devoir participer.

— Et pourquoi j'aurais envie de me lancer là-dedans ? leur ai-je demandé.

— Papa. Tu disais toi-même que tu voulais perdre deux, trois kilos, m'a rappelé Valerie.

— Non, non, ça c'est toi qui le disais. Moi je voulais juste m'acheter des pantalons neufs. Pas pareil.

— Papa, tu es mon père et je t'aime. Je tiens à t'avoir le plus longtemps possible près de moi, a interjeté Sam.

— Et voilà… les coups bas, maintenant.

Caleçon me souriait. J'ai décidé qu'il avait sûrement plusieurs rangées de dents, tel un grand requin blanc croquant un baigneur sans méfiance.

— Bruce, vous permettez que je dise un mot ?

— Si c'est « adieu », pas de souci.

— Papa, m'a fait Valerie.

Caleçon nous a alors longuement expliqué comment son programme, mélange unique de régime et d'exercice, allait me valoir crampes d'estomac et courbatures en permanence.

— Régime et exercice, ai-je acquiescé. Jamais je n'aurais songé à combiner ces deux ingrédients si uniques pour maigrir.

---

1. Encore une expression que les femmes n'apprécieront pas. Comme la comparaison des bisons. Bon à savoir.

— Papa, m'a tancé Valerie.

— On va trop s'amuser, papa, a déclaré Sam.

Ça, venant d'une personne qui trouve « trop amusant » de passer ses vacances à participer à des tournois de volley…

En fin de compte, nous avons opté pour un compromis : mes filles auraient le droit de s'inscrire au « Programme d'Entraî-nement Spécial Torture » ou je ne sais plus quoi, du moment que je n'avais pas à y participer. Ça les a pas mal déçues, mais j'ai tenu bon – et j'ai bien vu le regard qu'elles ont échangé : « *Caramba*, encore raté, nous n'avons pas réussi à manipuler notre père ! » J'ai remis son chèque à M. Caleçon Fleuri et gracieusement accepté l'exemplaire gratuit qu'il m'a offert de son manuel « Maigrir en 30 Jours – Pas d'excuses mais des crampes d'estomac™ ». Rien qu'à en voir la couverture, j'étais d'attaque pour dévorer tout un buffet.

— Merci, papa, ont dit en chœur mes filles.

À certains moments de l'organisation du mariage et de la rédaction des chèques, les promises peuvent oublier de remercier leur père pour ses dépassements de budget. Mes filles, elles, l'avaient jusqu'alors fait chaque fois que je le leur avais rappelé.

Si vous pensez contrôler la situation, vous êtes mal renseigné

Six semaines environ avant le mariage de Sam, j'ai jugé important que chacun prenne le temps de venir me féliciter. Grâce à mes conseils et à mes décisions, mon aînée avait réussi à surmonter tous les défis qui s'étaient présentés à elle – des serviettes en papier qui n'existaient pas dans la taille voulue, jusqu'à la question de savoir s'il était judicieux de « décorer » son chien (censé apporter les alliances) avec des guirlandes de fleurs et des rubans, sachant que l'histoire récente avait démontré qu'il préférait les dévorer. Le mariage de Valerie était prévu pour le mois de mai de l'année suivante, une date qui me paraissait plus lointaine que le prochain passage d'une comète. Lindy Love-Moi, la Pro de l'Anéantissement, et moi étions convenus qu'elle me tiendrait informé des points importants en permanence. (En fait, je lui avais dit que je voulais recevoir des rapports à intervalles réguliers, elle m'avait répondu « On verra », mais j'avais trouvé ça encourageant.)

La fameuse controverse des serviettes en papier constitue le modèle parfait d'une gestion père-fille des situations d'urgence. Chacun propose une série de solutions jusqu'à acceptation d'un compromis.

Modèle utile pour gestion de problèmes	
Situation : les serviettes en papier n'ont pas les dimensions voulues	
Solution proposée par la fille	Variante raisonnable proposée par le père
Ça n'est pas qu'elles n'ont pas la bonne taille, c'est qu'elles n'ont pas la bonne couleur ! J'avais demandé « Aura » et ils m'ont livré des « Amnistie » ! Elles ne sont plus assorties à rien, la vendeuse s'est trompée et elle prétend qu'ils ne pourront pas se faire livrer la bonne couleur dans les temps ! C'est l'horreur ! Il va falloir passer une commande en urgence ailleurs et payer 3 fois plus.	Annulons ce mariage.
Pas question d'annuler le mariage.	Bon, attends, c'est pas si grave, si ? Je sais que tu les voulais en « Oreo », mais je suis sûr que l'autre reste une jolie couleur… « Euthanasie », c'est ça ?

« Amnistie » ! C'est une couleur de champignon ! On ne va pas prendre ça, quand même ! Il nous faut absolument un autre coloris !	Remarque, a-t-on vraiment besoin de serviettes ? Les invités n'auront qu'à s'essuyer à leurs manches.
Et puis quoi, après, économiser aussi sur l'argenterie ? Attacher les gens les mains dans le dos, comme dans le concours du plus gros mangeur de tartes ?	Hmm, pas bête, ça…
Nous *devons* passer une commande en urgence aujourd'hui même !	Qu'est-ce qui coûtera le moins cher : des serviettes en tissu ou la commande en urgence de modèles… comment déjà ? « Aura », « Orque » ?
« Aura ». Bon, c'est sûr, les serviettes en tissu sont moins chères. Mais tu disais toi-même qu'elles n'étaient pas dans nos cordes.	Ma puce… c'est bien pour ça que tu as besoin d'un pro comme moi. Tu ne vois donc pas qu'il est plus logique de commander celles en tissu plutôt que celles en papier, quand on tient compte de tous les frais ? À la base, j'avais dit *niet* pour le tissu à cause du prix, mais maintenant, la logique impose que nous options pour la solution la moins onéreuse : le tissu.
C'est plus logique, effectivement.	Mais bien sûr. Bon, comment s'y prend-on pour se faire rembourser ? Pas question de payer les modèles « Appendicite ».
T'inquiète, il nous a juste envoyé un échantillon – nous n'avons rien déboursé.	Bien.

Vous voyez ? Maîtriser tous les aspects du mariage d'une main ferme rend tout le monde plus heureux. Si les invités s'étaient présentés à la réception et avaient découvert des serviettes « Oral », ça les aurait sans doute mis dans une rage folle, ils auraient saccagé les lieux. Alors que, quand le père s'en mêle, tout se passe comme sur des roulettes et je suis certain que, après ce mariage, nous recevrons une tonne de compliments au sujet des serviettes. Sans que quiconque soupçonne la catastrophe qui nous a menacés.

Tout allait tellement bien, que je n'ai pas venu venir le coup de fil paniqué de ma cadette.

— Papa ! m'a salué Valerie. On a un problème.

— Laisse-moi deviner : Merdik refuse que les invités recrachent du dioxyde de carbone.

— Papa. Non. On est à la boutique de robes, pour les demoiselles d'honneur.

— Ah, bien… Et comment se passent vos trois heures de visite ?

C'était devenu un sujet sensible, avec mes filles : l'essayage des robes pour DDH était programmé sur toute une journée, tandis que mon fils et moi n'avions passé qu'une demi-heure pour régler la question du smoking (et en avions même profité pour acheter des sous-vêtements). Je ne voyais pas à quoi tout ça rimait : tout le monde s'habille tous les jours, non ?

— On a une urgence. Tu peux venir ?

Je suis allé à la fenêtre, le regard braqué sur les nuages, la poitrine gonflée et ma cape flottant derrière moi.

— Bien sûr, ai-je répondu d'une voix grave. J'arrive tout de suite.

À la boutique, j'ai trouvé les femmes en larmes, en train de se rouler par terre et de se mordre les bras. Bon, peut-être pas exactement, mais on sentait bien le malheur dans l'air. Un malheur prénommé Alecia.

— Ça m'est arrivé aussi, pour mon mariage, expliquait-elle à Sam.

J'ai tout de suite vu où se situait le souci – quoi qu'il s'agisse, si ça s'était produit pour le mariage d'Alecia, Sam ne voulait pas que ça se produise pour le sien.

— Tu vas devoir payer le supplément, a poursuivi Alecia. C'est le prix, pour se marier.

Remarque qu'elle a ponctuée d'un mouvement de la main indiquant que ce genre de supplément n'était rien pour une femme comme elle.

— Papa, m'a accueilli Valerie.

Aussitôt, elle m'a agrippé par un bras et entraîné dans un coin pour me parler. Elle portait une robe dont j'estimais la couleur proche d'« Aura », mais dans un style que j'estimais proche de « Poilant ».

Les robes des DDH sont délibérément moches, de sorte que lorsque le promis se dirige vers l'autel, il puisse se dire : « Dieu merci, j'épouse le canon. Les autres, ont dirait un accident de montgolfière. »

— Les robes sont trois fois trop grandes ! m'a annoncé Valerie. On va devoir payer les retouches, et ça va faire du 200 $ pièce.

— Vous pourriez toutes reprendre du poids ?

— Papa ! En plus, Alecia nous a encore parlé de la lune de miel. Je croyais que tu devais lui expliquer qu'elle n'avait pas à s'en mêler, que Sam et Geoff comptaient aller où ils voulaient. C'est pas encore réglé ?

— Pas eu le temps, ai-je protesté. Avec tout le sport que j'ai dû faire pour entrer dans mon smok'.

— Bon, écoute, toutes les DDH ne peuvent pas se permettre de rajouter 200 $. Moi, déjà, papa ! Qu'est-ce qu'on va faire ?

Il s'est avéré que ces dames avaient commandé leurs robes deux tailles au-dessus parce qu'on leur avait expliqué qu'elles « taillaient petit ». Sauf que quand elles les ont essayées, elles ont constaté qu'elles étaient (je vous le donne en mille) deux tailles trop grandes.

J'ai décidé qu'il me fallait contacter un expert – j'ai appelé Sarah. Je lui ai fait un topo rapide de la situation, puis lui ai demandé ce qu'elle pensait de ma solution : la faire venir à la boutique pour régler l'affaire.

— On aurait dû commander ces robes là où on a pris celle de Sam, ai-je râlé.

— C'est bien ce que j'avais conseillé, m'a-t-elle fait remarquer.

— Écoute, je ne vois pas le rapport : ce qui est fait est fait.

Tous les matins, au petit déjeuner, Sarah prend un grand verre de Google – là, je l'entendais taper au clavier tandis que nous parlions.

— Quelle arnaque ! a-t-elle fini par s'exclamer.

— Quoi, les mariages ?

— Non, les robes des demoiselles d'honneur. Toute cette histoire n'est qu'une grosse arnaque.

— Sans compter qu'elles sont moches, ai-je ajouté.

— Ils commencent par t'expliquer que leurs robes taillent petit, ce qui est faux, de sorte qu'une fois les modèles livrés tu n'aies d'autre choix que de payer pour les retouches. Et il leur arrive même de faire travailler un autre créateur, un prestataire à bas coût, et pas celui qui figure dans le catalogue. Ils vont jusqu'à arracher les étiquettes, ce qui est pourtant interdit par le droit fédéral.

Sarah m'a lu la loi en question.

— Pigé, ai-je acquiescé. Donc, dès que tu nous rejoins…

— Impossible, j'ai un boulot à finir de toute urgence.

— Attends, Sarah, sois raisonnable. Nous parlons des robes, bon sang. S'il s'agissait de matériel anti-char ou que sais-je, moi je viendrais t'aider.

— Jamais je ne commanderais de matériel anti-char deux fois trop grand.

— Amusant.

— Faut que j'y aille, chéri. Tu peux le faire, n'oublie pas que c'est toi qui gères l'organisation du mariage. Tu es Superpapa !

La plupart du temps, Sarah est une petite amie de très haute volée. Mais là, je me sentais bien abandonné. Les seules solutions que je voyais étaient les suivantes : (a) persuader les DDH de se recaser dans un autre mariage, (b) annoncer à Sam qu'elle ne pourrait pas se marier ou (c) rédiger des chèques pour ces dames.

J'allais rejoindre les filles quand soudain j'ai bloqué. De là où je me trouvais, je voyais ma fille Sam assise sur un canapé, coincée entre Alecia et la patronne de la boutique. Cette dernière était maigre à un point qu'elle aurait pu traiter Paris Hilton d'obèse. Et elle affichait un air méprisant. Elle avait un joli visage, mais il était froid ; quant à ses ongles, ils avaient la couleur du sang qu'elle devait faire verser aux futures mariées et à leurs amies. Sam, elle, avait la figure cramoisie en regardant le chèque que la patronne agitait sous son nez.

— Nous n'acceptons pas les chèques postdatés, déclarait-elle très sérieusement. C'est contraire à notre politique.

J'ai aussitôt compris ce qui s'était passé : l'une des DDH, une fille que Sam connaissait depuis le lycée, n'avait pu rester à la boutique plus longtemps et était partie avant la fin de la querelle des retouches. Elle avait courageusement laissé un chèque, en demandant à ce qu'il ne soit déposé qu'après qu'elle aurait touché sa paye. Ces filles étaient toutes jeunes, elles venaient à peine de se lancer dans la vie, et leur budget allait prendre un sacré coup avec cette histoire de robes. 200 $ de plus à débourser, et elles risquaient de se retrouver dans le rouge.

Alecia hochait la tête, bien d'accord avec la patronne.

— Ça ne se fait pas, Sam, a-t-elle précisé. Ton amie a abusé, là.

La façon qu'elle a eue de prononcer le mot « copine », on aurait cru que c'était une tache indélébile. Allez savoir pourquoi, c'est ce qui m'a décidé. Je me suis dirigé vers elles, comme poussé par tous les Pères de Futures Mariées de l'histoire.

— Rappelez-moi votre nom ? ai-je sèchement demandé à la patronne.

— Madame Mann.

— Pourquoi leur avez-vous conseillé de commander des robes aussi grandes ?

— Parce que ces modèles taillent petit, m'a-t-elle rétorqué en plissant les yeux. Or on ne peut pas retoucher une robe pour l'agrandir.

— Exact, a confirmé Alecia. Pour mon mariage, nous avions commandé les robes trois tailles au-dessus, par mesure de sécurité.

— Sauf que ces robes-ci ne sont pas petites. Elles sont trop grandes. Vous avez mal conseillé ces dames.

Au même instant, j'ai saisi une des robes et regardé sous la couture. Pas d'étiquette.

— Elles peuvent les porter telles quelles ou les faire retoucher. À elles de voir. Ça n'est pas mon problème.

— Faux : vous les avez mal conseillées. Vous devez donc payer les retouches.

Mme Mann avait l'air amusée.

— Ah ça non, ça serait contraire à notre politique.

— Eh oui, s'est encore immiscée Alecia. Tout le monde le sait.

— Cette boutique vous appartient, madame Mann. C'est donc votre politique, ai-je déclaré.

La patronne m'a dévisagé, visiblement surprise que j'aie compris ça tout seul.

— Où sont les étiquettes, madame Mann ? lui ai-je ensuite demandé.

— Comment ?

— Les étiquettes. Cette robe n'a pas d'étiquette. Vous êtes censée vendre des modèles avec étiquette indiquant le pays d'origine, le fabriquant, le tissu et les instructions de lavage. Le droit fédéral interdit de les retirer avant la vente.

Mes filles me regardaient comme si je venais de réaliser un tour de magie.

— Nous les retirons toujours, a fait Mme Mann. Par égard pour la promise.

— Pour mon mariage… a commencé Alecia.

— La ferme, Alecia, l'ai-je gentiment interrompue (elle en est restée bouche bée. Je me suis retourné vers la patronne.). Vous savez quoi, madame Mann ? Votre boutique va devenir célèbre.

Plus trop sûre d'elle, elle s'est mise à nous regarder tous à tour de rôle.

— Je suis chroniqueur de presse écrite, voyez-vous ? Je vais rédiger une chronique sur vous et votre boutique, dont la *politique* consiste à tromper les clientes sur la taille de leurs robes dans le seul but de les contraindre à payer des retouches. Ensuite, je contacterai le fabriquant cité dans votre catalogue et lui demanderai s'il a bien réalisé ces robes, ou s'il s'agit d'une imitation à bas coût. Enfin, j'irai trouver la Commission fédérale du commerce pour leur parler de votre *politique* de retrait des étiquettes que le droit impose de laisser intactes. Quand j'aurai publié cette série d'articles, madame Mann, tout le monde en ville saura où *ne pas aller* acheter une robe pour demoiselles d'honneur.

Nous sommes restés un moment dans le plus grand silence : moi à m'imaginer recevoir le prix Pulitzer pour avoir mis au jour l'arnaque de Mme Mann ; Mme Mann à s'imaginer prendre un long couteau pour mettre au jour mes boyaux. Lorsqu'elle a rouvert la bouche, on a entendu les charnières grincer.

— Je suppose que nous pourrions vous consentir un rab… (À voir le regard menaçant que je lui lançais, elle s'est ravisée.) Bien sûr, les demoiselles d'honneur n'auront rien à payer. Rien du tout.

— Et vous êtes… ? l'ai-je relancée.

— Pardon ? m'a-t-elle demandé, intriguée.

Indiquant ma fille d'un signe de tête, j'ai ajouté :

— Dites-lui.

— Ah ! (Se tournant vers Sam :) Je suis vraiment navrée de cette méprise.

Une fois sur le parking, mes filles m'ont serré dans leurs bras comme si j'avais inventé le remède capillaire contre les fourches.

— Papa, tu as été génial ! m'a félicité Valerie.

— Et d'où la connaissais-tu, l'histoire des étiquettes ? a voulu savoir Sam.

— Je l'ai lue quelque part, lui ai-je expliqué dans un haussement d'épaules.

— Sarah, a deviné Sam.

— Voilà.

À ce moment-là, Alecia, qui avait déjà regagné sa voiture, s'est portée à notre hauteur. Elle roulait en décapotable, car elle adorait la liberté avec laquelle les gens pouvaient ainsi l'admirer.

— Sam, allons déjeuner, nous devons discuter ! a-t-elle lancé.

Valerie et moi avons échangé un regard : nous étions manifestement devenus invisibles pour Alecia, et nous nous en réjouissions. Sur ce, elle a filé.

— Papa, tu vas vraiment devoir agir, là, m'a dit Sam.

— On ne pourrait pas plutôt profiter encore un peu de mon triomphe face à l'autre mégère avant d'envisager une nouvelle guerre ? ai-je demandé.

— Papa, m'a fait Valerie.

Dépenses de dernière minute

Concernant les mariages, il existe deux sortes de dépenses :

1. celles que l'on peut prévoir et budgéter ;

2. celles qu'on n'a pas vues venir. Les unes comme les autres feront exploser votre budget.

Ainsi, la robe de mariée n'est pas la seule robe que la promise devra mettre le grand jour. Il lui faut :

- Celle pour la répétition du dîner
- Celle pour se rendre à la chapelle et enfiler la robe de mariage
- Celle pour se marier
- Celle pour la réception
- Celle pour quitter la réception
- Celle pour aller rendre visite à son père, incarcéré pour endettement

La répétition du dîner exige une robe spéciale parce que c'est un événement unique dans la vie d'une femme. Et le dîner exige une répétition parce que c'est les beaux-parents qui paieront. Vous devez être au top, il vous faut donc une nouvelle robe.

Un père raisonnable fera sans doute observer que, certes, la répétition du dîner est un événement unique, mais que tous les autres événements le sont aussi. Exemple : vous ne vivrez jamais qu'un seul mercredi 11 juin 2014 – avez-vous pour autant besoin d'une robe spéciale ?

Si vous posez la question à une femme en mode nuptial, elle vous répondra que oui, elle a besoin d'une robe spéciale pour l'événement.

Il lui faut une robe spéciale pour aller enfiler sa robe de mariée pour la simple et bonne raison que plusieurs photos informelles seront prises lors de son arrivée, et qu'elle devra être au top.

Un père raisonnable expliquera sans doute que l'intérêt des photos « informelles » est que les sujets ne sont pas forcément au top, et en plus je croyais que tu devais déjà être au top lors de la répétition du dîner, donc tu pourrais reprendre la même robe, non ?

Sauf qu'il y aura déjà eu des photos de prises à la répétition, et qu'il est hors de question que vous apparaissiez dans la même robe aux deux événements !

Un père raisonnable dira sans doute alors que, techniquement, si vous êtes au top dans la tenue que vous portez pour aller enfiler votre robe de mariée, alors une fois cette dernière enfilée vous n'êtes plus au top… mais un peu en dessous.

C'est là que la future mariée fond en larmes et court claquer une porte indéterminée de la maison. Félicitations : vous avez remporté la bataille et perdu la guerre.

Cet exemple prouve bien que, en matière de dépenses de dernière minute, le père n'est censé poser aucune question raisonnable ni faire le moindre commentaire logique : raison et logique sont deux éléments extrêmement déstabilisants pour une femme en pleins préparatifs de mariage.

La revanche du *flower power*

Comme la plupart des hommes, ce que je sais des fleurs, je l'ai appris grâce à la mini-série *Frères d'armes*, adaptée du livre de Stephen E. Ambrose. Dans un épisode, on trouve un edelweiss sur l'uniforme d'un soldat tombé au combat, et on nous explique que cette fleur est symbole de bravoure : elle ne fleurit qu'au-delà de la limite de la survie des arbres, dans les Alpes, si bien que le soldat qui la portait sur son uniforme avait dû se livrer à une pénible ascension pour la cueillir[1].

Dans le cadre d'un mariage, il est tout aussi difficile de trouver les fleurs idéales que de grimper cueillir un edelweiss. Sauf que le soldat, lui, n'avait eu à cueillir qu'*une seule* fleur, et qu'à son retour quelqu'un a mis un terme à ses souffrances d'un coup de mitraillette.

— Pourquoi vous ne prendriez pas une fleur qui pousse au sommet des Alpes ? demandera le père, d'un ton sarcastique, tout en faisant la tournée des fleuristes avec sa fille, complétant ainsi sa collection d'allergies.

— Oh, papa, lui répondra-t-on, ne dis pas de bêtises : on ne veut pas de fleur qui vienne du sommet des Alpes. On veut celles qui poussent au sommet de l'Himalaya.

---

1. L'histoire de la fleur s'est révélée être une arnaque, mais rassurez-vous, la Seconde Guerre mondiale a bel et bien eu lieu.

Le thème retenu par ma fille, Hot August Nights, imposait de choisir des fleurs du mois d'août. (Quand son père lui a raisonnablement parlé d'une invention formidable et toute récente – la serre – il n'a reçu que du mépris.) Sam se débattait donc avec des variétés dont je n'avais jamais entendu parler, tels l'« euphorbe », qui me faisait penser à un pays d'Afrique, et le « freesia », qui m'évoquait un mouvement de libération des Euphorbiens.

Les toilettes pour dames devaient être décorées de « glaïeuls », un nom qui me rappelait pas mal mes grands-parents.

— Papa, est intervenue Valerie. Ce ne sont pas des aïeuls, mais des glaïeuls. Et en plus, on va peut-être les zapper, vu qu'ils risquent de jurer avec les pots-pourris.

— Sauf si on remplace les pots-pourris par des bougies parfumées, lui a rappelé Sam.

— Exact, a opiné Valerie.

— Des pots-pourris, des bougies ? ai-je bégayé. Mais vous faites, quoi exactement, dans les toilettes pour dames ? Nous les hommes, on est déjà bien contents d'avoir l'eau courante !

À ce moment-là, Sam a reçu un appel sur son portable qui l'a fait passer de l'expression « Je suis tellement ravie de me marier que ça me donne un ulcère » à l'expression « Mon dentiste/médecin/croque-mort vient de m'apprendre une nouvelle atroce ».

— Aha, a-t-elle fait à plusieurs reprises (et aussi :) nous n'avons pas encore décidé (et même une fois :) des roses jaunes.

Cette dernière précision a déclenché dix minutes de « aha ». Sur ce, elle a refermé son téléphone et nous a adressé un sourire banane.

— C'était Alecia, pour me rappeler que nous avions convenu qu'il n'y aurait aucune de ses fleurs à mon mariage.

— Pourquoi as-tu accepté une chose pareille ? a voulu savoir Valerie.

— Je n'ai rien accepté du tout.

— Papa !

— Comment ça, *papa* ? ai-je protesté. Je ne sais même pas quelles fleurs il y avait au mariage d'Alecia ! À mon avis, ça devait être des plantes carnivores.

— Tu dois intervenir, là, papa, m'a intimé Valerie.

— Tu lui as dit que Geoff et moi avions choisi Hawaï pour notre lune de miel ?

— Évidemment ! Enfin, pas tout à fait. Pas encore, ai-je admis. Je comptais attendre que, tu sais…

— Que quoi ? m'a pressé Valerie.

— Que la lune de miel soit finie.

— Papa !

— Je ne vois pas ce qui urge, me suis-je défendu. Nous avons tout le temps.

— Papa, dès que Geoff aura acheté les billets, sa mère sera au courant, m'a prévenu Sam. Or Geoff doit réserver le voyage *demain*.

— Qu'est-ce que je disais ? On a tout le temps.

Merdik est alors arrivé à point nommé pour mettre un terme à cette inquisition. Valerie et lui avaient rendez-vous avec Lindy l'Anéantisseuse. Merdik n'avait pas l'air ravi de se trouver chez un fleuriste – sentiment partagé par mon porte-monnaie. Valerie et Sam l'ont accueilli par une accolade et un baiser ; j'ai passé mon tour.

— Désolé pour le retard, s'est-il excusé, la station organise un Radiothon.

Valerie lui a alors expliqué que les glaïeuls n'avaient pas d'aïeuls et que les Euphorbiens avaient tous été libérés.

— C'est une fleur rose, parfaite pour la thématique Chaudes Nuits d'Août, a-t-elle conclu.

J'ai décidé que je ne comprenais rien à ce qu'elle racontait, mais que cela ne faisait pas de moi un mauvais père : je n'avais tout bonnement pas assez bien suivi *Frères d'armes* pour être une sommité horticole.

— Tu savais que la majorité des fleurs étaient cultivées en Asie du Sud-Est par des ouvriers non-syndiqués ? a demandé Merdik à Sam.

Valerie a gloussé en le prenant par le bras, avant de déclarer :

— Allez viens, Marty, on a rendez-vous avec Lindy !

Les raisons de la colère de Moisi

Ce sacré Moisi tirait une telle tronche que je commençais à craindre qu'on ne puisse le dérider qu'à coups de botox. Il avait apparemment promis à Valerie qu'il ne dirait plus rien au sujet du mariage de Sam, qu'il considérait comme un gaspillage éhonté d'un argent qui aurait mieux été investi dans, par exemple, la radio publique. Il avait des convictions bien ancrées sur ce qu'il voulait pour son mariage avec Valerie. En soi, ça n'était déjà pas banal : le futur marié n'émet, en général, que de rares opinions que sa promise ignorera.

Quatre grands classiques des mariages auxquels Moisi ou Merdik s'opposait, et ses raisons		
Classique des mariages	**Raison de Moisi**	**Réponse raisonnable de Papa**
Fleurs	La floraison correspond à la phase de reproduction de la plante. Cueillir une fleur revient à interrompre cet acte merveilleux.	Si tu n'achètes jamais de fleurs à Valerie, tu risques de ne pas y avoir droit souvent, à l'« acte merveilleux ».
Nourriture	Tuer un être vivant pour notre propre intérêt, c'est mal.	Et les plantes, alors, ça n'est pas des êtres vivants, peut-être ? On ne tue pas des légumes à tour de bras ? Quand as-tu vu une botte de carottes se faire préparer en salade et *survivre* ?
Joie	Avec tous les problèmes qui ravagent le monde, nous serions bien hypocrites de célébrer quoi que ce soit.	Mais qu'est-ce qui te fait croire que je célèbre quoi que ce soit ? Personnellement, je serais ravi d'annuler l'événement. En plus, il serait sans doute préférable que Valerie et toi ne quittiez pas la ville ; nous n'avons toujours pas trouvé de nounou pour votre route.
Appareils électro-ménagers	Lave-linge, sèche-linge, lave-vaisselle, etc. Ces appareils sont une plaie pour l'environnement. Moisi, qui vivait chez ses parents, ne décolérait pas de voir sa mère utiliser ces machines. Une fois mariés, Valerie et lui s'installeraient ensemble et se passeraient de toutes ces cochonneries.	Compte là-dessus.

Quand Valerie et Moisi nous ont quittés, j'ai demandé à Sam :

— S'il est à ce point opposé aux êtres humains, pourquoi veut-il en épouser un ?

— Papa, m'a répondu mon aînée, il n'a que 24 ans. Tu te rappelles comment tu étais à son âge ?

— Ben, en fait, non, ai-je honnêtement avoué. Tu penses vraiment qu'ils sont faits l'un pour l'autre ?

— Hein ? Mais bien sûr ! s'est indignée Sam.

— OK, ai-je battu en retraite.

Quand on évoque le mariage de deux personnes, certains sujets sont tabous. Entre autres : les deux personnes en question.

Le portable de Sam a de nouveau sonné. Elle a regardé le nom du correspondant, puis s'est tournée vers moi.

— Alecia, a-t-elle annoncé.

J'ai su ce qu'elle allait me demander avant même qu'elle me le demande.

— Quand comptes-tu t'occuper d'elle ?

CHAPITRE 13

CHAPITRE 12

LE CALME
QUI PRÉCÈDE
LA TEMPÊTE
N'EST PAS SI CALME
QUE ÇA

Les derniers jours avant le mariage peuvent être éprouvants pour les rapports entre les gens. Par exemple, le jour même où nous avions décidé d'acheter des fleurs sud-asiatiques et non-syndiquées portant des noms comme perturbia et glaïeuls, j'ai passé un coup de fil à mon ami Tom pour lui demander un petit service : qu'il appelle Priscilla et lui annonce que ma fille et son fils n'iraient pas en lune de miel en Polynésie française et ne dormiraient pas dans la Chambre Souvenir Alecia King-Hoyt. Tom a préféré refuser, chose que j'ai trouvée pas mal éprouvante au niveau de notre amitié.

— Ton refus constitue une véritable épreuve pour notre amitié, lui ai-je annoncé sur un ton glacial. Tu ne m'avais pas dit que tu ferais n'importe quoi pour moi ? Y compris prendre une balle ?

— Si, mais là, c'est *niet*.

— Qu'est-ce qui te fait peur ? l'ai-je provoqué.

— Rien du tout. Juste, cette femme, elle ne me revient pas. Elle me fait trop penser à WC. Fields.

— Ça n'est pas une raison pour ne pas l'appeler ! WC. Fields était un *comique*. Il n'a jamais fait de mal à personne. En plus, elle ressemble davantage à Churchill.

— Ben alors, pourquoi tu ne l'appelles pas toi-même ? Il était dans notre camp, Churchill.

— Tu débloques à fond, là, ai-je pesté.

Sur ce, j'ai raccroché, pris une grande inspiration, puis composé le numéro que Sam m'avait donné.

Priscilla a répondu et, quand je lui ai eu rappelé qui j'étais, a eu l'air contente que je la contacte. Pendant que nous échangions des civilités, j'ai entendu quelqu'un décrocher un autre combiné – mais l'individu mystère ne s'est pas identifié. Sans doute un gars du FBI qui soupçonnait Priscilla d'exécuter des contrats pour la mafia.

— Vous appelez sûrement pour les fleurs, m'a-t-elle dit.

Ça m'a bloqué.

— Les fleurs ?

— Nous en avons discuté quand Sam a décalé la date du mariage. Vous comprenez ce qui inquiète Alecia, j'en suis sûre. Elle craint de voir reparaître au mariage de Sam certaines des fleurs qu'elle avait choisies pour le sien.

— Le mariage de Sam et de Geoff, ai-je clarifié.

J'en étais à me demander si cette femme se rappelait que le mariage en question était aussi celui de son fils.

— Naturellement, a-t-elle grogné.

— Pour tout dire, tout ce que je me rappelle sur les fleurs qui ont été choisies, c'est qu'elles avaient des noms bizarres. Mais bon, je ne vois pas bien où serait le drame, si les fleurs étaient les mêmes.

À cet instant précis, j'ai su qui avait décroché l'autre combiné : Alecia. Je l'ai reconnue à son indignation muette.

— Écoutez, Bruce, a poursuivi Priscilla d'une voix ténébreuse, nos enfants méritent d'avoir des mariages distincts, avec des thèmes, des couleurs et des fleurs distincts. Cette histoire de report…

— Bon, excusez-moi, mais ce n'est pas pour ça que j'appelle, l'ai-je coupée.

En temps normal, je suis toujours disposé à prendre part à une discussion sur un sujet dont je ne sais rien, mais là, la vérité, c'est que je me moquais éperdument des fleurs. Si Priscilla insistait pour continuer là-dessus, je comptais lui passer le numéro de Moisi.

— Je voulais vous parler de la lune de miel. Sam et Geoff ont choisi Hawaï et non Bora Bora. C'est là qu'ils veulent aller, et en plus, le voyage sera moins cher. (Du moins l'espérais-je.) Bref, voilà, ravi d'avoir pu discuter avec vous, Priscilla.

La ligne téléphonique vibrait littéralement sous l'effet de l'indignation d'Alecia.

— Monsieur Cameron, m'a rétorqué Priscilla. Je ne comprends pas. Alecia a déjà pris des dispositions. L'affaire est entendue depuis des semaines.

— Je ne vois pas bien en vertu de quoi ma fille ne devrait pas avoir le droit d'utiliser les mêmes variétés de fleurs que la vôtre, mais serait obligée de vivre exactement la même lune de miel qu'elle. Ça ne se tient pas.

Longue pause. Alecia en a profité pour raccrocher d'un clic agressif. Quelques secondes plus tard, je l'entendais murmurer, furieuse, à l'oreille de sa mère.

— Monsieur Cameron, quand mon époux et moi-même avons accepté d'offrir cette lune de miel à nos enfants, nous entendions naturellement qu...

Entendions que quoi ? Qu'ils allaient pouvoir gâter à nouveau leur chère petite Alecia ? Ça m'a soûlé.

— Dans ce cas, nous allons devoir décliner votre gentille offre. Je paierai la lune de miel moi-même.

J'ai entendu mes cartes de crédit s'étouffer.

L'espace d'un instant, Priscilla est restée muette.

— J'en ai par-dessus la tête de vous tous, a-t-elle fini par conclure en raccrochant.

Je suis resté là à fixer mon téléphone, incrédule.

— Elle m'a raccroché au nez, lui ai-je dit.

Je n'étais pas sûr des conséquences que cela aurait sur l'avenir de mes rapports avec la famille King.

Les conséquences, c'est que Geoff m'a appelé quelques heures plus tard afin de s'excuser.

— Je n'étais pas au courant de cette histoire avec ma mère et Alecia. Sam essaie de me tenir à l'écart de ce genre de choses, elle a trop peur que j'aille tuer ma sœur. J'ai traité avec mon père depuis le début. Lui, il savait que nous voulions Hawaï.

— Pas de souci, lui ai-je répondu.

Sauf qu'en apprenant que FDR n'avait pas informé son épouse du changement de programme, je me suis dit qu'il devait avoir aussi peur d'elle que moi.

— Et merci d'avoir offert de payer, c'était vraiment classe. Avec tout ce que vous faites… Ça me touche beaucoup.

— Il n'y a pas de quoi, Geoff, lui ai-je dit sincèrement.

Après avoir raccroché, je me suis rendu compte que, si mes filles et Geoff m'avaient abondamment remercié de toutes mes dépenses pécuniaires et de tous mes efforts à la Gare de Triage du Mariage, Moisi ou Merdik, lui, n'avait jamais rien fait d'autre que me reprocher mon inaction dans la lutte contre le capitalisme. Geoff avait beau n'avoir que quatre ou cinq ans de plus que lui, il semblait avoir une génération d'avance sur le fiancé de Valerie. Et ça n'était pas bien.

18 juillet 2007

Cher Bruce,

Nous vous remercions d'avoir invité l'ancien vice-président Al Gore à célébrer le mariage de votre fille.

Vous n'êtes pas sans savoir que M. Gore a publié en mai 2007 un livre intitulé "The Assault on Reason". Il est également impliqué dans une campagne visant à éduquer la population face à la crise climatique que rencontre notre nation, et même notre monde. Il multiplie, à cette fin, les voyages, et a récemment passé le cap des 1 000 individus formés de par le monde pour participer à cette mission en reprenant avec leurs propres mots les présentations de M. Gore.

Avec un emploi du temps aussi chargé, M. Gore ne pourra hélas être des vôtres.

Nous vous remercions encore d'avoir pensé à M. Gore, et vous souhaitons toute réussite pour ce mariage !

Sincèrement,
Stacy Schumaker

P.S. Veuillez noter que notre bureau ne délivre actuellement aucun commentaire, aucun courrier ni aucune publicité concernant un événement à venir.

Ne parlez pas du fight club

Je savais que Tom et moi finirions par recoller les morceaux de notre amitié, fissurée par sa couardise. Je ne suis pas du genre rancunier, surtout lorsqu'il s'agit d'un vieil ami comme Tom, dont je savais qu'il aurait toujours un écran plat à me faire partager.

Sam et Geoff s'étaient disputés : mon aînée avait l'impression que mon futur gendre se moquait bien de la foule de détails vitaux pour le mariage, qui l'empêchaient de dormir ; il l'avait rassérénée en lui assurant qu'il était loin de s'en moquer, bien au contraire ; et nous avons tous été soulagés de constater que, avant même d'avoir épousé ma fille, Geoff avait compris que le meilleur moyen de gérer ce genre de situation était de mentir. Lorsque j'en ai parlé à Sam, elle a nié toute idée de dispute. Marty et Valerie, eux, se chamaillaient parce que, apparemment, ils étaient convenu que Marty ne tenterait pas de polluer la noce de Sam avec ses convictions politiques, sauf que ce sacré Moisi estimait que l'origine des fleurs de Sam n'était pas un sujet politique mais socio-économique. Lorsque j'en ai parlé à Valerie, elle a nié toute idée de dispute. Enfin, Alecia n'adressait plus la parole à Geoff, ce qui a été unanimement accueilli comme le plus beau cadeau de mariage qu'elle pouvait lui offrir. Lorsque j'ai posé la question, tout le monde m'a confirmé qu'ils s'étaient disputés.

Les quelques jours précédant le mariage, la promise se balade en permanence avec une liste de choses à faire. Liste à laquelle elle n'a de cesse d'ajouter des entrées, sans jamais sembler en régler aucune. Cette liste est hiérarchisée en fonction des priorités.

Choses à faire :
1. Paniquer
2. Criser
3. Angoisser
4. Reprendre au point 1.

Le paternel se révèle n'être pas totalement inutile en fin de compte... juste un peu

Un père peut s'acquitter de plusieurs tâches, durant les tout derniers jours précédant le mariage, ce qui laissera à sa fille le temps de se consacrer entièrement à sa dépression nerveuse.

Faire publier les bans : Il est moins difficile de faire publier les bans que d'obtenir un permis de pêche. Le gouvernement semble se moquer de savoir qui convole et se reproduit, mais choisir avec le plus grand soin les gens qu'il autorise à prélever ses poissons ! Toujours est-il que le père de la future mariée peut contacter le comté pour se renseigner sur les démarches à suivre et assurer aux siens les bonnes grâces du gouvernement, tout en se plaignant des réglementations de pêche – dans un seul et même coup de fil. Après quoi le père en question réunit les pièces demandées (extrait de naissance, par exemple), les glisse dans une enveloppe en papier kraft, puis oublie où il l'a rangée. (Du moins c'est ce que j'ai fait. Conseil à l'attention des pères : jetez un coup d'œil dans votre boîte à gants.) Il faudra encore fournir une analyse de sang et régler tous les frais afférents – dont aucun n'était prévu dans le budget de départ, vu que, quand on pense au « Plus Beau Jour de Ma Vie », on ne se dit jamais « L'État Va me Réclamer des Sous ». En général, les pères partent du principe que, si une somme est budgétée, ils la paient, mais s'il s'agit d'une dépense imprévue, alors ils refusent de s'en acquitter, puis finissent par la régler.

Boucler ses valises : Selon toute probabilité, votre fille voit en Hawaï un paradis tropical, sans bien se rendre compte que, au mois d'août, le mercure peut parfois descendre jusqu'à 23°C. Vous veillerez donc à ce qu'elle emporte tout ce qu'il faut comme pull-overs et vestes afin de couvrir le ridicule micro-bikini qu'il est hors de question qu'elle porte, et je me moque *qu'elle soit mariée.* (Conseil à l'attention des pères : inutile de cacher le bikini en question dans la boîte à gants de votre voiture, elle le trouvera en y cherchant les documents pour la publication des bans.)

Dessiner le plan de table : Rien n'est plus exaspérant que de vouloir dessiner un plan de table pour cent personnes en faisant en sorte qu'aucune d'elles ne se retrouve à côté d'Alecia. Il est tout aussi agaçant que personne ne sache précisément combien d'invités sont attendus – on parle quand même d'un mariage, on devrait le savoir, non ? Avez-vous déjà entendu un technicien de la NASA annoncer « Mise à feu dans dix minutes, trois à six astro-nautes prévus au lancement » ?

(Sarah m'a fait observer que, chaque fois que j'abordais le sujet du mariage, je le comparais à une opération militaire ou à une mission spatiale. Ma réponse : « Tu m'étonnes ! »)

En tout cas, le père peut gérer l'affaire, car les hommes n'éprouvent émotionnellement aucun mal à s'occuper de personnes qu'il ne connaît pas. Du coup, installer côte à côte deux anciens colocataires qui ont mutuellement juré de se tuer l'un l'autre ne lui posera aucun problème. Au bout du compte, tout le monde changera de place sitôt le dîner terminé, alors...

(Conseil à l'attention des pères : n'allez pas dire ça à votre fille, ce serait comme annoncer aux Chicago Bulls que le Congrès vient d'interdire la pratique du basket-ball.)

Appeler la Terre entière : C'est ce que j'ai eu l'impression de faire, en tout cas. J'ai ainsi découvert que certaines personnes continuaient de mener une existence normale, sans consacrer chaque instant de leurs jours et de leurs nuits à préparer le mariage de ma fille. Le marchand de chaises se rappelle-t-il qu'il est censé nous livrer des chaises ? Bien sûr ! Sauf que votre fille sera soulagée d'apprendre que vous avez dérangé le bonhomme pour vous en assurer. Les fleurs sont-elles « OK » ? (« Non, elles ont le trac », ai-je répondu. Ça n'a fait rire personne.) Le traiteur sait-il toujours cuisiner ? Le pasteur croit-il encore en Dieu ?

Gérer l'invasion : Vos proches vont se retrouver éparpillés en ville comme les paras le matin du Débarquement. La plupart se révéleront incapables ne serait-ce que de suivre les indications, pourtant simples, que vous leur fournirez. Au point que vous vous demanderez s'il est bien sage de laisser des membres de votre famille continuer à se reproduire. Ils jugeront par ailleurs nécessaire de vous tenir au courant de leur progression (traduction perso : « rapports sur absence de progression »).

— Ton père est encore à s'habiller. Nous ne sommes toujours pas en route pour l'aéroport. (Ma mère, qui me faisait son rapport par téléphone, d'une voix qui laissait penser que tout était plus ou moins ma faute, vu le père lamentable que je m'étais choisi.)

— Ta mère n'a même pas fini de boucler sa valise ! a rugi mon père en s'emparant du second combiné.

— Ne venez pas, alors, leur ai-je suggéré.

— Si, j'ai bouclé ma valise ! J'ai simplement besoin que ton père mette deux ou trois de mes affaires dans la sienne. Il a plein de place.

J'imagine que, lorsque mes parents rencontrent des gens pour la première fois, ils leur disent : «Je suis la maman de Bruce, et voici son père. »

Ils ont dû finir par se dire qu'il était inutile de me faire vivre leurs disputes par téléphone, vu qu'ils n'avaient qu'à sauter dans un avion pour venir le faire devant toute la famille réunie.

Rassembler les troupes : Ce qu'il y a de bien, dans les familles, c'est qu'en cas de crise on se serre les coudes. Et que, sous la direction du père, on parvient à surmonter toutes les difficultés ou presque. Ce qu'il y a de nul, c'est que personne ne voit les choses ainsi, mis à part le père. De fait, l'unique conscrit que comptait mon armée personnelle se trouvait être mon fils. Et encore ne se remuait-il que lorsque je l'observais.

— Ta mission consiste à aller acheter des produits de dernière minute pour les femmes, lui ai-je indiqué.

— Pas des trucs de femme, quand même ! s'est-il inquiété.

— Non, pas ces produits-là. Elles ne nous demanderaient jamais une chose pareille.

J'ai avalé ma salive. À moins que.

— Elles réclament toujours des trucs sans queue ni tête, des espèces de poudres qui donnent l'impression qu'elles rougissent, et des masques pour les yeux. J'emmène Terri, elle saura quoi prendre.

— Je pense que Terri préférera aller retrouver les autres femmes de la cérémonie pour une grande séance de crise collective, ai-je supposé.

— Dans ce cas, je vais juste prendre des trucs au hasard, comme ça elles se diront toutes que « les mecs sont des bons à rien » et elles enverront Terri pour m'aider.

— Ravi de constater que tu reçois une bonne éducation, à ta fac. Bon, je voudrais aussi que tu passes récupérer la cousine Tina à l'aéroport.

— Qui ça ?

— La cousine Tina. Tu la reconnaîtras sans peine, c'est le portrait craché du cousin Ted.

Le toast paternel

À un moment donné, le père de la mariée est censé prononcer quelques mots – sans toutefois avoir le droit de dire « À votre bon cœur, messieurs dames ». Sa fille attend de lui qu'il mette joliment en prose quelques aspects de son mariage, qu'il souligne le plaisir qu'il a à voir sa famille s'agrandir, y compris d'un certain nombre de pique-assiettes.

Certains hommes n'ont aucun mal à prendre la parole en public, ils possèdent une bonhomie et un humour naturels : on les appelle « Jay Leno ». Ceux qui officient sur d'autres chaînes ont besoin de peaufiner leur texte, après quoi ils le déclameront d'une voix de policier en train d'arrêter un suspect.

Pour évoquer Geoff, il m'a fallu penser à ce que je savais de lui : son prénom (Geoff) ; le fait qu'il traînait chez moi depuis pas mal de temps ; le souvenir flou de l'avoir vu tondre ma pelouse ; ou bien était-ce ce bon vieux Merdik ? Bref, j'ai décidé de pondre le toast le plus éloquent possible sans m'embarrasser de trop de détails.

Toast pour le mariage de ma fille Sam – Premier jet

Geoff, lors de notre première rencontre, j'ai pensé

[n'approche pas de ma fille]

que tu étais un jeune homme comme il faut

[et sans doute un prisonnier modèle]

issu d'une bonne famille.

[vu que je n'en avais encore rencontré aucun membre.]

J'ai décidé que tu

[ferais mieux de filer]

serais le bienvenu chez moi

[où tu t'es empressé de vider mon frigo.]

(M'adressant ensuite à mon aînée.) Quant à toi, Sam, comme tous les pères nantis d'une fille aussi belle, j'ai toujours voulu

[que tu te fasses nonne]

ce qu'il y avait de mieux

[comme appareils électro-ménagers chez moi, et d'ailleurs tu me les as tous pris]

pour toi, et j'ai fait tout ce qui était en mon pouvoir

[pour ne pas te tuer quand tu étais ado]

pour t'apprendre à reconnaître les bonnes choses quand tu les voyais. Geoff fait naturellement partie des bonnes choses de la vie ! (Pause – laisser rire l'assistance.)

Ce mariage est réellement

[au-dessus de mes moyens]

la réunion de deux personnes qui s'aiment et de deux familles

[qui ne s'aiment pas]

venues célébrer cet amour. J'aimerais à présent que vous

[me fassiez tous un petit chèque]

leviez tous vos verres en l'honneur de ma fille et de mon

[gulp]

gendre !

La liberté fait son baroud d'honneur

Quelques jours avant le mariage, le futur marié célèbre l'enterrement de sa vie de célibataire. Rituel aussi pertinent que de laisser un chien se rouler dans du poisson pourri la veille d'un concours canin. Le compte à rebours est enclenché, la cérémonie au cours de laquelle vous allez célébrer l'amour que vous portez à une femme approche, alors à quoi bon mettre tout cela en péril dans une débauche avinée ? L'idée semble être que, puisque vous avez longuement réfléchi avant de vous engager à vous marier, vous devez laisser à vos amis une dernière chance de vous en dissuader.

Tel n'est évidemment pas le but déclaré de la soirée – une soirée entre hommes, je le rappelle, donc qui parle de *but déclaré* ? Reste que, tôt ou tard, la conversation va prendre le tour suivant :

POTE : Donc tu vas te marier.

FUTUR MARIÉ : Ouais.

POTE : La corde au cou, quoi ! Finie la belle vie, mon gars.

FUTUR MARIÉ : Ouais.

POTE : Va falloir obéir à madame, maintenant. Rouler en monospace. Faire la vaisselle. Fini le foot, bienvenu à l'opéra ou aux barbecues. À partir de maintenant, c'est oui chérie, que puis-je faire pour toi chérie.

FUTUR MARIÉ : Ouais.

POTE : Adieu le célibat ! Maintenant on pisse assis et on s'habille comme une fillette !

Les hommes mariés présents à la soirée s'inscriront en faux, affirmeront que tout n'est pas si noir, que leur femme ne contrôle pas leurs moindres gestes, puis ils consulteront leur montre, constateront qu'ils devraient déjà être rentrés et fileront en vitesse.

La raison qui pousse les célibataires à se moquer de la décision de leur ami, c'est le fait que les mâles veulent conserver la liberté de vivre autant de relations qu'ils souhaitent avec autant de femmes qu'ils le peuvent. Ce qui, pour l'immense majorité d'entre nous, se monte à quasiment aucune. Nous prévenons donc le futur marié qu'il va renoncer à sa *liberté*.

Les sept libertés sacrées du célibataire

1. Liberté de passer vos soirées tout seul, sans compagnie féminine pour vous ennuyer.

2. Liberté de considérer chaque journée comme une occasion unique de vous éclater en regardant un match de foot avec vos potes pour la millionième fois.

3. Liberté de tomber malade, de rencontrer des problèmes, de commettre des erreurs et de traverser des difficultés sans vous encombrer de quelqu'un qui vous aime.

4. Liberté d'échapper à ces trucs agaçants et perturbants que font les femmes – comme coucher avec vous.

5. Liberté de n'avoir rien à partager avec quiconque – ni la lessive, ni la cuisine, ni les comptes.

6. Liberté de vous montrer irresponsable et insouciant, de claquer votre argent comme bon vous semble, et de vous retrouver à 40 ans avec, comme biens les plus précieux, une Porsche de six ans d'âge et une planche de snowboard.

7. Liberté d'échapper à ce piège émotionnel mortel : avoir une femme qui vous adore et veuille vous voir heureux jusqu'à la fin de vos jours.

Une soirée de rêve

L'enterrement de vie de célibataire de Geoff s'est déroulé en même temps qu'un événement dont j'aurais pensé qu'il calme à l'avance chez lui toute envie de folie : l'enterrement de vie de jeune fille de Sam. Mon futur gendre n'ignorait pas qu'il allait se marier à une compétitrice du calibre de Lance Armstrong. Minimum. Quoi qu'il fasse, elle tenterait de le surpasser. Mais quand j'ai appris que la sauterie de mon futur gendre devait avoir lieu dans un « club pour gentlemen », j'ai décidé que peut-être, à titre de précaution supplémentaire, Geoff pouvait avoir besoin d'une piqûre de rappel estampillée « futur beau-père ». J'ai donc annoncé que je me ferais une joie d'assister à la fête, répondant ainsi à une invitation que personne ne m'avait adressée.

Apparemment, les « gentlemen » qui fréquentaient d'ordinaire le « club » n'avaient pu se libérer ce soir-là : je ne voyais dans l'établissement que des types en infraction avec les termes de leur libération conditionnelle. Les copains de Geoff formaient un groupe de jeunes tapageurs, des collègues de boulot pour la plupart (employés du fisc, donc – et on sait que ces gars-là sont de sacrés déconneurs !). Ils sont entrés dans cette salle mal éclairée, humide et bruyante, un sourire factice aux lèvres comme pour tenter de rendre l'endroit moins déprimant par leur seule volonté.

Une fille est venue vers nous sitôt que nous avons été assis. Il lui manquait des habits. Sa tenue, tout à fait inappropriée, se composait de bandes de métal brillant attachées par de fines lanières, un peu comme si la fille en question venait d'une planète dont les habitants respiraient par la peau. Ce mélange de vulgarité et de science-fiction m'a fait grimacer – j'avais envie d'appeler le père de la fille.

Elle nous a proposé des boissons à un prix reflétant la détermination de l'établissement à n'utiliser que les meilleures marges bénéficiaires.

— Lui, là, il se marie dans trois jours, a annoncé le voisin de Geoff.

La serveuse a alors détaillé mon futur gendre du regard.

— On va tâcher de pimenter un peu votre soirée, a-t-elle lancé d'une voix lascive.

— Je suis le père de sa future épouse, ai-je estimé opportun d'indiquer.

Les copains de Geoff ont soupiré comme si je venais de déclarer l'interdiction des audits financiers.

Rien n'est plus agréable que d'utiliser son Pouvoir Paternel pour endiguer la testostérone d'une bande de jeunes.

Le moral en berne, les gars se sont alors intéressés au spectacle offert par le club : une jeune femme quasi nue qui s'efforçait de tordre un gros poteau en cuivre. La musique battait à tout rompre, nous étions comme bombardés de grenades sous-marines. Les néons semblaient suggérer que l'endroit grouillait de plaisir et de gaieté, sauf que la plupart des clients avaient manifestement l'air morose. L'un d'eux étudiait l'étiquette de sa bouteille de bière comme si son sort dépendait de sa capacité à découvrir le sens caché du mot « Budweiser », tandis que son voisin observait la danseuse, le visage impassible, le corps immobile, le cœur sans doute arrêté.

— À nos bons moments ! a lancé un des copains de Geoff quand on nous a apporté nos boissons.

Les auditeurs, estimant qu'il ne faisait pas référence aux bons moments que nous allions passer *ce soir-là*, ont tous validé la formule. Nous avons trinqué.

Une autre jeune femme, portant une tenue que j'ai évaluée à 4 sur l'Échelle de la Désapprobation Paternelle (échelle graduée de 1 à 5), s'est approchée de notre table, le visage enjoué à mort, comme si elle nous trouvait tous irrésistibles.

— Vous m'offrez un verre ? a-t-elle suggéré.

Les gars en sont restés bouche bée (ce genre de choses ne leur arrive peut-être pas aussi souvent qu'on pourrait le croire, dans leur secteur d'activité).

— Avec joie, a fini par répondre l'un d'eux, d'une petite voix.

— Ce sera un champagne-surprise, a annoncé la fille à la serveuse (cette dernière a acquiescé – notre copine lui avait peut-être déjà commandé cette boisson). Je m'appelle Tawny. Merci pour le verre !

Douze dollars !

Le champagne-surprise en question est arrivé. Dans le verre, pas une goutte de champagne (surprise !).

— Alors, les gars, ça vous dit une petite danse privée ? a tenté de nous séduire Tawny.

Geoff et ses copains se tournaient vers moi comme si j'étais un chef mafieux.

— Ouh là, ai-je fait. Faut demander à Geoff : c'est lui qui va épouser ma fille et devenir un membre permanent de ma famille dans moins de trois jours.

Un mince sourire aux lèvres, l'intéressé a déclaré :

— C'est bon, on va juste profiter de la scène.

Déçue de ne nous avoir soutiré que 12 dollars pour trois malheureuses gouttes de jus d'orange délayé, Tawny nous a quittés une moue aux lèvres.

Au-dessus du bar, j'ai alors avisé un écran plat qui diffusait une course de stock-car. Je me demandais où était la logique de tout ça : des gars qui s'ennuyaient à mater des filles nues et qui préféraient s'exciter à regarder des voitures tourner en rond. Et payer six dollars leur bière.

Quelques heures plus tard, j'ai remarqué que, lorsqu'ils ne s'éclataient pas à évoquer la nature déductible du plan de retraite Roth, mes camarades du soir avaient tendance à s'occuper davantage des voitures que des danseuses. Une femme qui joue la séduction alors qu'elle n'est pas intéressée par ceux qui la regardent a quelque chose de fort peu captivant.

Constatant que l'ennui gagnait notre tablée, j'ai décidé que ma mission était remplie. J'ai annoncé que je me retirais, et les jeunes se sont aussitôt ragaillardis, comme si mon départ allait tout changer.

— Merci d'être venu, m'a dit Geoff, son léger sourire toujours de sortie. (Il n'était, certes, pas capitaine de soirée, mais il m'avait l'air aussi sobre que moi.) Je ne vais pas tarder non plus. Tout ça... c'est surtout les copains qui ont insisté.

— Pas de folies, hein ? ai-je conclu dans une ultime salve de Pouvoir Parternel en lui serrant la main.

Sitôt dans ma voiture, j'ai appelé Sam.

— Si tu viens moucharder sur Geoff, je ne veux même pas t'écouter, m'a-t-elle averti avant même que j'aie ouvert la bouche.

— Tu n'y es pas, ai-je protesté mollement.

— Pourquoi ? s'est-elle inquiétée. Il est arrivé quelque chose ? Peu importe ! Je ne veux pas le savoir.

— Bon, et toi, comment ça s'est passé, ton enterrement de vie de jeune fille ?

— Très sympa. On s'est bien amusées.

— Mais pas *éclatées* non plus, ai-je répliqué en dégainant à nouveau mon Pouvoir Paternel.

— Papa. Alecia était là. Comment veux-tu qu'on se soit éclatées ?

— Tu l'avais invitée ? me suis-je étonné.

— Non. Geoff a plus ou moins annoncé qu'elle viendrait.

— Ah, ai-je fait.

Sur ce, nous nous sommes dit bonne nuit et avons raccroché.

— Bien joué, Geoff, ai-je prononcé à voix haute.

L'insomnie finale

Dans le fameux roman de Dickens sur l'insomnie, *Un Conte de Noël*, Scrooge reçoit la visite nocturne de fantômes qui le forcent à se pencher sur la nature même de son existence. Après quoi celui-ci sort de chez lui et va dilapider sa fortune en l'offrant aux passants.

L'expérience est exactement la même pour le père d'une future mariée, la veille du « dîner de répétition » : vous cherchez le sommeil, mais le fantôme de votre MasterCard ne vous laisse pas en paix. Vous restez donc éveillé, les yeux perdus dans l'obscurité, à vous demander ce que vous fabriquez, bon sang.

Votre fille ne va quand même pas se *marier*. Il y a quelques années encore, elle apprenait à conduire – elle faisait même des courses pour vous, déposait des articles en différents endroits, par exemple. Et aussi, vous êtes bien obligé de dire bonne nuit à toutes ses poupées pour qu'elle accepte d'aller se coucher, non ? La dernière fois c'était quand, il y a six mois ?

Et puis qui c'est, ce Geoff ? Il prétend travailler pour le fisc, mais les hommes n'ont-ils pas coutume de faire croire qu'ils ont un boulot sexy pour s'attirer les faveurs des jolies femmes ? Et que dire de tous ces brigands qui se font passer pour des fils de bonne famille afin de kidnapper votre fille et de la forcer à travailler dans une fabrique de chaussures ? Notre planète n'est-elle pas épiée par des extraterrestres qui convoitent la beauté de votre aînée, et qui possèdent la technologie permettant de créer un androïde qui la séduira puis l'embarquera dans un de leurs vaisseaux pour des expériences sordides ?

D'ici 48 heures, elle ne fera plus partie de votre famille : elle en formera une nouvelle avec ce Geoff, un quasi-inconnu ! Et si jamais elle donnait naissance à une fille comme Alecia ? Et si Geoff se faisait muter dans une station météo au pole sud ? (OK, ce genre de mutation est rare chez les agents du fisc.) Et si votre fille a besoin de vous, mais que Geoff refuse qu'elle vous appelle ?

Ça, c'est un coup de poignard en plein cœur. Si jamais elle a besoin de vous ? Comment une fille pourrait-elle *ne pas* avoir besoin de son père ? Désormais, ce sera à Geoff de lui venir en aide quand elle aura des soucis – et s'il n'assure pas, personne ne pourra assurer mieux que vous. Vous êtes le père !

Quand le soleil se lève, vous êtes aussi éveillé que lorsqu'il s'était couché. Vous videz ce qu'il vous reste de café (fini le café soluble : elle a reçu une cafetière à sa soirée-cadeaux) et videz votre sac à votre chien qui vous écoute attentivement dans l'espoir que vos discours finissent par lui rapporter un bout de pain.

24 heures vous séparent du mariage.

Enterrez la hache de guerre avec (et non dans la tronche de) la belle-famille

Le moment le plus traîtreusement encourageant de tous les préparatifs, c'est la répétition de la cérémonie : un groupe d'individus qui s'entraînent à marcher droit, comme s'ils se préparaient pour un test de sobriété. Puis ils s'exercent à rester debout, ou assis (le père). J'ai visionné des docus sur le tricotage qui étaient plus passionnants.

Chacun se concentre à mort sur ses mouvements, comme s'il révisait la choré d'une comédie musicale. « Trop rapide ! » annoncera le pasteur lorsque les demoiselles d'honneur feront leur entrée. « Trop lent ! » déclarera-t-il deux minutes plus tard. « OK, parfait », approuvera-t-il enfin.

Le rêve de ma fille : un mariage célébré par Boucles d'or.

Pour ma part, je redoutais cette répét' car j'allais me retrouver face à Priscilla – or je n'ai pas de permis de port d'arme dissimulée. À ma grande surprise, je l'ai trouvée austère, bougonne et froide envers moi. Je me suis dit qu'elle m'avait pardonné.

La disposition des participants avait nécessité pas mal de cogitation, vu que notre famille, comme tant d'autres, avait été recomposée à l'aide d'éléments médiocres tel Dandy. Il allait de soi que je me retrouverais à côté de Sarah, comme Judy auprès de son nouvel époux, mais devions-nous pour autant partager le même banc à l'église ? Étant le dernier à m'asseoir, devais-je prendre place de l'autre côté de l'allée, par rapport à Priscilla, ou bien me décaler afin que les mamans des époux soient chacune en bout de rangée ? Le costume de Dandy devait-il coûter plus cher que la robe de la mariée ? Toutes ces questions et tant d'autres ont été discutées en long et en large, alors même que le pasteur avait vécu ce genre de situation un million de fois : dans un mariage, tout doit être discuté en long et en large, faute de quoi ce n'est pas un vrai mariage.

Ces points réglés, tous les regards se sont tournés vers le labrador de ma fille : Duke. L'animal portait sur le dos une selle en satin. Il était censé avancer jusqu'à l'autel (ni trop lentement, ni trop vite) pour apporter l'alliance à Geoff. Sam a toujours dit que Duke était plus futé que mon chien. Ce qui revient à dire qu'un hamster est plus futé qu'une carotte.

— C'est lui qui a apporté la bague de fiançailles, il est normal qu'il apporte l'alliance, m'a expliqué Sam.

Seul son cerveau rongé par la fièvre du mariage pouvait trouver la chose logique.

Quand les demoiselles d'honneur ont eu trouvé leur emplacement précis, on a fait entrer Duke.

— Au pied, Duke ! Au pied ! l'a délicatement appelé Geoff.

Pour moi, « Au pied », question ordres, ça fait sans doute deux mots de trop. Mais ils avaient manifestement répété la chose. Les oreilles baissées en signe de concentration, Duke s'est dirigé vers Geoff d'un pas tranquille, puis il a grimpé les trois marches pour aller se placer auprès du futur marié sans hésitation.

— Bon chien, l'a complimenté Geoff.

J'ai alors pensé au mien qui, au lieu d'exécuter des tâches complexes, devait sans doute être en train de fouiller ma poubelle.

L'alliance a ensuite été remise au premier garçon d'honneur de Geoff – en qui j'ai reconnu un des participants à notre fameuse Soirée Taxes et Nudité. Mon fils Chris s'est alors avancé afin d'éloigner Duke de la chaire. Au regard qu'il m'a lancé, j'ai compris qu'il s'estimait occupé par une mission autrement plus importante que celles que je lui avais laissées sur sa messagerie. (Mon fils, je le connais depuis qu'il est tout petit, je sais tout de suite dire quand il cherche à échapper à une corvée.)

Puis ç'a été mon tour.

— Prêt ? a murmuré Sam.

Elle m'a pris par le bras avec assurance. Nous avons fait un premier pas, puis hésité, puis repris notre marche bégayante : les autres devaient croire que nous tentions d'éviter les cacas de Duke. Mais, bon, c'est ce que Sam voulait : un pas, une pause, un pas.

— J'ai essayé de t'appeler, ta messagerie est pleine, lui ai-je glissé à l'oreille.

— Je sais. Alecia n'arrête pas de me laisser des messages, a-t-elle répondu les dents serrées.

— Ah, c'est donc pour ça que ce moment est si agréable : Alecia n'est pas là !

— Elle viendra au dîner. Ses parents paient, est-ce que j'ai le choix ?

— Et pourquoi on n'irait pas se manger un hamburger, rien que tous les deux ? lui ai-je proposé pour rire.

Sauf que dès que j'ai eu prononcé ces paroles, leur humour m'a échappé : qu'est-ce qui nous empêcherait, elle et moi, d'aller manger un hamburger tranquilles ? Ça m'a rappelé l'époque où nous faisions les courses ensemble, le samedi après-midi, et qu'elle m'expliquait tout depuis son siège auto. Elle est restée longtemps sans incisives, quand elle a perdu ses dents de lait, du coup elle mettait une heure à terminer son hamburger, à papoter non stop pendant que je lui chipais ses frites en opinant du chef. Et là, regardez-la, ma petite fille qui va se *marier*.

Sur ce, au secours Seigneur, quand le pasteur a demandé « Qui donne cette femme en mariage ? » j'étais censé répondre d'une voix ferme « Sa mère et moi », mais ma voix s'est brisée et j'ai eu les larmes aux yeux. Tout le monde m'a souri comme si je n'avais pas perdu la boule, et mon aînée m'a tapoté le bras, ce qui m'a encore plus noué la gorge.

Comment allais-je survivre à tout ça ? Je me suis effondré sur mon siège, ravi d'en avoir au moins terminé avec la partie qui me concernait.

— Très bien, on recommence ! a annoncé le pasteur.

La répét' du dîner

La répétition du dîner met en présence les familles de la promise et du promis, afin que tous puissent poser les fondations des relations qui caractériseront cinquante ans de rancune et de ressentiment. La tension est palpable dans la salle, tout le monde picole pour l'oublier.

Alecia et son mari étaient, on s'en doute, en retard.

— Je sais, je sais ! s'est-elle exclamée en faisant irruption dans la salle, bousculant les portes comme si elle conduisait un assaut (à bien des égards, il m'a bien semblé que c'était le cas).

Bref, elle a baissé le regard avec modestie, puis a passé ses mains sur sa robe, de sorte que nous sachions tous que ce n'était pas *n'importe quelle* robe.

— Je suis sûre qu'on va bien s'amuser, a-t-elle gloussé en tapant des mains.

À partir de ce moment-là, la conversation n'a plus porté sur le mariage de Sam mais sur celui d'Alecia. Moi, ça m'allait. Rayon émotions, j'avais besoin d'une pause.

Puis, vers la fin du repas, le père de Geoff s'est levé et a fait tinter son verre pour réclamer notre attention.

— Aujourd'hui, a-t-il déclamé, en ce jour d'infamie…

Bon, ce ne sont pas ses vraies paroles. Il a dit en fait « Nous n'avons rien à craindre, si ce n'est la crainte elle-même, et ce même si mon épouse fout les chocottes à tout le monde ». Ou peut-être juste quelques mots gentils sur l'union de deux familles si charmantes exception faite d'Alecia. (OK, j'ai peut-être ajouté le dernier passage dans ma tête.)

Nous avons bu le toast, la soirée tirait à sa fin, je suis allé embrasser ma fille sur les deux joues avant de partir.

— Ne te couche pas trop tard, lui ai-je conseillé.

— Promis, m'a-t-elle répondu, le regard pétillant. À cette heure demain, je serai mariée !

Il va sans dire que tout n'a pas été aussi simple.

CHAPITRE 13

PLUS TRÈS CHAUDE POUR LA CHAUDE NUIT D'AOÛT

Pour la promise, le grand jour commence comme n'importe quelle journée, les vomissements en plus. Croisant son reflet dans le miroir, elle découvre les effets d'une nuit d'insomnie sur le visage d'une femme et s'aperçoit que, d'ici quelques heures, elle vomira encore.

Le promis a lui aussi une journée de stress qui l'attend.

Mariage – Liste des ultimes missions	
Pour elle	**Pour lui**
Réveil en avance.	Réveil. Causes inconnues.
Toilette – panique aux moindres imperfections.	
Voir DDH et SA liste de missions	
Appeler église : tout est OK ?	
Essayer d'avaler quelque chose.	Prendre petit déjeuner.
Appeler fleuriste : fleurs OK ?	
Appeler maman : robe OK ?	
Appeler papa : réveil OK ? Stress OK ?	Mater télé.
Revérifier objet vieux, objet neuf, objet emprunté, objet bleu.	
Gérer question traiteur dernière minute.	
Appeler centre équestre : cheval OK ? Présence confirmée ?	

Coup de fil du fleuriste : seul devant église fermée.	
Appeler pasteur : faire entrer fleuriste.	
Appeler salle réception : prévoir faire entrer fleuriste.	Se laver, se raser.
Coiffure et maquillage pour aller se faire coiffer et maquiller.	S'habiller.
S'assurer que 1er garçon d'honneur a alliances.	
Coiffeur.	
Enfiler robe arrivée église.	
Rediriger invités perdus.	
Maquillage.	
Arrivée église.	Arrivée église.
Appeler maman : où est robe ?	
Aider DDH pour robes.	
Enfiler robe mariée.	
Gérer coup de fil de Tom sur qualité gâteau.	
Se marier.	Se marier.

Prise de tête

N'ayant rien de mieux à faire (le planning du père de la promise n'est que légèrement plus chargé que celui du promis), je suis allé voir comment se passait l'étape coiffure et maquillage.

Dans l'appartement de Sam, on aurait cru qu'une bataille de nourriture venait d'avoir lieu – sauf que les combattants s'étaient jeté des habits à la figure. Judy s'efforçait de ramasser des vêtements tout en parlant au téléphone à quelqu'un qu'elle tentait de convaincre d'ajouter quelques noms à la liste des invités pour la réception. Un rapide coup d'œil à mon portable m'a permis de confirmer que ce n'est pas à moi qu'elle parlait – un comble ! Sam était au salon, assise devant un grand miroir. Une femme – sa coiffeuse – lui relevait ses longs cheveux épais en lui demandant :

— Vous êtes sûre ?

Les mains sur les hanches, Alecia n'en démordait pas :

— Mais bien sûr qu'elle est sûre. Sam ? Tu te souviens de mon mariage, non ? (Puis, à la coiffeuse :) Mon styliste m'a coûté une *fortune*. Il s'occupe de toutes les célébrités de la région.

— Je vois, a fait la styliste de Sam.

J'ai décidé de suivre l'épisode jusqu'au bout. Valerie s'est penchée pour se regarder dans le miroir, comme si ça allait aider à quoi que ce soit. Judy, elle, a refermé son portable et est venue s'intéresser à la controverse, m'interrogeant du regard. J'ai haussé les épaules, indiquant du geste que, de deux choses l'une, ou bien Sam ne voulait pas qu'on lui remonte les cheveux sur la tête, ou bien son crâne venait d'exploser. Judy m'a répondu d'un froncement de sourcils.

— Tu es sûre de toi, Sam ? a voulu savoir Valerie, dubitative.

— On ne se marie pas autrement qu'avec les cheveux relevés, lui a rétorqué Alecia d'un ton méprisant.

— Geoff est tombé amoureux de moi quand j'avais les cheveux longs. La seule fois où j'aie voulu les relever, ça ne lui a pas plu.

— Geoff n'est pas parmi nous, a fait observer Alecia.

— Exact, mais il viendra au mariage, tu ne penses pas ?

La styliste attendait patiemment que Sam se décide. Alecia, elle, était toute décidée.

— Ne l'écoutez pas, a ordonné cette dernière à la styliste. Elle va se marier. Elle doit avoir les cheveux relevés. Moi-même je vais me les faire relever, et ça n'est pas mon mariage !

— Tu as raison, Alecia. Ça n'est pas ton mariage, l'a mouchée Sam.

— Sam, est intervenue Valerie.

— Mon Dieu mais où as-tu donc la tête ? a riposté Alecia. Et les photos, alors ? Quand tu les regarderas, dans dix ans, tu as vraiment envie de ressembler à une pauvre fille qui s'est mariée parce qu'elle était enceinte ? Je ne cherche qu'à t'aider.

Judy, qui découvrait Alecia dans toute sa splendeur, en était bouche bée. J'essayais de signifier, par gestes, qu'à présent c'est mon crâne qui explosait, tandis que Valerie se tournait vers Alecia, médusée.

Sam s'est levée.

Bon, j'ai vu Sam se lever depuis qu'elle est toute petite. J'étais même présent la première fois qu'elle l'a fait. Mais jamais je n'avais lu en elle autant de détermination – l'athlète qui sommeillait en elle a soudain pris le pouvoir dans le salon.

— Je ne veux pas de ton aide, Alecia.

— Ah, Sam… a commencé l'autre.

— Je ne veux ni de ton aide, ni de tes conseils. Je ne veux plus entendre ta voix, ni voir ta figure de toute la journée. Et même : je ne veux pas que tu assistes à mon mariage, Alecia.

— Quoi ?

— Tu n'es pas invitée à mon mariage.

— Tu ne peux pas…

Sans ajouter un mot, Sam a fait un pas en avant, et Alecia n'a pu s'empêcher de faire un pas en arrière. Furieuse, celle-ci s'est tournée tour à tour vers toutes les personnes présentes, sans parvenir à trouver un allié parmi elles. Quand ses yeux sont tombés sur moi, ils se sont plissés : j'ai su que ma relation avec elle était terminée, et j'en ai éprouvé un soulagement teinté de joie.

— Bande de… a sifflé Alecia.

Rouge de rage, elle a quitté le salon comme une furie, claquant la porte de l'appartement suffisamment fort pour réveiller les sismographes de l'U.S. Geological Survey. Quand l'écho s'est dissipé, j'ai levé les mains pour applaudir, mais n'en ai pas eu le temps : Sam éclatait déjà en sanglots.

Judy et Valerie se sont hâtées de la réconforter. De mon côté, je ne pouvais que hausser les épaules et faire des gestes à la styliste que celle-ci ne parvenait pas à interpréter.

L'espace d'un instant, j'avais pourtant cru comprendre ce qui se passait là.

Sauver la face

Le numéro de Priscilla s'est affiché à quatre reprises sur le portable de Sam au cours du quart d'heure qui a suivi, sans que mon aînée prenne l'appel. Quand Geoff a tenté de la joindre, elle a toutefois couru s'enfermer aux toilettes pour répondre.

— Oh mon Dieu, papa… a alors soupiré Valerie.

— L'expérience m'a appris que parfois, quand on a une jambe prise dans un piège, on n'a d'autre choix que de se la couper, ai-je répondu.

— Quand est-ce que ça t'est arrivé ? s'est-elle étonnée.

— Non, mais pas moi.

— Alors à qui as-tu coupé la jambe ?

— Mais à personne : je dis simplement que Sam a fait ce qu'elle devait faire. Valerie, l'important, c'est que nous avons enfin osé tenir tête à Alecia.

— T'as raison. *Nous* avons osé... m'a-t-elle rétorqué d'une voix qu'elle voulait sarcastique ou que sais-je. Bon, et elle va faire quoi, Sam, maintenant ? Alecia va être sa belle-sœur, quand même !

— C'est bien pour ça que Dieu nous a offert le Programme de protection des témoins.

— Papa !

Quand Sam nous a rejoints, ses larmes avaient séché.

— Geoff a dit que si je ne voulais pas inviter Alecia, Alecia n'était pas invitée. Il appelle ses parents pour leur annoncer.

— Merci mon Dieu, ai-je soufflé. (Comme mes filles me scrutaient, j'ai ajouté :) Je les aurais appelés moi-même, bien sûr.

— Bien sûr, a confirmé Valerie, toujours dans sa veine pseudo-sarcastique.

Sam, elle, s'est écroulée sur sa chaise.

— C'est juste que... Rien que de penser que j'allais l'avoir toute la journée sur le dos, à me dire ce que j'avais à faire, et ensuite à me rabâcher tout ce que j'avais mal fait et comment son mariage avait été plus réussi que le mien, c'était trop. J'en rêve depuis des jours de lui annoncer qu'elle n'est plus invitée, et là c'est sorti tout seul. Geoff m'a expliqué que ce genre de choses lui arrive sans arrêt, à Alecia, mais qu'elle va s'en remettre, vu que nous sommes plus ou moins les seules personnes qui lui parlent encore depuis *son* mariage.

— Hmm... moi, j'ai l'impression que ma relation avec elle a bien morflé, ça m'étonnerait qu'elle m'adresse la parole après ça, ai-je prié tout haut.

— Donc, les cheveux, on les laisse pendre ? a tenté de clarifier la styliste.

— Absolument, a affirmé Sam.

Mon aînée avait beau avoir les cheveux quasi secs, sa styliste a malgré tout passé pas loin d'une heure à les lui sécher – au sèche-cheveux, trop fastoche. Ensuite, elle l'a maquillée, et qui dit maquillage, dit plusieurs « looks » possibles. L'intéressée doit se décider à l'avance, de sorte que sa maquilleuse sache à quoi s'en tenir, et que la mariée ne ressemble pas au final à Bill O'Reilly. Pour aider les pères du monde entier à comprendre que le maquillage c'est bien plus que de la couleur, c'est un *look*, je suis passé chez Tom ; je l'ai aidé à visionner *Rocky* pour la dixième fois et j'ai utilisé son ordi pour rechercher sur Google les différents looks dont parlaient mes filles. Mes découvertes scientifiques :

Looks mariage

Lumineux

Imaginez un visage constellé de perles d'humidité – un peu comme celui de Stallone à la fin du premier *Rocky*. Braquez un projecteur dessus, et ce visage *lumineux* brillera comme les yeux d'un lapin dans les phares. Conclusion, si votre fille vous annonce qu'elle souhaite opter pour un look « lumineux », c'est qu'elle veut ressembler à Rocky Balboa après sa défaite contre Apollo Creed.

Rosée

Voyez comme la langue est piégeuse : la première fois que j'ai entendu mes filles évoquer le look « rosée », j'ai cru qu'elles discutaient du vin qu'on allait servir au dîner. Et je trouvais ce choix discutable pour un repas de mariage. En soirée. À base de volaille. Mais bon, j'ai fini par comprendre mon erreur.

Mat

Je confirme, à la fin du premier *Rocky*, Creed a bien mis Balboa échec et mat. J'imagine donc que, si votre fille choisit le look « mat » pour son maquillage, c'est qu'elle veut ressembler à un boxeur KO. Je me trompe ?

Crème

Allez savoir pourquoi, chaque fois que j'entendais parler du look « crème », je pensais à l'espèce de vaseline que l'entraîneur de Rocky lui applique sur la figure avant et pendant le combat. Bon, la vie de couple ressemble parfois à un match de boxe, mais tout de même...

En fin de compte, je ne sais pas bien quel look Sam a choisi vu que, la séance de maquillage terminée, elle ne ressemblait en rien à Rocky. Du moins, à ce que je me rappelle. Il faudrait peut-être que je re-visionne le film. Bref, elle était autrement plus splendide qu'Adrian Balboa dans *Rocky III*, quand son mari était devenu riche et qu'elle pouvait dépenser des fortunes en coiffure et maquillage.

Quand mes filles ont commencé à se maquiller, ça ne me plaisait pas trop : j'avais l'impression qu'elles s'étaient inscrites à l'école du tapin. Elles ont plus ou moins ignoré mon avis jusqu'à leurs seize ans, lorsqu'elles ont compris que la philosophie minimaliste de leur père en matière de mascara et de rouge à lèvres tenait la route, vu qu'il pouvait refuser de leur prêter sa voiture.

Là, j'estimais que la styliste avait su mettre en valeur la beauté naturelle du visage de Sam. Et lorsque mon aînée s'est tournée vers moi, elle luisait littéralement d'une rosée crémeuse.

— OK, est-ce qu'on a bien les articles emprunté et bleu ? a demandé Judy.

Derniers Indispensables

Comme si vous n'aviez pas dépensé assez de sous pour ce mariage, la promise est censée porter quelque chose de vieux, quelque chose de neuf, quelque chose qu'elle aura emprunté et quelque chose de bleu. Rien de tout cela ne figurait dans le budget, vu que ces articles tombaient sous la clause « Évidemment » : ils n'apparaissent pas dans le budget car, *évidemment* la mariée doit les avoir. La tradition l'exige. Quand j'ai appris la chose, ça m'a *évidemment* donné quelques idées.

Idées raisonnables de Papa pour la fameuse tradition des Articles Neuf, Vieux, Emprunté et Bleu		
Tradition	**Idée raisonnable de Papa**	**Idée de sa fille**
Article Vieux	Il me semble que le diamant de ton alliance doit être l'article le plus vieux de tout le mariage. Ça, c'est fait.	Non, il me faut quelque chose de vieux mais plus récent, pas un truc que je possède déjà. Je pensais m'offrir des pendants anciens. Modèle perle.
	Des pendants neufs ? Et ils seront censés être vieux ?	Papa, je parle de bijoux *anciens*. Donc *vieux*, même s'ils sont neufs.
Article Neuf	OK. Bon. Dans ce cas, les pendants font aussi l'affaire pour l'article neuf.	Papa. On ne peut pas cumuler. Il faut forcément prendre autre chose.
	OK. Bon. Ta robe de mariée, alors. Elle est neuve, non ?	J'ai trouvé un bracelet de cheville – trop mignon. Chaînette en or avec une perle.
	Sauf que personne ne le verra, ton bracelet de cheville.	Pas grave. La tradition concerne la mariée, pas les autres.

Article Emprunté	J'ai reçu mon relevé de carte bancaire – puisqu'on parle d'emprunt…	Jennifer me prête son collier de perles pour 300 $. C'est pour ça que je veux les pendants assortis.
	Pour 300 $, ça s'appelle « louer » pas « emprunter ». Dis-lui non.	Pas question, c'est une de mes meilleures amies.
	Tu parles d'une amie ! Elle te fait payer quoi, encore ?	Les 300 $, c'est pour l'assurance. Son collier coûte une fortune, je ne pouvais l'emprunter qu'à condition de payer l'assurance. Il a une valeur énorme à ses yeux.
	Je croyais que la tradition concernait la promise, et non les autres.	Je veux porter son collier.
Article Bleu	Idée : je me retiens de respirer tant que je ne remporte pas une de nos disputes – si avec ça je n'ai pas la tronche toute bleue en moins de deux…	Papa. Nous ne nous disputons pas. J'apprécie réellement tout ce que tu as fait pour moi. Quant au truc bleu, c'est géré. C'est un article que Geoff sera le seul à voir.
	Ça n'était pas censé concerner que toi ?	Geoff est mon fiancé, papa.

Dans les temps et à la bourre

J'ai enfilé mon smoking et me suis admiré dans le miroir pendant une ou dix minutes, à répéter «Vodka martini, au shaker pas à la cuillère» avant de partir pour l'église. L'endroit comportait quatre pièces communicantes, dont les DDH s'en étaient approprié trois. Les garçons d'honneur se retrouvaient donc casés dans la quatrième. Pour éviter qu'aucun de ceux-ci ne pénètre sur leur territoire, elles s'étaient barricadées derrière leurs valises.

Vous avez bien lu : ces dames avaient apporté *des valises*. Comme si, à un moment donné, les garçons et elles allaient se transformer en troupe de danseurs-chanteurs et partir tous ensemble en tournée.

Les DDH, qui avaient presque fini de s'habiller, se trouvaient dans la pièce la plus proche, alors je suis passé leur faire coucou. Elles couraient dans tous les sens, comme des malades, à se ficher des épingles les unes dans les autres, à se faire des brushings, à se maquiller et à téléphoner.

— On est à la bourre ! m'a annoncé Valerie, angoissée, en passant en coup de vent et claquant une porte derrière elle.

J'avais toutefois eu le temps d'entrapercevoir Judy en train de perdre elle aussi la boule : elle arrachait des rideaux afin d'ajouter un ultime accessoire à l'une des robes, que sais-je ?

Bref, je les ai laissées à leur chaos et suis allé voir si les hommes se débrouillaient mieux. Ils étaient assis, tranquilles, à jouer aux cartes.

J'ai décidé de rester avec eux.

Mon téléphone a sonné – avant l'apparition des portables, il était proprement impossible de se marier.

— C'est moi qui me tape tout le boulot, s'est plaint mon fils sans préambule.

— Vraiment ?

— Pas moyen de trouver la cousine Tina, par contre j'ai bien récupéré Tata Lucy – elle errait, perdue, dans l'aéroport. D'après elle, il n'y aurait même pas de cousine Tina.

— Ça va lui faire un choc...

— J'ai localisé deux oncles et un cousin, leur avion est en approche. J'ai conduit grand-mère et grand-père à leur hôtel – ils sont en froid et j'ignore pourquoi.

— Raisons trop nombreuses à énumérer, passons.

— Terri a bien dû aller cinq fois au magasin pour acheter les fameux trucs pour les demoiselles d'honneur – ça fait pourtant plus d'un an qu'on prévoit tout ça, non ?

— « On », faut le dire vite, ai-je rétorqué, mais pour ce qui est du calendrier, oui, tu es dans le juste. Bon, maintenant tu rappliques, le spectacle commence dans une demi-heure.

— C'est l'affaire de dix minutes. Au fait, il y aura des cygnes ?

— Il n'y aura même pas *Alecia*.

— Trop cool !

Sur ce, il a raccroché.

Quelqu'un a tapé à la porte : Sarah, ravissante dans une robe dont, en tant qu'expert en la matière, j'ai tout de suite vu qu'elle était d'une certaine couleur, voire d'une autre d'ailleurs.

— Bon, a-t-elle annoncé, le problème avec le traiteur c'est réglé, on a trouvé un barman, le batteur du groupe est sorti de désintox' et on a dégotté une nounou pour le petit Kenny.

— Nous, on a contacté le docteur de Tata Claudia, qui a modifié son ordonnance. La compagnie aérienne a retrouvé la valise du cousin Dean et va la livrer ici. On a aussi réparé la chaussure de Valerie, ai-je répliqué à toute allure.

C'est un des effets du mariage : l'événement transforme une conversation normale entre deux personnes qui s'aiment en une espèce d'échange de messages codés.

— Et j'oubliais, ai-je conclu, on a pu trouver un cheval de remplacement, l'autre étant malade.

— Je ne savais même pas que ça tombait malade, les chevaux. Qu'est-ce qu'il avait ?

— Le rhume des foins.

— Amusant. Bon, et sinon, vous faites quoi, là, les gars ?

Faisant barrage de mon corps afin que Sarah ne voie pas mes collègues en train de taper le carton, je lui ai assuré :

— On se donne à fond, comme tout le monde.

— Ça démarre dans moins d'une demi-heure, encore quelque chose à faire ?

— On a perdu la cousine Tina, mais je ne sais même pas par où commencer à la chercher. Au fait, tu es resplendissante.

— Merci. (Ses yeux pétillaient.) À tout de suite.

— Reçu. Terminé.

Une trentaine de minutes plus tard, ma montre m'a révélé que nous avions cinq minutes de retard, et j'ai su que je n'allais plus tarder à devoir courir. Les autres gars avaient l'air mal, eux aussi, mais uniquement parce qu'ils pensaient que Geoff avait une quinte flush. Moi je savais qu'il bluffait. Valerie a tapé à la porte et a passé sa tête par l'embrasure. Elle était en mode DDH et avait l'air, ne nous le cachons pas, tarte.

— Ma puce, tu ressembles à une demoiselle d'honneur, lui ai-je dit.

Mes collègues et moi étions convenus que ce serait le compliment le plus honnête et le plus sûr.

Valerie, elle, avait le teint livide.

— Papa, tu peux venir deux minutes, s'il te plaît ?

À la voir, quelque chose m'a convaincu de me lever alors même que j'avais une paire de rois en main.

— Tout va bien ? lui ai-je demandé une fois sorti dans le couloir.

— Sam a besoin de te parler, m'a-t-elle expliqué.

Je l'ai alors suivie jusqu'au saint des saints des DDH. Ces demoiselles étaient toutes vêtues comme Valerie et observaient un bien étrange silence, me regardant passer devant elles, l'air pensif.

— Où est ta mère ? ai-je voulu savoir dans un moment d'hésitation.

— Partie récupérer Terri : elle a eu un petit accrochage sur le parking du magasin. Rien de grave, par contre sa voiture ne démarre plus. Et puis aussi… c'est un truc de père.

— Un quoi ?

— Elle a besoin de son papa.

M'adressant un regard indéchiffrable, Valerie a ensuite ouvert la porte de la pièce sacrée. Mon pouls est passé en mode alerte quand je me suis retrouvé en présence de Sam, dans sa robe de mariée. Valerie a refermé la porte derrière moi.

Je savais bien que je devais réagir, faire un commentaire sur la robe, mais je n'en ai pas eu le temps. Sam pleurait comme je ne l'avais plus vue faire depuis qu'elle était toute petite. Je me suis assis et elle a enfoui sa tête dans mon épaule.

— Oh mon Dieu, papa, a-t-elle gémi.

— Qu'est-ce qu'il y a, Sam ? Explique-moi…

Entre deux larmes, elle m'a expliqué.

— Je sais pas… Je sais pas si je vais pouvoir le faire. Je sais pas si je vais arriver à me marier !

Ouh là.

Je l'ai prise dans mes bras et ai senti les secousses qui parcouraient son corps.

— Je… m'en veux… carrément… s'est-elle étouffée.

J'ai inspiré à fond. Bien bien. Je venais d'investir une somme considérable dans cet événement, et une bonne petite foule commençait à s'impatienter dans l'église. Mais ça ne comptait pas, on est bien d'accord ? Ce qui comptait, c'était la jeune femme qui me trempait mon smoking.

J'ai alors dit à Sam ce que tout père doit dire à ses filles le jour de leur mariage, car rien n'est plus important à ses yeux que leur bonheur :

— Pas de souci, Sam. Tant que tu ne t'avances pas dans l'allée, on peut annuler. Ça n'est rien.

— Mais tu as dépensé une fortune, pleurnichait-elle.

— Je m'en moque. Ce qui compte, c'est que tu sois sûre de vouloir te marier. Si tu veux annuler, on annule.

— Je ne sais pas si je me marie parce que j'ai envie de me marier ou juste pour avoir un mariage. Tu me comprends ?

Même pas en rêve. À mon sens, se marier juste pour avoir un mariage, ça revenait à donner la vie juste pour souffrir le martyre. Mais je comprenais qu'une future mariée puisse se noyer dans les préparatifs au point de perdre de vue que tout cela tourne autour de l'amour qu'elle porte à l'homme auquel elle souhaite être mariée jusqu'à la fin de ses jours.

— Je ne sais plus quoi penser. Je n'arrête pas de me dire que c'est une énorme erreur. C'est vrai, ça fait un mois que je ne parle pratiquement plus à Geoff sauf pour s'engueuler sur des broutilles.

— Pas de souci. Tout va bien, l'ai-je rassurée.

— Mais je l'aime, pas vrai ? Enfin, quand il m'a demandée en mariage, j'étais tout excitée et je savais que je voulais être sa femme, qu'est-ce qui s'est passé entre-temps ?

— Vois-tu… ai-je commencé.

— C'est que j'ai eu ce mariage à mettre sur pied toute seule ou presque, et puis l'histoire avec Alecia, il ne m'a pas franchement aidée sur ce coup-là, à croire que les hommes de sa famille ont peur des femmes et je ne veux pas d'une relation comme ça. Imagine qu'une fois marié il ne sache plus me traiter autrement ? Si ça se trouve, personne n'arrive à échapper à l'influence familiale ?

J'ai pensé à la cousine Tina. Certaines personnes savent être elles-mêmes, ai-je décidé.

— Je ne veux pas vivre comme ça, se lamentait mon aînée.

— Vois-tu… ai-je encore tenté.

— Sauf qu'il n'est pas comme ça avec moi, il ne l'a même jamais été ! Je ne sais pas ce qu'Alecia vient faire là-dedans.

— Vois-tu…

— Cette fille est un poison ; j'ai beau la repousser, elle trouve toujours le moyen de reparaître ! Punaise ! Je ne sais plus quoi faire !

J'ai décidé de ne rien dire, vu qu'elle ne me laisserait pas parler.

— Je ne sais même plus ce que je ressens. Comme si les préparatifs du mariage avaient zappé tout le reste. Je me sens oppressée.

Ses larmes avaient séché, elle paraissait moins perdue, plus soulagée.

— Tu es sûr que ça ne te dérangerait pas ? Si on annulait tout ?

— Sûr et certain.

— Je t'aime, papa.

— Je t'aime aussi, Sam.

Là-dessus, elle a soupiré – son regard se laissait gagner par l'épuisement.

— Ça va être un beau bordel, a-t-elle murmuré.

Nous sommes restés sans rien dire, c'était bien.

— Juste un truc, ai-je fini par glisser. Je pense que tu devrais peut-être l'annoncer à Geoff.

— Tu veux dire… genre, tout de suite ?

— Euh… oui. Il est à côté, ça tombe bien.

— Mais il va me voir dans ma robe. Ça porte malheur.

— En même temps, tu veux annuler le mariage, je ne vois pas ce qui pourrait arriver de pire, ai-je déclaré, stoïque.

Sam a étudié ma figure et là, à son crédit, elle a rigolé.

— OK, OK. Tu as raison. Mon Dieu. (Se tournant vers le miroir, elle a eu le souffle coupé.) Laisse-moi deux minutes, puis dis à Valerie de faire venir la styliste.

— Je vais chercher Geoff, ai-je répondu.

Elle a approuvé de la tête et je l'ai laissée là. Valerie m'attendait de l'autre côté de la porte.

— On fait quoi, papa ? m'a-t-elle demandé.

— Va l'aider. Il faut la remaquiller, là elle ressemble à Rocky à la fin du sixième round.

— Papa !

— Je vais trouver Geoff.

Valerie a écarquillé les yeux, mais elle est tout de même allée rejoindre sa sœur. Je suis repassé par la salle des DDH. Toutes me dévisageaient dans un sentiment d'horreur muette.

— Encore une petite minute, leur ai-je annoncé tout guilleret.

Une fois sorti de leur « loge », je me suis retrouvé face à toute l'assistance, qui bruissait déjà de murmures, comme dans un tribunal quand un témoin vient d'avouer avoir une liaison avec le prévenu.

Les garçons jouaient toujours aux cartes, manifestement pas au courant que la cérémonie avait officiellement quinze minutes de retard.

— Geoff, je pourrais te parler une minute, s'il te plaît ?

Il est venu vers moi, son regard rivé au mien.

— Elle va bien ? s'est-il inquiété.

— Elle veut te parler.

— Pourquoi ? Il y a un problème ?

— Viens avec moi et parle avec Sam, c'est tout.

Je braquais sur lui toute l'intensité de mon Pouvoir Paternel, de sorte qu'il n'ait d'autre choix que d'obéir. Ce qu'il a fait, la mine grave.

Nous voir sortir ensemble de la « loge » des garçons a relancé les murmures dans l'assistance. Surtout quand nous sommes entrés chez les DDH. Ces dernières en sont restées bêtes, comme si elles découvraient la créature de Frankenstein.

— Nous allons suspendre le règlement un instant, leur ai-je confié.

Quand j'ai ouvert la porte de la loge de Sam, mon aînée était debout au milieu de la salle, flanquée de Judy et de Valerie. Geoff l'a alors vue dans sa robe de mariée.

— Waouh, a-t-il soupiré.

Sam en a rougi. Un timide sourire est passé sur ses lèvres. J'ai fait signe à Valerie et à sa mère ; nous avons discrètement quitté les lieux.

— Pourquoi vous n'iriez pas expliquer aux DDH que Geoff peut voir Sam dans sa robe sans s'attirer de malédiction ? ai-je suggéré à ma fille et à mon ex.

Elles ont accepté et sont passées dans l'autre pièce, où les DDH s'étaient réunies comme dans l'attente de la naissance du nouveau prince.

De mon côté, j'ai pris position devant la porte de la loge de Sam, affichant l'air patibulaire d'un agent des services secrets.

Dans les premiers moments, je n'entendais pas ce qu'ils se disaient, jusqu'à ce que Geoff hausse la voix.

— Je m'en fiche, Sam !

J'ai décidé qu'en tant que protecteur de ma fille, je me devais de me pencher vers le trou de la serrure. J'étais tout aussi disposé à défoncer la porte pour aller écraser mon poing sur le nez de Geoff.

— Tout ce que je veux, poursuivait-il, c'est être marié avec toi. Tout ce tralala, pour moi ça n'a jamais eu d'importance. Écoute, pourquoi on ne filerait pas en douce à Hawaï, rien que tous les deux. On se marie là-bas.

Sur le coup, j'aurais bien aimé qu'il ait proposé ça quelques milliers de dollars auparavant.

Sam lui a posé une question que je n'ai pas entendue.

— Non ! Rien de tout ça n'est important. Il n'y a que toi qui comptes à mes yeux, tu ne comprends pas ? Je t'aime. Je veux vivre avec toi. C'est tout ce qui compte.

J'ai desserré les poings. C'est à la femme, et non à son père, de choisir avec qui elle va se marier (à mon sens, le législateur devrait tout de même se pencher là-dessus). Du coup, c'est à Sam qu'il est revenu de décider s'il y aurait un mariage ce jour-là. Si on m'avait demandé, j'aurais déclaré que Geoff venait de gagner le droit d'être son mari.

Ils ont pas mal murmuré, et j'avais beau presser mon oreille contre le trou de la serrure, je ne distinguais rien. Puis tout à coup la porte s'est ouverte et Sam et Geoff me regardaient. Je me suis relevé d'un bond, me cognant au passage le front contre le bouton de la porte.

— Ah... ai-je bredouillé. Un petit souci avec la clim'. J'étais sur le point d'aller prévenir qui de droit. Pourrait être dangereux.

La chose leur paraissait naturellement plausible.

— Papa, m'a demandé Sam, tu es prêt pour un mariage ?

— Bien sûr. Tu me prends un peu au dépourvu, mais je devrais pouvoir gérer.

— Mais vous saignez, beau-papa, s'est inquiété Geoff.

J'ai aussitôt sorti un mouchoir de ma poche et l'ai appuyé contre mon front. Exact, je saignais un peu. Là, je suis resté scotché.

Geoff venait de m'appeler « beau-papa ».

Ce n'est pas un mariage tant qu'il n'y a pas de blessé

Je m'attendais plus ou moins à trouver l'église vide, mais le mélo avait visiblement rivé chacun à son banc. Les murmures ont redoublé quand Geoff est apparu. J'ai levé la main et prononcé :

— Tout va bien. Nous avons eu un problème de climatisation.

Et j'ai ôté le mouchoir de mon front, de sorte qu'ils constatent tous l'ampleur du problème.

Ma petite histoire a eu moins de succès auprès de ce plus large public, mais ça n'était pas grave : les garçons d'honneur étaient déjà en place, attendant Geoff comme des footballeurs attendant leur *quarterback* (ce genre d'analogie permet de s'assurer que les hommes restent au taquet pendant un mariage). Sarah était assise ; mon fils a conduit sa mère puis Priscilla à leurs places, après quoi il s'est tenu prêt à raccompagner Duke aux vestiaires dès que celui-ci aurait réussi sa passe décisive. Les DDH s'avançaient dans l'allée, lentement, comme si elles n'avaient plus un orteil entier.

Valerie s'est approchée de moi. Elle tenait Duke par son collier. L'animal haletait ; je le scrutais. Il avait les babines et la langue rouge sang.

— Tu as maquillé le chien ? ai-je murmuré.

— Papa ! m'a répliqué Valerie de la même voix. Non, il a chipé des bonbons épicés.

Dans le cadre de la thématique Hot August Nights, le bar proposait ces petites horreurs qui vous mettent la bouche en feu. Les chiens possèdent un odorat suffisamment subtil pour identifier les épices qui rendent ces bonbons immangeables, mais Duke avait pour sa part décidé de taper dedans quand même. Une décision dont il était déjà coutumier pour tout ce qui est grains de café et ballons dégonflés. Valerie m'a confié l'animal.

— Gentil chien, Duke, a-t-elle menti.

Puis elle s'est dirigée vers l'autel. Un pas, une pause, un pas, une pause. Tous ces préparatifs pour *ça* ? Si ça n'avait tenu qu'à moi, tout le monde aurait enfilé des baskets et sprinté jusqu'à la ligne d'arrivée.

Valerie était en position. Dans l'église silencieuse, les têtes se sont retournées pour voir la promise. Au lieu de quoi ils m'ont vu moi, avec le cabot peinturluré – à croire que j'avais décidé d'offrir la main de Duke à Geoff.

— Au pied, Duke ! Au pied ! a appelé mon futur gendre.

J'ai lâché le collier du chien.

La bête a aboyé.

— Au pied ! a répété Geoff.

Duke a reculé, de nouveau aboyé, puis secoué la tête comme s'il avait de l'eau dans les oreilles. Ça a fait rire tout le monde.

Et voilà, le mariage était foutu. Je me suis tourné vers Geoff en haussant les épaules.

C'est alors que Sam est apparue à mon côté.

— Allez, Duke. Viens là, lui a-t-elle ordonné.

Duke a baissé les oreilles et s'est mis à trottiner vers elle en agitant la queue.

Ma fille m'a ensuite regardé. Elle avait le visage radieux, les yeux clairs – tout doute l'avait quittée. Elle portait la robe que j'avais totalement désapprouvée, la plus sexy, mais avec maturité et élégance.

N'importe quelle autre future mariée aurait peut-être crisé à cause du faux pas de Duke, mais mon aînée s'est contentée de rigoler avec tout le monde.

L'organiste a pianoté quatre ou cinq notes comme s'il s'apprêtait à jouer l'ouverture d'un match de base-ball, avant de se lancer dans la marche nuptiale. J'ai escorté ma fille et son crétin de chien jusqu'à l'autel. Un pas, une pause, un pas. À chaque pause Duke levait la tête vers nous, roulé dans la farine comme un bleu.

Les rires ont à nouveau fusé quand Geoff a dû batailler pour récupérer l'alliance que Duke portait sur son dos, puis quand Chris a entraîné l'animal à l'écart.

Nous avions eu un débat pour savoir si nous allions respecter le rituel du père qui donne sa fille (et son chien) au promis, parce que Sam trouvait la chose peut-être un petit peu sexiste. Après tout, elle ne m'appartenait pas. (« Je confirme, avais-je rétorqué en posant mon regard sur l'endroit de ma cuisine où trônait autrefois mon grille-pain, tout ce qui m'appartenait t'appartient. ») Sam était une jeune femme indépendante, il ne me revenait pas de la *donner* à quiconque. J'ai toutefois fait valoir que ce processus symbolisait l'accord en vertu duquel Geoff pouvait m'enlever ma fille sans que je le tue. Geoff me soutenait à fond sur ce dernier point, du coup nous avons validé le rituel. Conséquence, j'allais à présent devoir parler.

— Qui donne cette promise, cette pitite fille qui il y a encore un mois de ça refusait de s'endormir sans sa couverture-doudou, qui il y a encore une semaine demandait à ce qu'on la pousse sur la balançoire, qui hier encore freinait trop tard et percutait la boîte aux lettres ? a demandé le pasteur (du moins c'est ce que j'ai entendu).

— Sa mère et moi, ai-je répondu d'une voix aussi forte et ferme que celle d'un oisillon.

Après quoi je suis allé m'asseoir à ma place, agrippant la main de Sarah pour éviter de m'écrouler par terre.

J'ai écouté le sermon la tête toute cotonneuse, ne percevant que les battements de mon cœur. Des paroles ont été échangées.

— Geoffrey, acceptes-tu de prendre cette femme, Samantha, pour épouse, de l'arracher au foyer paternel, à la protection paternelle et ainsi de l'exposer à des dangers telles les mutations professionnelles et autres conditions inacceptables qui risquent de compliquer encore la tâche à son père qui voudra la surveiller ?

— Oui.

— Samantha, as-tu bien dépensé tout l'argent de ton père ?

— Oui.

— Alors, en vertu du pouvoir qui m'est conféré d'exiger un petit supplément ne figurant pas dans le budget de départ, je vous déclare mari et femme.

Sam et Geoff se sont embrassés de toute leur âme – tandis qu'au mariage d'Alecia, le baiser des époux m'avait rappelé celui de Jimmy Carter avec Leonid Brejnev. Après quoi ils se sont retournés vers l'assistance.

— Mesdames et messieurs, permettez-moi de vous présenter monsieur et madame King.

Qui ça ? Hé là, minute ! L'organiste s'était remis à jouer, tout le monde filait. Sarah m'a donné une tape dans le dos, comme si la lumière venait de passer au vert et que j'étais un para sur le point de sauter sur la Normandie.

— Go ! m'a-t-elle soufflé.

Je me suis levé et ai suivi ma fille, Mme Geoffrey King.

CHAPITRE 14

LA DERNIÈRE DANSE

Il est capital d'immortaliser les instants qui suivent la cérémonie, de sorte que, des années plus tard, les époux puissent feuilleter leur album de mariage en se disant : « Voilà ce que nous faisions pendant que tout le monde s'éclatait à la réception. »

Le photographe se comportera comme s'il devait documenter les séances d'une commission d'enquête du Congrès. Tout le monde prendra les poses qu'il ordonnera de prendre – autant engager un petit chef désagréable, vu qu'une fois la réception terminée plus personne ne pourra le sacquer, quand bien même il serait le père Noël.

J'avais lu une revue de mariage qui recommandait 50 poses : autrement dit, adieu la réception ! À mon sens, on n'avait besoin que de cinq.

1. La mariée (ravie) au milieu, son époux (ravi) à sa droite et son père (ruiné) à sa gauche.

2. Les mariés, les demoiselles et les garçons d'honneur plus les parents, debout et ravis, sauf qu'ils étouffent tous dans leurs habits inconfortables.

3. Le chien qui lève la patte sur le sac de Priscilla.

4. La mariée (ravie) et sa Première DDH (tout aussi ravie, car elle sait que son mariage vient ensuite et qu'elle pourra forcer sa sœur à porter une robe encore plus tarte).

5. Les époux (ravis) et le père de la mariée (pressé d'en finir).

Un très, très bon photographe saura percevoir à quel moment les gens sont au bord de l'émeute, car c'est à ce moment-là qu'il peut proposer au père d'expédier la séance en échange d'une enveloppe.

— Je dois encore en faire avec le chien et ses parents qui regardent le bouquet de la mariée, déclarera-t-il lorsque le père viendra lui expliquer qu'il aimerait bien pouvoir ouvrir le bar avant que Tonton Bob l'ait vidé. Ou peut-être je pourrais boucler l'affaire avec la première demoiselle d'honneur offrant une fleur au pasteur.

Ce que le photographe ignore, c'est que la question des enveloppes (aucunement budgétées puisque, comme l'a si bien dit ma fille, « tout le monde sait qu'elles sont *en plus* ») a été réglée en amont. Le père pourra faire remarquer qu'il est illogique de décider du montant des enveloppes avant d'avoir bénéficié du service.

— Si le serveur me renverse un bol de soupe sur la tête, tu penses qu'il a encore droit à l'enveloppe entière ? ai-je ainsi demandé à ma fille.

— Bien sûr que non. Il n'y a pas de soupe au menu.

— OK, disons une cruche d'eau.

— Dans ce cas, c'est non.

— Aha !

— Tu remets une seule enveloppe au traiteur. Ensuite c'est lui qui partage entre les serveurs.

Nous avions tellement d'enveloppes à distribuer, que nos prestataires auraient pu réclamer d'avoir leur propre code postal. J'ai parcouru la liste en question.

— Et les poulets qui vont se sacrifier pour qu'on puisse manger, ils n'en méritent pas une peut-être ? ai-je ironisé.

— Papa, est intervenue Valerie. Que Marty ne t'entende surtout pas évoquer le sujet : il enrage déjà qu'on n'ait pas choisi des volailles bio élevées en plein air.

— Il est végétarien ! Il ne va même pas y toucher, qu'est-ce que ça peut lui faire ?

— Si tu poses la question, c'est même pas la peine que je t'explique.

Une fois que le photographe a utilisé davantage de pellicule qu'il n'en a fallu pour tourner la saga *Harry Potter*, et que tout le monde tire plus ou moins la tronche, les mariés partent pour la réception dans un véhicule spécial. Parmi les bonnes idées à envisager :

■ Une limousine (pourquoi pas celle que possédait naguère Puff Daddy[1] ?)

■ Une vieille auto, modèle classique, comme une Bugatti Royale de 1931 (valeur, 8,7 millions de dollars, mais bon, ça va, vous allez *juste la louer*[2])

■ Le Queen Mary (si vous n'habitez pas près de la mer, budgétez un bon 38 tonnes)

■ Une calèche avec cheval – celle qui a emmené Cendrillon au bal, par exemple (idéal pour les mariages au mois d'octobre, saison des citrouilles)

Au final, ma fille s'était décidée pour la calèche. Vu que c'était son mariage et que la pluie était *verboten*, la calèche était ouverte à l'arrière. Et tant mieux, car autrement nous n'aurions jamais réussi à faire entrer sa robe dedans, sauf à jouer de la fourche. Là, le temps que Geoff s'installe à côté de Sam, on les aurait dit assis dans un bain moussant.

---

1. Alias Pampy D, P. Diddy, Puff et Diddy.
2. Seuls six exemplaires ont été fabriqués : pensez à appeler Hertz en avance pour réserver.

Trottinant ainsi jusqu'à la salle de réception située à une demi-douzaine de pâtés de maisons, Sam et Geoff saluaient, tel un couple princier, tous les véhicules qui les klaxonnaient et dont les conducteurs célébraient leur joie de ne pas avoir à débourser un dollar pour tout ça. Le cheval, prenant ces manifestations pour lui, dressait fièrement la tête et se cabrait comme un pur-sang.

Il va sans dire que dix minutes de photos nous attendaient encore à notre arrivée à la réception, mais ça n'était pas plus mal, vu que c'est le temps qu'il nous a fallu pour extirper Sam de la calèche.

Puis est venu le moment de l'accueil des invités – quand ces derniers viennent à tour de rôle vous demander qui vous êtes. Vous leur expliquez que vous êtes le père de la mariée et n'avez à ce titre rien à leur dire, sauf s'ils font partie des dizaines de personnes qui attendent de vous une petite enveloppe ce soir. J'ai tenté d'attirer l'attention de quelques-unes de ces personnes, espérant avoir droit au moins à un verre d'eau, mais ils m'ont tous ignoré. Sans doute savaient-ils que le montant des enveloppes était déjà fixé, quelle que soit leur performance.

Me tenant à côté de Sam lors de ce rituel, j'ai pu apprendre pas mal de choses sur l'étiquette à respecter. Apparemment, il importe que les compliments soient aussi excessifs que les photos.

Accueil des invités – Étiquette	
Ne dites pas	**Dites plutôt**
Tu es ravissante.	Tu dégages une beauté éthérée, mystique, phosphoreuse.
La cérémonie m'a ému.	La cérémonie m'a guéri de mon panaris.
Je suis vraiment heureux pour toi.	Je suis tellement heureux que je me moque bien de savoir si quelqu'un doit mourir ce soir.
Vos vœux m'ont ému aux larmes.	Quand vous avez prononcé vos vœux, j'ai eu une attaque.
Vous faites un joli couple.	À côté de vous, tous les autres couples mariés ressemblent à des cadavres moisissant au soleil.
Quand je t'ai vue dans ta robe, ça a été plus fort que moi, j'ai pleuré.	Quand je t'ai vue dans ta robe, ça a été plus fort que moi, j'ai expulsé un caillot de sang.

— Tu dois être très fier, m'a glissé Sarah entre deux invités.

(Elle, c'est sûr, personne ne l'ignorait, surtout pas les hommes, qui semblaient très désireux de mater son décolleté. J'ai bien tenté de les repousser du regard, mais mon Pouvoir de Copain s'est révélé nettement moins efficace que mon Pouvoir Paternel.)

— Je suis fier, oui, ai-je admis, premier surpris.

Nous avions encore la réception devant nous, mais ma fille était mariée, personne ne m'avait infligé de blessure sérieuse et nous avions même retrouvé le cousin/-e Ted/Tina (elle flirtait en cachette avec l'un des collègues de Geoff les moins observateurs).

— Ça été la grosse galère, mais Sam s'en est bien tirée, et nous n'avons pas eu à engager Lindy Looney-Tunes.

Sarah a rigolé, puis elle s'est retournée vers un invité à accueillir, qui se trouvait être un de ces mecs qui se croient beaux, tout ça parce qu'ils sont bien mis. Il a serré la main de Sarah, puis sans la lâcher, lui a demandé si elle était la sœur de Sam. Ma chérie a eu la gentillesse de rire, sauf que c'était à peu près la sixième fois qu'on lui tendait la perche, et je savais que le poisson ne mordait pas.

— Je suis le père de la mariée, la relation sérieuse de Sarah, mais aussi son professeur de karaté, ai-je annoncé au type.

Ce faisant, je lui tendais la main afin qu'il lâche celle de ma douce. Il s'est exécuté, à contrecœur, et Sarah a pu se consacrer au numéro suivant.

— Ouh là ! s'est excité le numéro en question. De toutes les sœurs de la mariée que j'ai pu voir, c'est vous la plus canon.

La chaude nuit d'août

Sitôt entrés dans la salle de réception, les invités avaient droit à un premier spectacle constitué par quelques tables rondes décorées de fleurs et de bougies, un « guichet » d'accueil et Tonton Bob accoudé au bar.

Le « guichet » était une idée de Sam. Obéissant à une impulsion insensée, elle avait fait une chose que les promises ne font pratiquement jamais : demander à son fiancé ce qu'il pensait des préparatifs du mariage. Et notamment ce qu'il préférait dans le concept des nuits d'août. Geoff lui avait raconté un de ses souvenirs d'été : les montagnes russes, quand il était petit, avec son père. Souvenir d'autant plus unique que sa mère et sa sœur avaient peur des montagnes russes et que, par conséquent, Geoff était alors seul avec son père. (Ça, je veux bien le croire :

n'importe quel moment passé loin de Priscilla et d'Alecia devait être unique.)

Au guichet de la réception, les invités se voyaient remettre un ticket pour les montagnes russes, sur lequel figurait le plan de table (au numéro du ticket correspondait un numéro de chaise). Puis ils prenaient place devant un appareil photo numérique qui les immortalisait avec la personne qui les accompagnait. Une poignée de secondes plus tard, le cliché s'imprimait sur une page avec un espace prévu pour la signature et quelques mots – un livre d'or avec photos censé permettre d'identifier les personnes présentes à condition de déchiffrer leur signature.

Aucune des revues de mariage qui s'empilaient dans mes W.-C. n'avait mentionné ces idées-là ; c'est à Sam qu'on les devait. Ma fille est une femme très spéciale.

Les faveurs, elles, consistaient en de petits thermomètres (pour les Chaudes Nuits d'Août, vu ?). Quant aux fleurs, ça devait être des fleurs d'août (protubérances ou narcolepsies, qu'en sais-je ?). Bref, je suis allé prendre un verre de vin au bar et saluer Tonton Bob, qui m'a présenté aux barmen et m'a raconté leur vie.

Tom se tenait près du gâteau, la mine savamment innocente, comme si ses pas l'avaient conduit là par hasard.

— Je veillerai à ce que tu en aies une part, l'ai-je rassuré, pas la peine de monter la garde.

— Non, non, juste je l'admirais. Mais bon… tu es sûr que j'y aurai droit ?

— Tout va bien se passer.

Sur ce, il a promené son regard dans la salle. Sam et Geoff s'étaient éclipsés – ma fille devait enfiler sa robe Spécial Réception afin que personne n'ignore que le budget vêtements avait explosé.

— J'ai du mal à croire, a poursuivi Tom, qu'il y a quelques mois de ça tu organisais tout ce barnum tout seul. (Bon, je lui ai peut-être présenté une version un peu unilatérale des choses.) Waouh. Et dire que d'ici peu c'est moi qui serai à ta place, à regarder ma fille se diriger vers l'autel.

— D'ici peu, oui, ai-je acquiescé. Enfin, sauf que tu n'as pas encore d'enfants, Tom.

Le regard qu'il m'a adressé alors était perclus de terreur.

— Ne me dis pas que tu n'étais pas au courant... me suis-je inquiété.

— Non, c'est pas ça, je... Pff, j'ai tout gâché.

— C'est clair. Mais gâché quoi ?

— J'ai vendu la mèche...

— Ça t'embêterait beaucoup, de traduire ?

— Emily est enceinte.

— Vraiment ? Mais c'est fantastique, ça, Tom !

— Elle attend un bébé, je veux dire.

— J'avais compris. Toutes mes félicitations !

Nous allions nous donner l'accolade mais nous nous sommes ravisés et nous sommes contentés d'une poignée de main bien ferme. Comme s'il venait de me vendre une voiture.

— J'étais censé n'en parler à personne. À cause du mariage, tu vois, pour ne pas faire d'ombre aux mariés.

— L'attention est gentille, Tom, lui ai-je sincèrement répondu. Mais ça ne fait pas d'ombre à Sam, au contraire, ça illumine encore plus cette journée !

— OK, a-t-il conclu, dubitatif.

Me retournant, j'ai vu Sam et Geoff qui regagnaient la salle de réception, radieux, sous les crépitements des appareils photo et les vivats des invités. Mon aînée paraissait encore plus heureuse que le jour où son équipe de volley avait remporté un titre national ; Geoff, lui, m'a cherché des yeux et m'a fait signe. Quand j'ai voulu avaler ma salive, j'avais la gorge serrée.

— Waouh, ai-je soupiré.

Je suis ensuite allé trouver Emily pour la féliciter de sa grossesse. Tom, lui, préférait rester près du gâteau. Emily était toute rouge d'excitation.

— J'étais sûre qu'il n'arriverait pas à garder le secret, m'a-t-elle confié.

Mais elle disait cela moins pour se plaindre que pour montrer à quel point Tom s'enthousiasmait parfois un peu trop.

J'ai confirmé la chose en éclatant de rire.

— Ça me rappelle le jour où il s'est acheté son bateau de pêche, il a aussitôt foncé me le dire.

— Voilà. Pile poil pareil, a acquiescé Emily avec ce qu'elle devait estimer être une touche d'ironie.

Sur ce, je suis allé annoncer la bonne nouvelle à Sarah.

Le père a son mot à dire

Duke a fait une apparition au cours du dîner, il semblait particulièrement ravi que nous mangions du poulet. Contrairement à ce qui s'était passé lors du mariage d'Alecia (son époux et elle étaient installés sur une scène, et la mariée nous livrait une sorte de one-woman show – Les Monologues d'Alecia), Sam et Geoff étaient assis à une table ronde comme de simples mortels. Toutes les quatre ou cinq minutes, quelqu'un faisait tinter son verre, et les mariés nous gratifiaient d'un baiser.

En dessert, il y avait crème glacée maison, soit sur cornet, soit en accompagnement du gâteau. Sam m'a expliqué qu'elle s'était souvenue des crèmes glacées maison que nous faisions, en août, quand elle était petite, et qui avaient la consistance de la soupe. Ça me bluffait, qu'elle se rappelle un souvenir aussi lointain et qu'elle en ait à ce point oublié la vraie consistance.

Tom a pu manger plusieurs parts de gâteau, mais ça n'était pas grave, vu qu'il devait à présent manger pour deux.

Le premier garçon d'honneur de Geoff a prononcé un interminable toast sur les incohérences des déclarations conjointes ou je ne sais quoi – chose que ses collègues ont trouvée hilarante mais que tout le monde a jugé aussi incompréhensible que le reste de la réglementation fiscale. Au bout de dix minutes de ces frivolités, il a conclu en assurant Geoff et Sam qu'ils seraient à jamais aussi heureux qu'en ce jour – à condition qu'ils remplissent le bon formulaire. Nous avons trinqué, bu, puis l'assistance s'est tournée vers moi.

Je me suis levé et ai regardé la salle, dans laquelle le seul bruit provenait de Duke en train de laper du poulet. Sarah m'encourageait d'un sourire. Tom zyeutait mon gâteau, que je laissais sans surveillance. Chris me faisait des grimaces (un point partout : quand il montait sur scène pour présenter des numéros à l'école, je faisais pareil). Valerie semblait déjà en train de mitonner les sarcasmes qu'elle me servirait ensuite. Leur mère paraissait fière ; Dandy avait l'air dandy ; Sam était radieuse et tellement adulte à côté de son mari que c'est à peine si je la reconnaissais.

Les tablées s'étant déjà décoincé les zygomatiques avec la fiscalité, j'ai préféré zapper les blagues que j'avais prévues. Et passer directement au fond de ma pensée.

— Je me rappelle, quand Sam est née, elle n'avait pas l'air jouasse, j'ai même cru qu'elle allait balancer un uppercut au docteur qui l'avait dérangée pendant la sieste.

Les gens qui connaissaient le tempérament guerrier de mon aînée ont rigolé.

— Mais le souvenir qui m'est le plus cher remonte à la primaire, quand Sam était en CE1. J'étais passé la chercher en fin d'après-midi. Nous partions habiter à l'autre bout du pays, ça avait donc été une journée spéciale, sa dernière dans cette école. Pour marquer le coup, la maîtresse l'avait laissée sortir cinq minutes en avance, et je l'ai donc vue surgir de sa classe, se ruer vers moi en traversant la cour baignée de soleil. Elle courait toute seule, les bras écartés, la figure tournée vers le soleil, et elle virevoltait. Je me souviens... Je me rappelle le bien fou que ça m'a fait de voir ma petite fille célébrer ainsi la vie, profiter d'une chose aussi simple qu'une fin d'après-midi ensoleillée d'octobre.

J'ai alors rivé mon regard à celui de mon aînée. Elle me souriait pour m'encourager à continuer et, l'espace d'un instant, c'est comme si nous nous étions retrouvés seuls tous les deux dans cette cour d'école.

— Sam, tu as toujours affronté l'avenir avec le même optimisme et la même gaieté que j'ai lus dans ton sourire cet après-midi-là. Quand je te regarde aujourd'hui, je vois la même chose – tu avances vers ton futur les bras grands ouverts, le visage tourné vers le soleil. Geoff, tu as épousé une virtuose de l'art de vivre. Apprends tout ce que tu pourras d'elle et toi aussi tu seras heureux.

J'ai vidé ma coupe de champagne comme Wyatt Earp descendant un whisky. Sarah m'a pris par la main – ses yeux se sont embrumés quand ils ont croisé les miens.

— Allez, on danse ! a lancé Valerie.

Un démarrage lent

Le groupe ne s'attendait manifestement pas à ce que l'assistance attende d'eux qu'ils jouent de leurs instruments et ne se contentent pas de les exposer sur l'estrade. Quand Valerie a « ouvert le bal », elle a surpris les musiciens en pleine dégustation de crème glacée ; ils se sont réunis vite fait.

En tant que première DDH, Valerie a été la première à comprendre que quelque chose clochait. Je la voyais qui écoutait les quatre gars lui parler en même temps. Elle fronçait les sourcils. Puis elle m'a fait signe d'approcher. Je me suis levé.

— Tom, pas touche à mon gâteau. Et dis à Duke de ne pas toucher à mon poulet. (Je me suis approché des musiciens et leur ai annoncé :) Je n'ai pris qu'une seule leçon de guitare dans toute ma vie, mais si vous y tenez, je devrais pouvoir vous jouer le début du *Pénitencier*.

— C'est une histoire de fric, a indiqué Valerie.

— Ah ! (Mais bien sûr. M'adressant au groupe dans son ensemble :) Vous n'avez pas reçu votre chèque ?

— Si, mais on voulait du liquide, m'a fait valoir un jeune (une espèce de taciturne plus renfrogné que les trois autres – le bassiste, à tous les coups). C'est ce qui était convenu. On fait toujours comme ça. Déjà à celui d'avant, là.

— Quel « celui d'avant » ? Le précédent mariage de Geoff ?

— Non, m'a expliqué Valerie, ils ont joué à la réception d'Alecia. Elle a plus ou moins insisté pour qu'on les prenne.

— OK. Bon, je dois pouvoir trouver un distributeur, vous voulez bien commencer, le temps que je rapporte le liquide ?

Ça me semblait raisonnable. Ils se sont consultés du regard, ont échangé quelques mots.

— Non, m'a répondu le bassiste.

— Papa ! m'a pressé Valerie, en détresse.

J'ai sorti les enveloppes que j'avais encore sur moi.

— Alors, combien pour commencer à jouer ?

J'ai ainsi appris qu'on pouvait s'offrir une première heure de musique pour l'équivalent des services d'un pasteur, d'un traiteur, d'un fleuriste et d'un serveur. J'ai remis les enveloppes correspondantes et annoncé à Valerie que j'allais retirer le reste au distributeur le plus proche, avant que les soixante minutes soient écoulées.

— Veille à ce que Tom n'approche pas de mon gâteau, lui ai-je demandé.

Elle m'a juré qu'elle le défendrait de sa vie.

Geoff m'a pris à part comme j'allais sortir. Il m'a remercié pour le toast, et a voulu savoir s'il y avait un souci avec le groupe.

— Aucun souci, lui ai-je affirmé en lui donnant une tape sur l'épaule.

C'était son mariage, je n'allais quand même pas l'embêter avec ça.

Sauf que bien sûr, l'histoire devait refaire surface avant la fin de la soirée, mais je n'avais aucun moyen de le savoir.

Dernière danse

Quand je suis revenu à la salle, le groupe était en pause, Sam avait jeté son bouquet en visant sa cadette avec la précision d'un tireur d'élite. Valerie n'avait eu d'autre choix que d'attraper le bazar. L'*open bar* avait lubrifié les conversations, un brouhaha joyeux régnait. J'ai isolé le bassiste pour lui remettre une épaisse liasse de billets retirés de mon compte en banque anorexique. Il s'est empressé de la fourrer dans la poche de sa veste.

Nous étions au pied de la scène et à moitié dissimulés par un rideau, en position idéale pour entendre quelqu'un (que je n'ai pu identifier) demander à être appelé sur scène.

Le chanteur a répondu des mots que je n'ai pu entendre.

— Dites juste qu'il paraît qu'un membre de la famille sait très bien chanter, puis appelez-moi au micro. Comme si c'est le public qui me réclamait, voyez ?

J'ai glissé ma tête de l'autre côté du rideau juste à temps pour voir le cousin/-e Ted/Tina remettre un billet de vingt au chanteur qui a acquiescé à ce langage qu'il comprenait mieux.

Quand le groupe est remonté sur scène, j'ai alpagué Valerie et l'ai traînée sur la piste de danse. Judy nous a rejoints avec son époux qui dansait, on s'en doute, comme un dandy. Je leur ai adressé un sourire d'indulgence.

Je suis un sacré bon danseur, et mes évolutions sur la piste me valent souvent de nombreux compliments. Ce soir-là n'a pas fait exception à la règle.

— Dis donc... Je n'ai jamais vu personne danser comme toi, papa, m'a confié Valerie.

— Je sais, ma puce. C'est de naissance.

— Bien contente que ça ait sauté une génération...

Pour lui rabattre son caquet, j'ai alors effectué une rapide et élégante volte.

— Désolé, pardon, ai-je aussitôt dit à la femme que j'ai bousculée ce faisant. Je ne vous ai pas blessée, au moins ? Pardon.

— C'était quoi, ça, m'a demandé Valerie, un triple axel ?

Ignorant sa question, je lui en ai posé une autre :

— Pourquoi vous ne dansez pas ensemble, ce sacré Moisi et toi ?

Assis à table, tout seul, Marty mettait un point d'honneur à ne pas s'éclater, de sorte que tout le monde sache qu'il prenait très au sérieux les problèmes qui menacent la planète. Valerie m'a répondu d'un haussement d'épaules.

— Tout le monde n'aime pas danser, ai-je suggéré.

— Et certains ne devraient pas, a-t-elle acquiescé.

J'ai regardé alentour, cherchant à voir à qui elle faisait allusion.

— Désolé, pardon, ai-je dit au type à qui j'ai accidentellement asséné un coup de poing. Bref, Valerie, d'ici une dizaine de mois nous remettons ça pour ton mariage, je me trompe ?

Le groupe a ralenti la musique, et je me suis fendu d'un petit pas de deux pour épater la galerie.

— Désolé, pardon. Tes orteils, ça va ?

— Ça va, ça va. Papa, tu te souviens que tu m'as fait regarder *Le Parrain* une bonne centaine de fois ?

— Hé, mais voilà un film que je n'ai pas encore visionné cette année, me suis-je aperçu en cherchant Tom du regard.

— Papa, m'a rappelé Valerie, tu vois le passage où il est dit que le parrain n'a pas le droit de s'énerver après quelqu'un le jour du mariage de sa fille ?

— Non, en fait, il n'a le droit de refuser aucune demande. Pourquoi, tu veux faire tabasser qui ?

Là, elle a inspiré un bon coup. Elle a arrêté de danser, moi aussi, et on s'est retrouvés face à face. Je distinguais les moindres nuances de son visage, sauf que les émotions y passaient comme des éclairs dans un ciel d'orage. J'ai attendu. Valerie se mordait la lèvre ; elle a détourné le regard, puis s'est manifestement forcée à me regarder dans les yeux.

— Papa, j'ai plus ou moins décidé d'annuler mon mariage.

Je suis resté impassible.

— Tu es sérieuse ? ai-je fini par réagir.

— Carrément.

— Waouh. Marty est au courant ?

— Évidemment.

— Ma puce... Ç'a été dur ?

— Non, je dirais... Marty est mon meilleur ami depuis le lycée. On a juste décidé que c'était pas notre destin. Sérieux, quand on regarde Sam et Geoff...

Nous nous sommes tournés vers les mariés qui dansaient un slow collés l'un à l'autre, tout sourire, à se manger des yeux.

— Pas sûr qu'une piste de danse soit le meilleur endroit pour s'embrasser, ai-je grondé.

— Papa. (Soupir.) C'est juste que Marty et moi, on a pas ce truc qu'ils ont, tu vois ? On n'est pas vraiment fous l'un de l'autre. L'homme que j'épouserai, je veux qu'il m'aime plus que les loutres de mer.

— Je comprends.

— T'es pas en rogne ?

On s'est remis à danser, j'ai passé un bras dans son dos.

— Bien sûr que non. Tu peux annuler à tout moment, tant que le pasteur ne vous a pas déclarés mariés. C'est ma ligne officielle.

— Merci, papa. (Petit bisou sur ma joue.)

— Tu es sûre que ça va ?

— Bon, je mentirais si je disais que je n'ai pas envie d'un mariage...

— Et moi si je disais que j'ai envie que tu te maries...

— Sauf qu'après le mariage on est mariés, et que Marty et moi avons décidé que ça n'était pas fait pour nous.

— Lindy Land-Rover, elle en pense quoi ?

— Elle a versé des suppléments pour que nos arrhes soient remboursables, et elle n'a engagé aucun frais. Elle sentait que ça n'allait pas se faire, apparemment.

Ça m'a tué, ça, que l'Anéantisseuse arrive à voir venir un truc qui m'a pris par surprise.

— Et ses honoraires ?

— Ça non, c'est pas remboursable.

— Ah.

Coup d'œil en direction de Dandy ; il me souriait avec affabilité.

La chanson terminée, je tentais de mettre de l'ordre dans mes pensées. Mais à dire vrai, avec tout ce qui s'était passé depuis le matin, je n'avais plus les idées bien claires. J'ai serré Valerie contre moi.

— Je suis fier de toi, Valerie, tu as su prendre une décision très difficile. Et je pense que tu as fait ce que tu devais faire. Tu mérites un homme qui t'aime autant que Geoff aime Sam.

Elle m'a embrassé sur la joue, puis est retournée s'asseoir auprès de Marty. J'ai adressé un petit signe à ce dernier, il m'a répondu d'un mouvement de la tête – un gars bien.

— Waouh, Bruce, qu'est-ce que j'aimerais savoir danser comme toi, m'a complimenté Tom quand j'ai regagné notre table. Mais bon, j'aurais trop peur que les autres se paient ma tronche.

— Rôô, Tom, emmène donc Emily sur la piste. Personne ne va se payer ta tronche.

— Pas sûr… pour toi, ils se sont pas trop gênés.

— On m'a dit, est alors intervenu le chanteur, que nous avions une très belle voix parmi l'assistance !

Je me suis relevé. Mes enfants me lançaient des regards apeurés. *Pitié, pas ça*, articulait silencieusement Sam.

— Tina, si vous voulez bien vous approcher du micro ?

— Quoi ? Mais qui vous a dit ça ? a demandé l'intéressée.

Dans le même temps, plusieurs membres de ma famille la dévisageaient, incapable d'identifier la jeune femme musclée, en minijupe, qui venait de se lever.

— Ne soyez pas timide, montez donc sur scène, qu'on voie ce que vous valez, a insisté le chanteur sans que personne ne l'y encourage.

Et c'est ainsi que Tina s'est mise à chanter "Brother Love's Traveling Salvation Show", la chanson de Neil Diamond qui commence par les mots "Hot august night". Et vous savez quoi ? Elle assurait ! (J'ai appris par la suite que c'était son métier ; elle tourne dans le pays sous le nom « Ted et Tina Turner ».)

Geoff a profité de la seconde pause pour aller parler aux musiciens. Je l'ai suivi, curieux de savoir s'il allait leur demander d'accompagner Tina sur trois ou quatre morceaux encore.

— Vous déchirez, les gars, leur a-t-il dit.

— Hey, le marié ! l'a salué le bassiste. Ravi que ça vous plaise. Et félicitations, hein ?

— J'ai su pour le pataquès du début : le liquide, là.

— Hmm.

Le bassiste se demandait visiblement si Geoff allait lui faire des histoires, mais celui-ci restait courtois.

— Bon, désolé, hein ? Vous avez assuré le mariage de ma sœur au printemps, et je ne savais pas que vous vouliez du cash.

— Non, mais ça va, tout est cool, pas de souci, a acquiescé le bassiste.

Ses collègues, bien contents que ça ne dégénère pas, souriaient.

— C'est à cause des impôts, je parie ? a relancé Geoff.

— Ben ouais. Comme on bosse tous, si on devait déclarer la musique on l'aurait bien profond.

— Aha.

— Merci de nous comprendre, s'est immiscé un autre musicien.

— Ça je vous comprends, a confirmé Geoff.

Sur ce, il leur a remis à chacun une de ses cartes pro. J'en ai pris une aussi, par curiosité.

Geoffrey King
Service Audits
Administraton fiscale

Les musicos, on aurait dit qu'il venait de leur donner une grenade dégoupillée.

— Là, je vais partir en lune de miel, mais à mon retour, j'aimerais vraiment qu'on se revoie. Je crois qu'on a pas mal de retard à rattraper : ça m'intéresse de savoir ce que vous avez fabriqué ces dernières années. (Il disait cela sans se départir de son sourire amical, regardant chaque musicien dans les yeux, à tour de rôle.) À plus, donc.

On ferme

J'ai dansé avec plusieurs autres partenaires au cours de la soirée – seule Sarah s'est abstenue de tout commentaire narquois.

— Tu vas bien ? m'a-t-elle demandé alors que je lui enseignais mes meilleurs pas de slow. Tu m'as l'air ailleurs…

— Je n'arrive pas à me décider, pour la bibine qui va nous rester sur les bras : je l'embarque ou juste je vide les bouteilles dans le gosier de Tonton Bob.

— Dis-moi. Sans blaguer.

— Oh. Je me disais juste : dans quelques minutes elle va partir et ça sera fini, elle m'aura quitté, lui ai-je expliqué avec un sourire hésitant.

— Mais tu la reverras. Les gens finissent toujours par revenir d'Hawaï, tu sais. Pas de leur plein gré, mais ils reviennent.

— Je sais, mais plus rien ne sera pareil. Elle sera mariée. Maintenant, c'est à un couple que je vais devoir prêter des sous. Ça ne sera plus jamais « Sam et moi ». Ça sera « Sam et Geoff et moi ».

— Et « moi » aussi, de temps en temps ? a-t-elle suggéré. Sauf si tu préfères que plus rien ne soit vraiment pareil.

— Non – évidemment que tu seras là. Qui nous ferait à manger, sinon ?

— Très drôle. (Là, elle m'a serré contre sa poitrine.) Va la voir, maintenant. Invite-la à danser.

Sam regardait, hilare, une vidéo sur laquelle ses copines pleurnichaient sur le thème « Copines pour la vie ! ». Je me suis approché de mon aînée et lui ai donné une petite tape sur l'épaule.

— Tu aurais une danse à offrir au président de la Banque à Papa ?

— Et comment ! Je t'ai regardé, tu sais ? Tu as créé pas mal de nouveaux pas, on dirait !

M'inspirant de la cousine Tina, j'ai glissé un billet de 20 au chanteur – billet que je comptais naturellement déclarer à Geoff. Sam et moi sommes entrés en piste sans tambour ni trompettes (bizarrement, et ce avant même que j'aie avancé l'idée, les musiciens ont spécifié que personne ne devait regarder la mariée pendant qu'elle dansait avec son père). Le groupe s'est alors mis à jouer une chanson bien spéciale : "Color My World", celle que je chantais à Sam pour l'endormir quand elle était toute petite.

— Ça me rappelle l'époque où j'essayais de m'endormir pendant que tu la chantais.

— Ha. Amusant. Oups, pardon pour ton pied.

— C'est bon. Papa : merci pour tout, surtout sur la fin, tu sais, quand tu as dit que je pouvais encore annuler. Ça m'a enlevé pas mal de pression.

— Ton père possède une grande sagesse, ai-je acquiescé.

— Ça a été le plus beau jour de ma vie.

— Pour moi aussi, ma belle.

— Vraiment ?

— Non, pas *vraiment*. D'un côté je suis content de récupérer mon mixeur, mais dans l'ensemble, c'est dur de savoir que ma petite fille est une grande, qu'elle est *mariée*.

— Mais je serai toujours ta petite fille, papa, m'a-t-elle assuré, les yeux humides.

— Et je serai toujours ton père, Sam. Ne l'oublie jamais.

— Promis.

— Veille aussi à ce que Geoff s'en souvienne.

— Promis.

— Je ne blague pas.

— Papa !…

Nous avons ensuite dansé en silence un moment. Quand Sam avait quatre ans, nous étions allés à un mariage, et j'avais dansé avec elle devant l'orchestre, la portant dans mes bras. Entre les lumières, sa jolie robe et le gâteau, elle était tout excitée et je me disais qu'elle n'allait plus en dormir de trois jours. Mais sitôt que nous avons commencé à danser, sa tête s'est posée sur mon épaule comme par magie et elle s'est endormie. Ma fille dans mes bras, légère et presque aérienne, j'ai juré pour la millième fois d'être toujours là pour la protéger.

J'en ai à nouveau fait le serment sur cette piste de danse : quoi qu'il arrive, je serais toujours là pour elle.

Quand la chanson s'est terminée, une espèce de machine à brouillard a dû s'enclencher parce que j'avais la vision toute troublée, mes yeux qui me piquaient et qui coulaient.

— Je vais y aller, papa. C'est l'heure, pour Geoff et moi.

— OK, Sam, ai-je accepté avec un sourire tremblotant.

— Je t'aime, papa.

— Je t'aime aussi, ma puce.

Sur une idée de Marty, les invités devaient jeter des graines pour oiseaux et non du riz sur les mariés. J'en ai pris une poignée et me suis mis en position, mais lorsque ma fille et son époux sont passés devant moi, j'avais les yeux si humides que je ne voyais plus personne et ai sûrement dû envoyer les graines dans la tronche de Priscilla. Où elles ont dû prendre racine et donner de beaux chardons bien piquants.

— Bye, Sam ! lui ai-je lancé d'une voix de corbeau, si faible que c'est à peine si je l'ai entendue moi-même.

Sur ce, la limousine a démarré. Sam et Geoff nous faisaient signe par la lunette arrière. Je mourais d'envie de leur courir après en hurlant « Attends, je ne suis pas prêt ! » Au lieu de quoi je me suis forcé à rester à ma place.

— Bye, Sam ! ai-je répété d'une voix encore plus faible.

Un instant plus tard, la foule rentrait retrouver la piste de danse. Moi, j'ai regardé les lumières arrière de la limousine rapetisser puis disparaître. Comme un coucher de soleil que l'on suit jusqu'au passage de l'horizon – signe qu'une belle et longue journée vient de s'achever.

Me tournant, j'ai constaté que Sarah se tenait près de moi et me souriait.

— Ramène-moi, lui ai-je demandé.

DERNIÈRES PENSÉES

Quand mon livre *8 Simple Rules for Dating My Teenage Daughter* est paru, mes deux filles ont déclaré que plus jamais elles ne m'adresseraient la parole. Ironie de l'histoire, elles m'avaient déjà affirmé la chose plusieurs fois auparavant – et chaque fois en *m'adressant la parole*. (Ça leur a bien plu, quand je le leur ai fait observer.) Et ça ne s'est pas arrangé quand le livre a été adapté en série télé. Toutes les semaines, mes filles devaient répondre à des questions aussi saugrenues que : « Ça t'a fait quoi, quand ta mère est venue assister au cours d'éducation sexuelle ? » (Pure fiction.)

J'ai toujours été d'avis qu'une des missions les plus importantes qui incombent à un père est de mettre ses enfants dans l'embarras. Cela dit, je suis le premier à reconnaître que lorsque les exploits de vos petits deviennent célèbres jusqu'en France, en Belgique, au Moyen-Orient (où la série télé passe actuellement), ou en Indonésie, au Japon et en Espagne (pour ne citer que trois pays à avoir traduit le livre), c'est que le bouchon est allé un peu trop loin.

Donc, pour le bien de mes enfants, je vais répondre à une question qui doit vous brûler les lèvres : « Est-ce que tout ça est bien vrai ? »

J'ai coutume de dire qu'un humoriste est une vraie personne qui vit dans un monde fictif. Ainsi, s'il est vrai que j'ai adopté plusieurs chiens au cours de ma vie, aucun d'entre eux ne m'a jamais écrit pour se plaindre de mon chat – contrairement à ce que je laissais croire dans une chronique. J'ai parfois tendance à exagérer. Pour susciter le rire.

(*C'est un menteur*, traduiraient mes enfants.)

(Il mégote sur les croquettes, ajouterait mon chien.)

Bien, faisons le tri. Déjà, je suis quasi certain que le programme spatial Apollo a réellement existé. Ensuite, comme pas mal de gens, j'ai deux parents biologiques. Mais pour autant, les personnages de Tom, Moisi, Sam, Valerie, Chris, Judy, Priscilla, etc. correspondent-ils tous à de vraies personnes ? L'une de mes filles s'est-elle réellement fiancée devant une sanisette ? Mon cousin Ted est-il bien en train de devenir ma cousine Tina ?

Comme je disais, j'exagère souvent – pour faire rire. Je côtoie des personnes réelles dans ma vie de tous les jours, mais jamais je ne révélerais leurs insécurités, leurs erreurs, ou les détails de leur personnalité ou de leur existence dans un livre d'humour. Dans ce cas-là, je les ferais souffrir et je recevrais sans doute une lettre incendiaire de mon chien.

Aux auteurs, on conseille souvent d'écrire « sur ce qu'ils connaissent ». Ian Fleming a ainsi été espion[1] avant de devenir le père de James Bond, le personnage romanesque qui a engendré la franchise la plus lucrative de l'histoire du cinéma. (Si la chose doit m'arriver à mon tour, je saurai l'accepter.) Nul doute qu'il s'est inspiré de son vécu pour imaginer les intrigues et les personnages de ses romans, mais je n'ai jamais pour autant songé que 007 était *réel*. Et ce même si pas mal de gens trouvent que je dégage quelque chose de *bondesque*. Au point qu'on pourrait croire que c'est de moi que le personnage est inspiré, et je demande tout de suite un pourcentage sur les cinq prochains films.

---

1. Il travaillait aux renseignements de la marine au cours de la Seconde Guerre mondiale. Son nom de code était 17F.

Il va sans dire que personne n'a jamais accusé Ian Fleming d'être un humoriste. En revanche, des espions l'ont accusé de révéler la vérité – alors qu'il créait des œuvres de fiction, et était donc censé *tout* inventer de toutes pièces. Ainsi, écrire sur ce qu'on connaît n'est pas sans danger – quelle part de votre fiction se fonde-t-elle sur la réalité ?

Voici ce que je peux dire. J'aime mes enfants et ne veux pour eux que ce qu'il y a de mieux, en espérant ne pas avoir à payer pour tout. Je les ai protégés des dangers de ce monde quand ils étaient petits (grâce à mes talents *bondesques*), et mes devoirs de père m'obligent à les protéger aujourd'hui encore, y compris des intrus qui voudraient s'immiscer dans leur vie privée. Et quel intrus je ferais, si je publiais un compte rendu précis de leurs relations de couple ?

Vous me demandez ce qui s'est passé *dans la réalité* ?

Le mieux pour tout le monde, je pense, serait que vous considériez tout ce que vous avez lu comme de la pure fiction. C'est en tout cas comme ça que je regarde ce que j'ai écrit.

W. Bruce Cameron, août 2007

Édition originale publiée aux États-Unis, en 2008,
par Touchstone, une marque de Simon & Schuster,
sous le titre *8 Simple Rules for Marrying My Daughter*
Copyright © W. Bruce Cameron, 2008
Tous droits réservés.

ÉDITION FRANÇAISE
© 2013, Hachette Livre (Hachette Pratique)
www.hachette-pratique.com
Traduction : Christophe Rosson
Révision : Dorica Lucaci
Mise en page : Studio Chine
Couverture : Antoine Béon
Fabrication : Amélie Latsch
Partenariats : Sophie Morier (smorier@hachette-livre.fr)

Dépôt légal : mai 2013
23-27-1214-01-8
ISBN : 978-2-01-231214-2

Achevé d'imprimer en avril 2013 par Rodesa (Espagne)
Pour l'éditeur, le principe est d'utiliser des papiers composés
de fibres naturelles, renouvelables, recyclables et fabriquées
à partir de bois issus de forêts qui adoptent un système d'aménagement
durable. L'éditeur attend également de ses fournisseurs de papier
qu'ils s'inscrivent dans une démarche de certification environnementale
reconnue.